教师专业发展新思路:大学与中小学信息化合作模式研究

李鸣华 著

浙江省哲学社会科学规划课题
"基于教师专业化视角的大学与中小学合作机制研究"主要成果

浙江工商大学出版社
ZHEJIANG GONGSHANG UNIVERSITY PRESS

图书在版编目(CIP)数据

教师专业发展新思路：大学与中小学信息化合作模式研究 / 李鸣华著. — 杭州：浙江工商大学出版社，2017.1

ISBN 978-7-5178-1461-0

Ⅰ. ①教… Ⅱ. ①李… Ⅲ. ①信息技术－应用－师资培养－研究 Ⅳ. ①G451.2

中国版本图书馆 CIP 数据核字(2015)第 306095 号

教师专业发展新思路：大学与中小学信息化合作模式研究

李鸣华 著

责任编辑	郑 建
封面设计	林朦朦
责任校对	何小玲
责任印制	包建辉
出版发行	浙江工商大学出版社
	（杭州市教工路 198 号　邮政编码 310012）
	（E-mail：zjgsupress@163.com）
	（网址：http://www.zjgsupress.com）
	电话：0571－88904980，88831806（传真）
排　　版	杭州朝曦图文设计有限公司
印　　刷	虎彩印艺股份有限公司
开　　本	710mm×1000mm　1/16
印　　张	16.5
字　　数	287 千
版 印 次	2017 年 1 月第 1 版　2017 年 1 月第 1 次印刷
书　　号	ISBN 978-7-5178-1461-0
定　　价	39.00 元

序 言

近年来,随着基础教育改革的深入和社会对优质教育资源的强烈需求,师范院校与地方教育行政部门、中小学开展合作办学已经成为一个很普遍的现象,甚至可以用如火如荼来形容。"合作办学"就是指高校、地方政府和中小学校利用各自的办学优势,合作开设、委托高校管理或高校部分参与管理一所或一个区域内中小学校的办学模式,合作办学有助于各地基础教育办学水平的提高和办学活力的激发、为师范院校开展基础教育研究带来了积极的影响,基础教育与师范院校也不再是脱节和各自封闭的了。师范院校在合作办学中,真正面对基础教育的实际问题,全面、深入、真实地了解基础教育的需求,从而为高等师范院校制定和调整培养目标和课程设置提供了鲜活的第一手依据,为高校研究基础教育提供了源源不断的问题和课题,也为师范生的实习、实践环节提供了优质的基地与条件。地方政府则可以借助合作办学的机制转变职能,开展现代学校管理制度的探索和实践;而中小学则在办学水平提升,尤其是在管理、课程和教学、教师专业发展等方面都有了坚强的依托,可以说合作办学本身就是各方共赢的一件好事。

国际上的大学与中小学合作可以追溯美国的杜威学校(Dewey School),美国的"八年研究"是大学和中学合作的较早案例。我国的合作办学也可以追溯十九世纪,其起点是师范学校和各个大学设立的附属中小学校,许多大学都设立了"实验中小学"或"附属中小学"。从世界范围来看,大学与中小学合作卓有成效的是北美洲、欧洲和亚洲。经过百余年的探究,大学与中小学合作已呈现出多元化的实践形态,诸如有试验特定思想和理论的实验学校,有面向教师教育一体化的专业发展学校和伙伴学校,有致力于整体变革学习、教学、课程、学生成长、教师发展和社区参与的专业学习共同体,还有致力于薄弱学校改进、教师专业发展和处境不利儿童进步的项目,等等。20世纪80年代以后,伴随着国际政治、经济和科技等领域的激励竞争,人们对学校以及教师教育质量的要求逐渐提高,美国着眼于传统教师培养模式的改革和探索，如 1986 年由美国霍姆斯小组在《明天的教师》中提出的教师专业发展学校的理论构想，现今在英美等发达国家已形成了完整的实践模式，也发展出一整套成熟的运行技术，还对学校和大学双方的管理、课程等方面做出了先行一步的探索。国际研究既有利于后来者拓宽合作办学的视野，又能从中发现需要突破的合作，如怎样构建推进深度合作的长效机制。

我国的合作办学大体经历了从隔绝到游离、从观望到走近、从冲突到融合的变迁，合作的程度与合作方式在不断丰富，合作领域也有了扩展，涉及课程开发、科研、教师教育、课堂教学等各个方面，并逐步形成了咨询合作、"一对一"合作和三方合作等合作模式，而三方合作是目前合作办学的主要形式。所谓三方合作也称中介合作，根据第三方组织的不同可以分为三种类型：一类是大学、组织机构和中小学之间的合作，如以地区为中介的简称为 UDS 模式（即大学－区域－中小学校），以地方政府为中介的简称为 UGS（即大学－地方政府－中小学校），以教育行政部门为中介的简称为 UAS（即大学－地方教育局－中心学校）。大学与中小学分由不同的教育部门管理，有不同的教育职责，有不同的运行机制，由于第三方组织机构通常会有比中小学更多的行政资源、资金分配权利等，它的介入可以更有效地保障高校与中小学之间合作，也可以承担必要的协调人工作，有利于合作办学的顺利开展。

不过从理论上来看，除了高校附设的中小学校和幼儿园之外，长期以来师范院校并没有太多地介入地方办学，合作经验各方都不足，也缺少系统的研究和分析。这会对今后深入开展合作办学工作带来不利的影响。开展合作办学的系统总结与研究，对于更好地开展合作办学，提升合作实效，非常关键。尤其是我们正处于课程改变和社会变革非常剧烈的时期，能够在社会、经济、文化和教育变革宏观背景下审视合作办学，显得特别有必要。本系列丛书运用经济学、政治学、文化学、人类学等多种学科视角，综合采取历史研究、比较研究、叙事研究、田野研究等多种研究途径，系统分析了合作办学发展的背景、动因、内容、机制、冲突等问题，比较深入地探讨了合作办学不同主体的功能、微观行动机制及其对合作办学工作的影响，等等。系列丛书作者均是浙江师范大学直接参与合作办学管理和研究工作的专家，他们本身也带着各自的专业背景来分析比较中外不同的合作办学机制、学校管理变革、课程与教学改革、教师专业发展等方面的理论和案例，对于现今如何更准确地理解合作办学、提高合作办学成效都将会产生十分有益的作用。

　　浙江师范大学合作办学工作尽管起步时间不长,但是发展很快,至今已经在全省各地建立了 19 所附属学校,20 余所中小学校成为合作办学的受益学校。这样的发展速度得益于我们一直注重合作办学品牌的建设,特别是合作办学系统的实践总结和理论探讨,同时在制度设计方面也做出了许多努力,提出了有浙江师范大学附属学校特色的组织架构和合作机制,要求合作学校成立附属学校的学校理事会和发展委员会,分别由地方教育行政部门首长和浙江师范大学派出的专家担任主要负责人。这对于解决附属学校的办学目标确定、规章制度建设、教师评聘、课程与教学发展、课题研究指导、财务保障、学校治理结构变革等方面,都有很好的支撑作用。同时,各个附属学校之间也建立了常态的合作交流机制,建立了相互借鉴、相互学习的途径,这可以说是促进附属学校共同发展的一条有效途径。

　　本系列丛书一方面是对国内外有关高校参与中小学校管理与教育改革方面的实践工作的系统总结和反思,另一方面也包含了浙江师范大学在合作办学方面所做的探索和实践。在此,我要感谢积极参与合作办学工作的各位同事的努力,也要特别感谢附属学校的各位领导、老师和附属学校所在地的教育局及相关部门的领导,没有大家的共同努力,不可能有这套书的面世,从这个意义上来说,本系列丛书也是我们三方合作的成果。

　　当然,合作办学本身是一项十分复杂工作,作为国内第一套研究合作办学的系列丛书可能也很难对此做出全面完善的分析和研究,我们把这套丛书作为一次初步的尝试,希望能够引发更多的关注,激发更多的研究,为进一步开展合作办学的研究做好垫脚石的作用。

周跃良

2016.12.11

前　言

　　教师专业化是当代教育发展的核心问题和基本要求,也是国内外学术界广泛讨论的一个话题。一般认为,所谓教师专业化是指教师在整个职业生涯中,通过专门训练和终身学习,逐步习得教育专业的知识与技能并在教育专业实践中不断提高自身的从教素质,从而成为一名合格的专业教育工作者的过程。它包括两个方面的内容:一是教师职业的专业化,二是教师培养和培训的专业化。

　　实现教师专业化的途径很多,其中大学与中小学合作已经成为一条提高教师专业水平的有效路径。我国《国家中长期教育改革和发展规划纲要(2010—2020年)》强调高校要牢固树立主动为社会服务的意识,全方位开展服务,探索高校与中小学校的合作共建模式。同时指出信息技术对教育发展具有革命性影响,教师要提高技术应用水平,更新教学观念,改进教学方法,提高教学效果。我国高校的数字化校园、中小学的"校校通"工程和现代远程教育实现了教育信息化,为大学与中小学的信息化合作提供了良好的基础。因此,大学与中小学合作结合教育信息化,有效促进教师专业发展,既符合国家对教育改革和发展的要求,也顺应教育信息化对教师的要求。

　　我国大学与中小学合作大体经历了从隔绝到游离、从观望到走近、从冲突到融合的变迁,其合作模式有咨询合作、"一对一"合作、政府部门参与的中介合作,合作的内容由师范生教育实习为主线的合作发展为"教学研"多方面的合作,合作的平台由传统的人与人之间面对面的交流为主发展为结合网络平台的信息互动,体现出合作的深度与广度。但是也发现,从教师专业化的长远视角来看,很多的大学与中小学合作没有起到实质性推动作用。因此,继续探索大学与中小学合作关系,建立长效的合作机制,已成为我国教师专业发展的当务之急。

　　本书的体系设计主要从五个层次来组织:

　　第一,通过文献分析教师专业化、教师专业发展、教育信息化、大学与中小学合作几个概念及其相互关系。大学与中小学合作是实现教师专业化的有效途径，在大学与中小学合作过程中，借助教育信息化，更好地促进教师专业发展，实现教师专业化。

第二，选取国外大学与中小学合作的典型案例，分析合作的动机与组织、合作途径与方法、合作内容与成效等，总结他们对我国的合作所起的借鉴作用。总结我国现有的典型合作模式，分析咨询合作、"一对一"合作以及中介合作的优势与不足，为改善现有的合作模式提供经验参考。

第三，结合教育信息化，提出大学与中小学的"教学研"合作活动模式。以提高教师整体专业水平为主要目标，针对传统合作中教师专业发展、教育质量提升和学校改革发展等方面遇到的困难，利用普及的网络技术和先进的信息技术，提出把培训、教育教学和科研活动紧密结合起来的合作模式，并且分析该模式的组织设计与"教学研"活动。

第四，选取教育创新理论、反思交流工具和专题网站三种类型来说明"教学研"合作活动模式的具体应用，也体现出大学与中小学合作的必要性和教育信息化的重要意义。教育创新理论随着教育的发展和教育环境的变化而不断涌现。近几年最热门的翻转课堂、移动学习和微课等对教师改变教学方法和进行教育改革具有重要的指导意义。社交网站如博客、QQ、微博等的盛行，可以成为教师的交流工具和良好的互动平台。专题网站是教师职后培训的良好平台，为教师的学习、科研、培训、经验交流提供随时、随地的学习场所。

第五，分析大学与中小学合作的运作机制，确保合作长效运行。主要包含了运行机制、组织机制和质量保障机制三个方面，并以浙江师范大学为例进行分析。

在编写过程中，查阅了大量的国内外资料，引用了国内外很多专家学者的观点和材料，引用了许多个人或单位的网站内容，在此深表感谢。特别要感谢金华二中的李永前老师对个人微博应用部分提出的宝贵的修改意见，感谢杨露、李玉洁、杨镜、汪沉沉等研究生们为本书搜集材料和整理所付出的努力。由于个人的能力有限，加之大学与中小学之间的合作还在不断继续与发展，新的技术与应用不断涌现，许多有价值的研究成果可能还未发现，所以本书所提及的理论观点和实践方法肯定存在不足与错误之处，敬请诸位同仁和读者批评指正。

李鸣华

2015 年 9 月

于浙江金华

目 录

绪　论

　　教育关系千秋万代，教育是民族振兴、社会进步的基石，是提高国民素质、促进人的全面发展的根本途径。随着信息技术的高速发展，经济全球化的进程日益加快，社会对教育质量的要求空前提高，而教师素质的高低直接影响着教育质量，教师教育担负着提高教师素质的责任。在这一背景下，进行以教师专业化为核心的教师教育的改革，提高教师的专业素质，已成为国际教育趋势。政府领导、社会人士和教育界学者都已认识到，教育改革成功与否，关键在于教师质量，而教师质量的高低与他们的专业素质密切相关。2001年5月29日颁布的《国务院关于基础教育改革与发展的决定》再一次强调："建设一支高素质的教师队伍是扎实推进素质教育的关键"，加强和改革教师教育，大力提高教师专业化水平，是一项根本性的举措。教师专业的发展是一个漫长的过程，不同阶段具有不同特征的内涵和任务。

第一节　教师专业化与教师专业发展

　　随着现代社会的发展，伴随着计算机的普及与网络的应用，人们处理事务、工作、生活都必须接受大量的信息，这就要求国民有一定的文化基础和修养，不是只达到温饱就可以，而对于绝大部分的企事业单位，都需要高素质的人才。而高素质人才的培养离不开教育，更离不开传授教育的教师。因此，教育系统需要培养高素质的教师队伍，教师的专业化需要从职前教育抓起。而教育的改革和发展必须顺应社会的发展和技术的进步，教师的专业发展也需跟随其上，因此，教师专业化及教师专业发展是值得关注和研究的热点问题。

　　教师专业化与教师专业发展不是同一概念，两者存在内在的联系，又有所侧重，在研究教师专业化之前，首先需要搞清楚两者的联系。

一、教师专业化概述

对教师职业性质的判定最早始于 20 世纪 60 年代。1966 年联合国教科文组织发布的《关于教师地位的建议》的官方文件中指出:"教育工作应被视为专门职业。"到 1996 年,联合国教科文组织在日内瓦召开的第 45 届国际教育大会上通过了九项建议,其中第七项建议就是教师职业专业化。它主张教师职业专业化是改善教师地位、工作条件和社会形象的重要策略。1986 年 6 月 21 日,我国国家统计局和标准局颁布的《中华人民共和国国家标准职业分类与代码》中,把我国的职业划分成 8 个大类、63 个分类和 303 个小类,教师被列入"专业技术人员"的类别之中。1993 年,《中华人民共和国教师法》中明确指出:"教师是履行教育教学职责的专业人员。"1995 年,《中华人民共和国教育法》中重新确认了《教师法》中有关教师的规定。[①]

(一)教师专业化内涵

教师专业化,从字面上可以理解为"教师"+"专业"+"化"或者"教师"+"专业化"。"教师"是一种职业(occupation),从事教育活动。"专业(professional)"一般特指教育学领域中高等学校或中等专业学校根据社会专业分工需要和科学分类所设置的学业门类,它以学科为基础。"化"按照《辞海》的解释是"表示转变成某种性质或状态",体现一个过程或一种性质。所以,"专业化(professionalization)"是指一个普通职业逐渐符合专业标准、成为专业职业并获得相应的专业地位的过程。专业化是一个社会学的概念,至少包含七个特点:严格的资质标准;较高的职业道德规范;加强的专业组织;其服务的不可替代性;需要长期、持续的专门训练;高度的知识和专业技术;专业服务的自主权。[②]

教师专业化是职业专业化的一种类型,有时也称为教师职业专业化,是指教师"个人成为教学专业成员并且在教学中具有越来越成熟的作用这样一个转变过程"。[③] 教师专业化需要专门的专业教育或接受过专门培养

---

① 史宁中、柳海民:《教师职业专业化:21 世纪高师教育持续发展的生命力》,《高等师范教育研究》2002 年第 5 期,第 28—34 页。

② 王雪梅:《教师职业专业化研究文献综述》,《辽宁工学院学报》(社会科学版)2006 年第 6 期,第 110—113 页。

③ 教育部师范教育司:《教师专业化理论与实践》,人民教育出版社 2003 年版,第 45 页。

与训练,掌握专门知识和技能的人所从事的职业。① 至于掌握什么样的专门知识,舒尔曼认为是学科内容知识、一般教学法知识、课程知识、学科教学法知识、有关学生知识、有关教育情景知识和其他课程的知识。斯腾伯格认为需要内容的知识、教学法的知识和实践的知识。② 格罗斯曼认为需要学科内容知识、学习者和学习的知识、一般教学法的知识、课程知识、情景知识和自我的知识。③ 申继亮认为是本体性知识、实践性知识、条件性知识。④ 而甄德山认为是教育理论知识、学科知识和普通文化知识。⑤ 从以上国内外专家学者的分析来看,教师专业化就是教师这一职业应该掌握某一门学科知识外,还需要掌握教育理论知识,如语文教师,他需要掌握语文这门课的知识外,还应该学习教育学、心理学、教学方法、班级管理、教学环境技术等课程知识,这样才能体现教师的专业特色,而不是任何一个懂得学科知识的人都能承担教师这一职业要求。

教师在职业化过程中,依托专业基础,通过专门训练,获得教师专业知识与技能,表面职业道德,逐步提高自身素质,成为一个合格的教育工作者。这一职业化的过程,可以通过自主学习获得,也可以通过各类教育机构培训学习获得,还可以在教学一线工作过程中充实与强化。

进入20世纪90年代后,随着教育价值观的理解和社会的发展,教师专业化问题又有了新的内涵和意义,一方面关注教师这一职业成为一项专门职业并获得相应的职业地位,现在我们要成为一名教师,必须有教师资格证,不同的省份还会有一些其他要求,另一方面更加注重教学品质,将教学知识与技能、伦理道德和工作职责结合起来,赋予更多的要求,特别是信息化时代,教师专业化还包含了信息技术能力和信息素养。所以,从这个角度讲,教师专业化的概念是一个发展的概念,是一个内涵不断丰富的过程。

(二)教师的专业素养

教师专业化水平与素质的高低应是国际综合国力与人才竞争的关键要素之一。因此,应当着重加强教师职业的专业性技能。

① 黄伟娣:《教师职业、资格与专业化》,《集美大学教育学报》2001年第2期,第53—56页。
② 刘捷:《教师职业专业化与我国师范教育》,http://www.edu.cn/20030324/3080622-2.Shtml,2005-03-30.
③ 胡军荀:《教师职业专业化研究文献综述》,《美中教育评论》2004年第1期,第68—74页。
④ 申继亮:《心理学视野中的教师专业化发展》,《北京师范大学学报》(社会科学版)2004年第1期。
⑤ 胡军荀:《教师职业专业化研究文献综述》,《美中教育评论》2004年第1期,第68—74页。

有学者认为，教师职业至少有以下几方面的规定：[①]

（1）作为专业的职业，实践必须有专业理论知识做依据，有专门的技能做保证。因此，从事专业工作的人员在任职前必须接受过规定的专业教育。同时，每一个专业还必须有与其他专业相区别的专业要求，方能具有独立的专业资格。

（2）作为专业的职业，承担着重要的社会责任。亦即对从业人员有较高的职业道德要求。

（3）作为专业的职业，在本行业内具有专业性的自主权。

由此，教师专业素养主要包含专业知识、专业技能和职业道德三方面。

1. 专业知识

专业知识是教师职业最基本的知识，自从我国有师范教育开始（后来称为教师教育），对教师应该掌握的专业知识已有一个明确规定。所以专业知识领域的研究一直随着社会的发展而有所改变。但无论如何变化，总可以归结为普通文化知识、学科知识和教育学知识三大类。

普通文化知识是体现一名教师内在的人文精神、人文素质的综合价值，包含社会科学、自然科学等方面。使教师成为"人类灵魂的工程师"，除了学科知识以外，还应使其知晓其他方面的知识，拥有广博的知识，从而能够体现两方面的作用：

（1）对于学生，能够满足每个学生多方面的探究兴趣和多方面发展的需要，帮助学生了解丰富多彩的客观世界。能够引导学生思考问题，探索生活问题或自然现象，激发学生积极性，培养创造性思维。此外，还可以提高教师在学生心目中的地位，使学生认为教师知识渊博，什么都知晓，从而把教师作为学习的榜样。

（2）对于教师本身，能够帮助自己更好地理解所教学科的知识，扩大视野，从不同的角度思考问题和开展教学，获得对教学知识的灵活理解，从而采取更有效的教学方法开展教学。另外教师本身可以树立自信心，对大部分问题都能融会贯通，游刃有余。

学科知识是教师所从事学科的专业知识，对于教师的要求是必须精通，有一个全面透彻的掌握。雷诺兹认为所教学科内容知识主要包括：

● 内容知识，即各学科有关的事实、概念、原理、理论等；

● 实质知识，即一个学科领域的主要诠释架构与概念架构；

● 章法知识，即一个学科领域里新知被引人的方式及研究者对知识

---

① 叶澜：《新世纪教师专业素养初探》，《教育研究与实验》1998 年第 1 期，第 41—46 页。

的追求与探究的标准或思考方式等；

● 有关学科的信念；

● 有关学科的发展、研究动态等。

当教师精通了自己所任学科的知识后，就为学科内容的讲授与解答奠定了扎实的基础。

教育学知识是一名合格教师所不可缺少的储备。作为一名教师，除了教学以外，还有很多相关的工作需要承担，如班主任工作，需要了解学生的性格特长，开展个性教学，遇到学生之间的纷争吵架，需要用合理的方法去解决，还有同事之间的相处、对教育理论的深化理解、对教育方针政策的执行与解读，等等，这些知识不是学科知识所能替代的。

教育学就是获得教育的基础知识和了解教育的基本规律，树立基本的教育理念以及掌握教育的一般艺术。以《教育学基础》教材为例，教育学的内容体系包含了教育与教育学、教育功能、教育目的、教育制度、教师与学生、课程、课堂教学、学校教育与学生生活、班级管理与班主任工作、学生评价、教师的教育研究、教育改革与发展等内容。[①]

心理学和教育学都同属于哲学的范畴，后来才各自从哲学中分离出来成为一门单独的学科。心理学是一门研究人的心理活动的规律的科学。心理学者只是在尽可能地按照科学的方法，间接地观察、研究或思考人的心理过程（包括感觉、知觉、注意、记忆、思维、想象和言语等过程）是怎样的，人与人有什么不同，为什么会有这样和那样的不同，即人的人格或个性，包括需要与动机、能力、气质、性格和自我意识等，从而得出适用于人类的、一般性的规律，继而运用这些规律，更好地服务于人类的生产和实践。科学的心理学不仅对心理现象进行描述，更重要的是对心理现象进行说明，以揭示其发生发展的规律。

作为所有学科的教师，都要学习基础心理学。它研究心理学基本原理和心理现象的一般规律，涉及广泛的领域，包括心理的实质和结构、心理学的体系和方法论问题、感知觉与注意、学习与记忆、思维与言语。情绪情感与动机意识，个性倾向性与能力、性格、气质等一些基本的心理现象及其有关的生物学基础。基础心理学也包括动理学方法的研究，包括实验设计、心理测量和各种具体的研究方法。

2.专业技能

专业技能指的是教师为了顺利、有效地完成教学工作任务，所必须具

---

① 冯建军：《教育学基础》，中国人民大学出版社 2012 年版，第 10 页。

备的从事教育教学工作的基本技能和能力，如教学设计、教学评价、教学技能、教学管理等。美国佛罗里达州在 20 世纪 70 年代开展了一项教师能力的研究，提出教师的 1276 项能力表现，其中主要方面包括：量度及评价学生行为的能力、教学设计的能力、教学演作能力、承担行政职责能力、沟通能力、发展个人技巧、使学生自我发展的能力。①

　　1992 年，国家教委师范司印发了《高等师范学校学生的教师职业技能训练基本要求（试行稿）》，1994 年又颁发了《高等师范学校学生的教师职业技能训练大纲（试行）》，要求师范生在教育学、心理学和学校教育理论指导下，以专业知识为基础，掌握从事学科教学的基本要求，形成独立从事学科教学工作的技能，这些技能包括五个方面：

　　（1）教学设计技能；

　　（2）应用教学媒体技能；

　　（3）课堂教学技能；

　　（4）组织、指导学科课外活动的技能；

　　（5）教学研究技能。

　　这是所有学科的教师都应该具备的基本技能，也是作为一名教师走上讲台，完成基本教学任务所应该有的技能。掌握了这些技能，教师能够引导学生参与各项教学活动，能够采取相应的激励措施给予学生及时的表扬或批评，能够针对学生的个性特点采取个性化教学，能够创造各种条件开展丰富多样的课堂教学，能够适时地开展过程性评价和形成性评价。当然除了这些基本技能外，各个学科还有它的特殊技能要求，如化学教师，应该具备化学实验技能、化学实验仪器与装备使用技能等。

　　3.职业道德

　　教师的职业道德体现于教师对职业本身的态度和社会责任感，是教师在从事教育教学活动过程中所应遵守的调节教师与学生、教师与集体、教师与社会之间关系比较稳定的行为规范和所应具备的道德品质。

　　2008 年 9 月 1 日，由中华人民共和国教育部颁布实施的《中小学教师职业道德规范》共计六条。该《中小学教师职业道德规范》基本内容继承了我国的优秀师德传统，并充分反映了新形势下经济、社会和教育发展对中小学教师应有的道德品质和职业行为的基本要求。

----

　　①　教育部师范教育司：《教师专业化的理论与实践》，人民教育出版社 2003 年版，第 59—60 页。

中小学教师职业道德规范（2008 年修订）①

一、爱国守法。热爱祖国，热爱人民，拥护中国共产党领导，拥护社会主义。全面贯彻国家教育方针，自觉遵守教育法律法规，依法履行教师职责权利。不得有违背党和国家方针政策的言行。

二、爱岗敬业。忠诚于人民教育事业，志存高远，勤恳敬业，甘为人梯，乐于奉献。对工作高度负责，认真备课上课，认真批改作业，认真辅导学生。不得敷衍塞责。

三、关爱学生。关心爱护全体学生，尊重学生人格，平等公正对待学生。对学生严慈相济，做学生良师益友。保护学生安全，关心学生健康，维护学生权益。不讽刺、挖苦、歧视学生，不体罚或变相体罚学生。

四、教书育人。遵循教育规律，实施素质教育。循循善诱，诲人不倦，因材施教。培养学生良好品行，激发学生创新精神，促进学生全面发展。不以分数作为评价学生的唯一标准。

五、为人师表。坚守高尚情操，知荣明耻，严于律己，以身作则。衣着得体，语言规范，举止文明。关心集体，团结协作，尊重同事，尊重家长。作风正派，廉洁奉公。自觉抵制有偿家教，不利用职务之便谋取私利。

六、终身学习。崇尚科学精神，树立终身学习理念，拓宽知识视野，更新知识结构。潜心钻研业务，勇于探索创新，不断提高专业素养和教育教学水平。

从上可知，教师职业道德表现在教师的职业理想、职业态度、职业义务、职业作风、职业纪律、职业信誉等。"百年大计，教育为本；教育大计，教师为本；教师大计，师德为先"。所以师德是教师最重要的素质，师德水平也是人民群众对教育工作者满意不满意的一个重要标尺，更是教育改革发展的内在需要。

4. 中小学教育技术能力标准

随着信息技术的发展和网络的普及，计算机的应用已经成为教学的常用工具，学习的学习、教师的备课、收集素材与资源、多媒体教学、信息化展示教学成果、网络家校联系、网上点评与互动等等，都已离不开计算机和网

---

① 教育部、中国教科文卫体工会全国委员会：《关于重新修订和印发〈中小学教师职业道德规范〉的通知》，教育部 2008 年 9 月 1 日。

络,可以说已经渗透到教学的各个环节。作为信息时代的教师,除了具备上述所涉及的专业素养外,还应该具备教育技术能力,即具有信息的采集、处理、加工、存储、共享等能力,也就是信息素养能力。所谓信息素养,一般来说反映的是人们搜索、鉴别、筛选、利用信息的能力,教学过程中有效地使用信息技术的技能,还体现在人们对信息的情感、态度和价值观以及信息道德等方面。

2014 年 12 月,教育部为提高中小学教师教育技术能力水平,促进教师专业能力发展,根据《中华人民共和国教师法》和《中小学教师继续教育规定》有关精神,特制定《中小学教师教育技术能力标准(试行)》。本标准适用于中小学教学人员、中小学管理人员、中小学技术支持人员教育技术能力的培训与考核。以下是教学人员教育技术能力标准:

《中小学教师教育技术能力标准(试行)》(教学人员)

一、意识与态度

(一)重要性的认识

1.能够认识到教育技术的有效应用对于推进教育信息化、促进教育改革和实施国家课程标准的重要作用。

2.能够认识到教育技术能力是教师专业素质的必要组成部分。

3.能够认识到教育技术的有效应用对于优化教学过程、培养创新型人才的重要作用。

(二)应用意识

1.具有在教学中应用教育技术的意识。

2.具有在教学中开展信息技术与课程整合、进行教学改革研究的意识。

3.具有运用教育技术不断丰富学习资源的意识。

4.具有关注新技术发展并尝试将新技术应用于教学的意识。

(三)评价与反思

1.具有对教学资源的利用进行评价与反思的意识。

2.具有对教学过程进行评价与反思的意识。

3.具有对教学效果与效率进行评价与反思的意识。

(四)终身学习

1.具有不断学习新知识和新技术以完善自身素质结构的意识与态度。

2.具有利用教育技术进行终身学习以实现专业发展与个人发展的意识与态度。

二、知识与技能

（一）基本知识

1. 了解教育技术基本概念。

2. 理解教育技术的主要理论基础。

3. 掌握教育技术理论的基本内容。

4. 了解基本的教育技术研究方法。

（二）基本技能

1. 掌握信息检索、加工与利用的方法。

2. 掌握常见教学媒体选择与开发的方法。

3. 掌握教学系统设计的一般方法。

4. 掌握教学资源管理、教学过程管理和项目管理的方法。

5. 掌握教学媒体、教学资源、教学过程与教学效果的评价方法。

三、应用与创新

（一）教学设计与实施

1. 能够正确地描述教学目标、分析教学内容，并能根据学生特点和教学条件设计有效的教学活动。

2. 积极开展信息技术与课程的整合，探索信息技术与课程整合的有效途径。

3. 能为学生提供各种运用技术进行实践的机会，并进行有针对性的指导。

4. 能应用技术开展对学生的评价和对教学过程的评价。

（二）教学支持与管理

1. 能够收集、甄别、整合、应用与学科相关的教学资源以优化教学环境。

2. 能在教学中对教学资源进行有效管理。

3. 能在教学中对学习活动进行有效管理。

4. 能在教学中对教学过程进行有效管理。

（三）科研与发展

1. 能结合学科教学进行教育技术应用的研究。

2. 能针对学科教学中教育技术应用的效果进行研究。

3. 能充分利用信息技术学习业务知识，发展自身的业务能力。

（四）合作与交流

1. 能利用技术与学生就学习进行交流。

2. 能利用技术与家长就学生情况进行交流。

3.能利用技术与同事在教学和科研方面广泛开展合作与交流。

4.能利用技术与教育管理人员就教育管理工作进行沟通。

5.能利用技术与技术人员在教学资源的设计、选择与开发等方面进行合作与交流。

6.能利用技术与学科专家、教育技术专家就教育技术的应用进行交流与合作。

四、社会责任

（一）公平利用

努力使不同性别、不同经济状况的学生在学习资源的利用上享有均等的机会。

（二）有效应用

努力使不同背景、不同性格和能力的学生均能利用学习资源得到良好发展。

（三）健康使用

促进学生正确地使用学习资源，以营造良好的学习环境。

（四）规范行为

能向学生示范并传授与技术利用有关的法律法规知识和伦理道德观念。

该标准具体规定了教学人员的教育技术能力的具体要求和内容，是指导我们考核中小学教师教育技术能力的依据。除此以外，浙江省对中小学教师的教育技术能力还有阶段性的培训内容与考核要求，目的就是让教师能够适应社会发展的需要，全面提升职业的专业化。

（三）教师专业化的影响因素

教师的职业从兼职、专门到专业的发展过程，经历了相当长的时间，是一个综合的、复杂的、长期的过程。教师专业化是教育发展到一个时期的产物，不同的发展阶段代表了那个阶段的教育特征。但在发展过程中，并不是顺利地就实现从一个阶段到另一阶段的过渡，而是受很多因素的影响。一个个体要成为教育领域的专业人员，需要不断地学习，克服各种干扰因素，选择适合自己的发展途径，这样才能实现对专业成长的追求，达到专业成熟的境界。

影响教师专业发展的原因是多方面的，寻求影响因素是促进教师专业发展的前提，也是获取有效减少因素干扰的措施的依据。教师专业发展的影响因素渐渐进入研究者的视野，这表明，我国的研究者开始注重教师专业化的发展。综观目前的研究现状，主要存在以下几方面的影响因素。

1. 个人因素

教师的个人因素是影响教师专业发展的最直接的影响因素。由于教师本身是直接的参与者，他的言行、思想、观念、理想等决定了教师本身的专业发展。教师把自己的教育工作当成是一个职业，他会考虑到这个职业给他带来的工作待遇、生活质量、职务晋升、学术成就等。影响教师专业发展的个人因素可以概括为三个方面。

（1）教育观。教师的教育观包括教师的教育价值观、教师观、学生观及其教育发展观念。教师的教育观会直接影响到教师对教育教学工作的态度。如果具有积极向上的教育观，他会克服重重困难，兢兢业业，不厌其烦地将精力花在工作上，而且会以一种完美至上的态度去做好教学中的任何一件事，会不断地强化自己的专业知识与技能，拥有一个终身学习的理念，促进自己专业的发展。常说"做一个老师容易，做一个好老师很难"。如果只想做一个普通老师，没有进取心，应付完成教学工作，那么他也许就不会有教学成就，不会为一个教学设计而费尽心力，不会为一个学生的成绩不理想而去思考如何进行个别指导，不会为自己的专业成长再去深造学习，也就不会将饱满的热情投入到教学工作中，长此以往，他就会缺乏发展专业的动力，也就限制了教师的专业发展。

（2）自我效能感。有时，教师在满腔热情、一心向上的前提下，却缺少了一份自信。班杜拉的自我效能感理论认为，自我效能感是指个体对自己在特定情境中是否有能力去完成某一行为的期望，它包括结果期待和效能期待两部分。自我效能感决定一个人对活动的选择，以及进行活动的持久性，还能影响一个人的活动情绪和态度。所以，低效能感的人倾向于选择较容易的教学任务，教学没有创新，遇到困难时容易放弃，听之任之，在碰到困难时常常怀疑自己的能力，甚至设想失败带来的后果，这就会导致过度的心理压力和不良情绪反应，影响问题的解决，不良的结果又会进一步降低自己的自我效能感。

（3）自我专业发展意识。教师应树立强烈的专业发展的教育理念，没有自我专业发展意识，就相当于没有了发展的动力。在基础教育一线教师中，存在着一些现象，如刚就业的大学生或研究生，自认为学历水平不错，满足于自我的现状，不思进取。也有的存在家庭因素，只求有个安稳的工作，不愿在专业上花费很多精力。也有的教师只求表面的功利，通过表面手段获得荣誉、奖励或晋级，而自认为专业水平很高，等等。出于这些"私心"，会使他们失去自我专业发展意识，从而影响长远的专业发展。

　　影响教师专业发展的个人因素很多，有研究者认为，教师的专业化发展是充满个性化的过程，是个人的个性特征（情感、知识、观念、价值观等）相融合的过程，更需要尊重和重视教师个人已有经验和观念，并把一般的教育教学"理论知识"与教师个人的"实践性知识"加以整合，以完善个人教育理念。也有人认为，教师应该成为完全意义上的自主发展的主体，成为"自我指导式"的学习者。[①] 总之，教师的教育观念、教师的需求、教师的生活、教师自身的专业发展意识和教师能力等都将对教师专业发展的进程产生重要的影响。

　　2.环境因素

　　从客观环境来说，影响教师专业成长和发展的因素很多。主要有三个层面的影响。

　　（1）教师的专业成长经历。从对教师成长的各个阶段来看，职前教育的专业基础和专业技能的掌握程度直接影响了教师的专业水平，部属师范院校和省重点师范院校与一般的地方师范院校或专科师范学校，在师资力量、教学环境、教学要求等方面相差很大，师范生的起点水平就不相同，从教师专业发展来看，不是站在同一起跑线上，这就直接影响了后续专业的再提升。在职培训或校本培训是师范生走上教师职业后强化专业知识与技能的主要形式，培训形式、培训内容、培训时间等要因人而设，并且要落到实处，而不是忽视教师具体情况，走过场的全员培训。职后的自主学习也是影响专业发展的一个因素，如果没有接受好的职前教育，也没有机会参加培训，那教师必须通过自主学习来提升自己的专业素质，否则会永远停留在较低的水平上。

　　（2）社会因素。它是影响教师专业成长的主要外界因素。社会经济文化的发展水平，全社会对于教育价值的认识，对于教师地位的看法，教育改革与发展对教师的要求等，会直接影响到教师的职业成就感，影响到教师对专业和职业的认同。可以肯定，良好的经济发展水平，政府对教育的重视和支持，全社会对教师的尊重，新课改对教师的要求，都将为教师专业发展创造良好的环境，有利于教师专业的良性发展。

　　（3）学校因素。学校是教师进行教育教学工作的主要场所，是教师专业发展的主阵地，也是一个不可或缺的主要因素。学校的工作氛围、领导力水平、制度建设等，对教师的专业发展都会产生重大的影响。教师的工

　　①　段晓明：《"自我指导式"教师专业发展设计的准则》，《教育实践与研究》2004 年第 3 期，第 6—7 页。

作场所是学校,教师的教学经验和个人知识的获取依赖于学校,所以教师的成长与学校环境是息息相关的。学校有一个好的领导、好的制度、好的工作和学习氛围、好的发展平台等都将有利于教师专业的发展。

3.制度因素

教师专业的发展与教育制度是密切相关的,很多学者探讨了制度因素(包括教师教育制度、教师管理制度等)对教师专业发展的影响,从制度建设的角度来探讨教师专业发展已成为一种趋势。

制度建设主要分为两个层面,即国家和学校的制度建设。国家的教育制度体系既要全面又要变化,具有可持续性。这是教师专业化发展的指挥棒。我国自从确立教师职业的专业化以后,师范教育就有了一个质的变化,发展到现在,要继续完善相关制度,如教师专业实习制度、教师教育认可和审查制度、教师教育课程的认定制度、教师资格证书考试制度、教师注册聘用制度、教师进修制度等。就教师资格证来说,师范生的教师资格的默认制度、非师范生的教师资格确认制度到师范生教师资格考试制度的变化,体现了国家对教师职业的重视程度,严把职前教育关,提高了教师队伍的整体素质,使教师的任用走上科学化、规范化和法制化的轨道,还能够吸引优秀人才从教,改变教师队伍专业结构的单一性局面。这对教师群体的专业发展是非常有益的。对于学校来说,要能够合理制定、实施、调整学校发展规划,制定教师队伍建设制度、教师进修制度、专业晋升制度、学科教学活动制度、同行交流与评价制度、教学奖惩制度、专业建设经费制度等,为教师专业发展提供制度上的保障。

二、教师专业发展的内涵与历程

在教师专业化研究的过程中,学者们都会从不同的角度去研究教师职业的专业化问题,如从社会学的角度去探讨教师的专业设置问题,教师专业适应社会发展的问题,教师专业的提升问题,教师专业化与教师个体专业化的问题,等等,这就逐渐地将视角转移到教师专业发展(professional development of teachers)的问题。所以,教师专业化与教师专业发展在广义上讲是相通的,强调的是过程,但狭义上讲是有所区别的,侧重点不一样。

有关教师专业发展的研究,早在 1980 年,以"教师专业发展"为主题的《世界教育年鉴》的发表,已经表现出教师专业发展的动态,其研究重心表现出从群体教师专业化转到教师个体专业化发展。美国霍姆斯小组提出了"教师专业发展学校"的概念后,美国国家开始将教育的侧重点放在强调教师的培养上并提出有关教师专业发展的目标和建议。1992 年英国教育与科学部颁布的《教师职前训练改革》,其立足点也是促进教师专业发展,以提高中小学教育的质量。

关于教师专业发展的内涵,许多学者已给出了自己的观点。英国学者霍伊尔(Eric Hoyle)认为,"教师专业发展是在教学职业生涯的每一阶段教师掌握良好专业实践所必备的知识和技能的过程"。富兰和哈格里夫斯(Fullan & Hargreaves)指出,"通过在职教师教育或教师培训而获得的特定方面的发展,也指教师在目标意识、教学技能和与同事合作能力等方面的全面的进步"。[1] 游小培等人的理解[2]为教师专业发展与教师专业化具有相同的内涵,但它既是一种状态,也是一个不断深化的过程。从以上学者对教师专业化发展的论述中可知,教师专业化发展的含义可以理解为教师的专业成长过程或者是促进教师的专业成长的过程。教师专业化发展有其丰富的内涵,也包括多个层次,所以对其定义的界定和理解也是在不断地成熟中。

关于教师专业化发展的认定,国际社会通常有三条公认的标准:一是所有成员有职业的实践系统理论做支撑。二是成员能把服务对象放在首位,严格遵守职业道德,有较强的职业道德意识。三是教师在专业性方面有较强的自主权,别人不能替代。[3] 教师专业化要求不断追赶先进,是一个不断提高教育教学能力与水平的发展完善的过程,可以说是教师专业成长的过程。教师专业化发展就是促进教师专业化的程序过程。

随着教师教育改革的深入发展,教师专业发展日益成为教师专业化的方向和主题。研究教师专业化,需要了解教师专业发展的过程,从这个过程中来分析和研究教师专业化,可以更加清楚地辨析教师专业化及其发展。在分析学者们的研究成果基础上,将教师专业发展的历程从教师职业变化、学术角度和国家关注度三个角度来总结。

1. 从教师职业变化看教师专业发展

教师的职业经历了从兼职到专职、从专门到专业、从数量到质量的过程。[4] 教师作为人类文明的传递者,其社会功能、素质要求、职业特征等随着社会的发展而不断发展。

---

① 王卫东:《教师专业发展探析——若干理论的阐释与辨析》,暨南大学出版社 2007 年版,第 21 页。

② 游小培:《教师职业与发展》,东北师范大学出版社 2003 年版,第 36 页。

③ 姜广运:《对教师专业化发展的思考》,《新课程研究(下旬刊)》2009 年第 10 期,第 12—13 页。

④ 教育部师范教育司:《教师专业化的理论与实践》,人民教育出版社 2003 年版,第 19—24 页。

在制度化教育之前,没有专门的教师这个职业,也没有专门的培养教师的职能单位,所谓"三人行,必有我师",只要能够简单地教会别人某些知识或技能,达到学习的目的,则可以称为教师,那时的教师是兼职的,没有固定的教师职业。当古代官学、私学等教育实体形成后,教师从业有了一个资格问题,这时教师的资格就是会识字、会用字,如私塾里的"先生",就是教师。这个阶段就是从兼职到专职的过程。

随着普及义务教育和班级授课制的实施,人们对原有的教育表现不满,原因是教师没有经过职业训练,教学质量和教学效果已经不能满足班级制的学习要求。于是产生了一些专门的培训机构,这时的教育理论还未进入课堂,所以教师的培训只能是一种职业的训练而不是专业训练。到18世纪中下叶,随着教育理论界和教育实践界所推进的教育科学化运动的开展,为教师职业训练提供了理论指导和实践依据,从而教师职业从其他职业中分化出来,制定了相关的教师教育政策和法规、培训内容等。这个阶段教师从专门走向了专业过程。

教师成为专业的职业以后,加之社会的发展和国家的重视,读书人数的增多和学校的建设,首要问题是教师的数量需求,而通过师范教育的形式,很好地解决了教师的数量缺乏问题。但是由于学校质量没有达到公众所期望的质量,对教育质量的不满和对教师素质的低下的讨论,引发了对教师教育的批评,于是,对教师素质的关注达到了前所未有的程度。到20世纪80年代,教师专业化发展开始成为人们关注的焦点和教育改革的话题。从而,教师专业发展重心实现了从数量到质量的转变。

2. 从学术角度看教师专业发展

在教师专业发展的进程中,学者们也从不同的角度开展了研究。例如,学者伯克(Burke)提出了教师专业发展的持续发展模式,认为教师专业发展需要经历准备、导入、更新、精致四个阶段,准备是职前教育,而且是继续的,导入、更新和精致三个构成教师专业化发展,如图1—1所示。[1] 使得专业发展在基本的学术和教育学准备的前提下,接受新任务、体验新的改变,然后对已有的教学实践进行反思,发扬优点,除去限制,有所创新,更新已有的知识,在此基础上实现教学经验和教学技巧的超越。该模式展示了教师专业的由初级到高级、由零碎到综合、由个体到群体的发展历程。

美国学者卡茨(Katz)以教学年资为主要参考依据,运用访问与调查问卷法,针对学前教师的训练需求与专业发展目标,把教师的发展分为求生

---

[1] 欧用生:《教师专业化成长》,台北:师大书苑有限公司,1966年版,第98页。

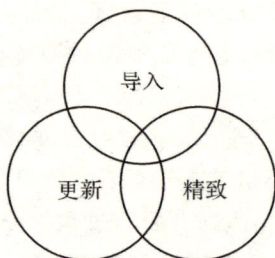

图 1-1　教师专业发展的持续发展模式

存时期、巩固时期、更新时期、成熟时期四个阶段。求生存时期,新教师只关心自己在陌生环境中能否生存下来,这种情形可能持续一二年;巩固时期,主要是修整并巩固在前一时期所获的经验和技巧,开始关注个别学习问题,这一阶段会持续到第三年;更新时期,教师对平日繁杂而规律刻板的工作感到倦怠,想要寻找创新事物,这一时期可能会持续到第四年;成熟时期,教师自己有足够的能力来探讨一些较抽象、较深入的问题,大致需要二至五年。[①]

西克斯(Sikes)根据年龄将教师的职业生涯分为五个时期:分别为 21~28 岁、28~33 岁、33~40 岁、40~50/55 岁、50/55 以后。根据正常人的学习经历和工作情况,一定的年龄段有他该做的工作,所以从中可以发现作为教师职业的一般规律。[②]

美国亚利桑那州立大学心理学教授伯林纳(Berllner)依据教师教学专业知识与技能的学习和掌握情况将教师的发展分为五个阶段:新手阶段、优秀新手阶段、胜任阶段、能手阶段和专家阶段。这很明显地看出了教师的成长过程。[③]

我国学者白益明依据“自我更新”取向将教师的发展分为五个阶段:非关注阶段、虚拟关注阶段、生存关注阶段、任务关注阶段和自我更新关注阶段。他认为,教师专业发展可以理解为教师的专业成长或教师内在专业结构的不断更新、演进和丰富的过程,依据教师专业结构,教师专业发展可有观念、知识、能力、专业态度和动机、自我专业发展需要意识等不同侧面。[④]

台湾学者王秋绒依据教师成长过程把教师发展分成三个阶段,职前师

---

① 杨秀玉:《教师发展阶段论综述》,《外国教育研究》1991 年第 6 期,第 36—41 页。
② 任学印:《教师入职教育理论与实践比较研究》,东北师范大学博士论文,2004 年。
③ 李斌:《国内外教师专业发展过程研究述评》,《江苏教育学院学报》(社会科学版)2003 年第 4 期,第 17—20 页。
④ 白益明:《自我更新——教师专业发展的新取向》,华东师范大学研究生论文,2000 年。

资培育阶段、实习教师阶段和合格教师阶段。[①] 培养一名教师首先从高等院校的师范生培养开始,学习教育类和专业类课程之后,离开学校成为一名新教师,将课本中的理论知识应用于实际课堂,成为一名实习教师,积累工作经验和实践技能后,才能成为一名合格的教师。

此外,还有很多其他学者有很多研究成果。他们研究的主要特点是划分的线索非常清晰,都是针对教师整个发展历程或者对教师的职业经历进行探讨。这也说明了教师的专业发展需要一个过程,过程中的每一个阶段都是对前一个阶段的提升,从而实现了教师个体的专业发展,也促成了教师群体的专业化发展。

3.从国家关注度看教师专业发展

(1)教育是全球的共性问题,而不是一个国家、一个民族或一个人的问题。20世纪60年代,世界各国均面临着教师数量的严重缺乏和质量的急待提高问题。国际视野下的教师专业发展的历程,为界定教师专业发展的内涵提供了历史依据和理论基础。

1955年,世界教师专业组织会议的召开率先研讨了教师专业问题,推动了教师专业组织的形成和发展。

1966年,国际劳工组织和联合国教科文组织提出的《关于教师的地位和工作建议》,要把教师职业视为专门的职业,这种职业要求教师经过严格的考核、持续地学习,获得并保持专门的知识和特别的技术。

1989—1992年,经济合作与发展组织(OECD)相继发表了一系列有关教师及教师专业化改革的报告,如《教师培训》《学校质量》《今日之教师》《教师质量》等,体现了对教师专业发展的重视程度和发展意义。

1996年,联合国教科文组织在日内瓦召开了以"加强在变化着的世界中的教师的作用之教育"为主题的第45届国际教育大会,大会通过的第七项建议认为"专业化"是"一种改善教师地位和工作条件的策略",提出"在提高教师地位的整体政策中,专业化是最有前途的中长期策略"。教师专业发展已成为国际教师教育发展的趋势。

(2)在西方国家,以美国为代表,教师专业发展走在世界的前列。自20世纪中后期,美国教师专业发展的理念源于中小学校为其教师的专业成长而制订的活动和计划,以及中小学教师对其自身能成为教育专业人员的向往。到了20世纪90年代,教师专业发展的理念逐渐更新,认识到教师的专业发展对教育的重要意义,所以这个年代被认为是美国教师专业发展的里程碑。

---

① 方娇、梁敏:《我国教师专业发展综述》,《教育教学论坛》2012年第5期,第106—109页。

1980 年 6 月 16 日，美国《时代周刊》发表了一篇题为《危急！教师不会教！》的文章，拉开了以提高教师素质、促进教师专业发展为核心的教师教育改革的序幕，并使人们对教师的关注从数量转向质量。

1986 年，美国卡耐基教育促进会和霍姆斯小组先后提出了《国家为 21 世纪准备教师》和《明天的教师》的报告，明确阐明了教师专业化的概念，主张确立教师的专业地位，建立与教师专业化相应的衡量标准，以教师的专业化来实现教学的专业化，并将注意力转向了对教师专业发展过程规律性的探究，强调以确立教师专业性为教师改革和教师职业发展的目标。同时卡内基基金组织的"美国教师专业标准委员会"还专门编制了明确界定教师职业专业性的文件《教师专业标准大纲》。

1990 年，霍姆斯小组在发表的《明日之学校》中提出了教师专业发展学校的设想。在 1995 年发表的《明日之教育学院》中则明确提出要重新设计教师教育课程和创设专业发展学校，由大学和中小学合作共同提高教师专业学习的质量。教师专业发展很快就在美国兴盛起来。此后的许多研究和改革都是围绕如何促进教师获得最大程度的专业发展而展开的。美国教师专业发展运动对国际社会特别是对西方社会的教育产生了很大的影响。

（3）在亚洲国家，日本的教师专业发展从近代师范教育的初创到现代教师教育体系的完善，其制度化、法制化的教师教育体系以及严格的教师资格制度与完善的教师录用制度，为我国教师专业发展提供了借鉴。

1872 年 8 月，日本文部省颁布了近代第一个教育改革的重要法令《学制》，其中把"大力兴办小学教育"与"迅速兴办师范教育"列为实施的重点。

1874 年 3 月，东京女子师范学校的设立，使日本教师职业在法令制度的保障下朝着专业发展迈出了第一步。

1971 年，中央教育审议会议通过《关于今后学校教育的综合扩充的调整的基本措施》，强调指出"教师职业本来就需要极高的专门性"，强调应当确认和加强教师的专业化。[①]

1987 年 12 月教员养成审议会颁布《关于提高教员资质能力的方策》，1988 年 12 月为了进一步提高教师素质，又通过了新修订的《教师资格法》，修改的要点是提高大学的教师培训课程的专业性。

20 世纪 80 年代，日本教师教育已经由教师的培养、任用、研修三个阶段构成了一个连续的、完整的过程。

---

① 丁志强、杨伶：《日本教师专业发展及其对我国的启示》，《成人教育》2009 年第 5 期，第 89—90 页。

日本的教师教育已经形成了以"全面素质提高"为中心的"反思型"教师培养模式,并为适应和满足教师专业发展的需要,不断地进行着教师教育中心的转型。发展至今的日本教师教育,不仅重视职后培训,真正将教师视为在教育实践中持续不断发展的专业人员,而且特别强调未来教师和在职教师专业能力的自我提升。

(4)在我国,完整意义上的教师专业化,始于 1902 年京师大学堂师范馆的设立,至今教师教育已走完 100 年的历程,这期间曲折地走过了几个阶段,使得教师专业化还处在初级阶段。随着教育整体水平的提高,特别随着基础教育改革的不断深化,我国的教师质量与全面实施素质教育要求的差距明显表现了出来。改革与发展教师教育,全面推进中小学教师专业化水平势在必行。

1994 年 1 月,我国从法律上第一次确认了教师专业地位。国家颁布并开始实施的《中华人民共和国教师法》,其中规定"教师是履行教育教学职责的专业人员",并规定了教师的资格和任用学历要求,但与国际上发达国家相比,标准偏低。

1995 年,我国建立了教师资格证书制度,这是教师职业走向专业化的重要步骤。与美国、英国、日本相比,我国教师专业发展虽起步较晚,但与其他国家一样都非常重视教师专业化的政策保障,重视政府在教师专业发展进程中承担的主要责任。在师范教育方面,我们已有相当规模的教师教育体系,但忽视教师专业化时代要求的倾向仍然存在。在在职教师继续教育方面,则偏重于围绕教材变化的学科知识再学习和进行专业技能的操作性训练。

1998 年,在北京召开了"面向 21 世纪师范教育国际研讨会",明确了"当前师范教育改革的核心是教师专业化问题"。无论是理论研究者还是一线教育工作者都一致认为,21 世纪的教师必须是接受过专业化训练,有着较高专业素养的教育专业工作者。

2000 年,我国出版的第一部对职业进行科学分类的权威性文件《中华人民共和国职业分类大典》,首次将我国职业归并为八大类,教师属于"专业技术人员"一类。

2001 年 4 月 1 日,国家首次开展全面实施教师资格认定工作,进入了实际操作阶段。

2013 年 8 月 15 日,教育部关于印发《中小学教师资格考试暂行办法》《中小学教师资格定期注册暂行办法》的通知,规定参加教师资格考试合格是教师职业准入的前提条件。申请幼儿园、小学、初级中学、普通高级中学、中等职业学校教师和中等职业学校实习指导教师资格的人员须分别参加相应类别的教师资格考试。教师资格证必须每五年注册一次。

2014 年教育部宣布,从 2015 年起,教师资格证考试改革正式实施,将实行全国统一考试,提高教师入职门槛,并打破教师资格终身制,实行定期注册制度。且考试内容增加、难度加大。考试科目为:幼儿园、小学教师《综合素质》《教育教学知识与能力》;初中、高中教师《综合素质》《教育教学知识与能力》《学科知识与能力》。改革之后最大的变化在于,师范类学生将不再享有直接被认定教师资格的"特权",他们要和非师范生一样,统一参加考试。笔试一般在每年 3 月和 11 月各举行一次。面试一般在每年 5 月和 12 月各举行一次。

由此可以看出,教师专业发展的历程是社会发展的要求,也是国家教育发展到一定程度的要求,教师专业化随着教师专业发展而发展,在国家政策的支持下,教师专业化特色将会越来越明显,对教师职业的要求也会越来越高。

三、教师专业化与教师专业发展相互关系

教师专业发展是一个持续不断的过程,教育专业化也是一个发展的概念,既是一种状态,也是一个不断深化的过程。从教师专业化发展的历程也能看出,教师专业化发展的每一个阶段也是对教师专业的发展有相应的要求。可以看出,教师职业专业化与教师专业发展存在内在的必然联系,但又不是同一个概念。

对于教师专业化,普遍认为是教师职业具有自己独特的职业要求和职业条件,包括学科专业性和教育专业性。对于教师专业发展,强调的是教师专业化的发展过程,两者的区别主要体现在:

(1)教师专业化强调的是一个事物,而教师专业发展强调的是事物的变化过程。教师专业发展是教师专业能力熟练程度由一般化到专业化的持续发展过程,它是指教师职业能力的专业化过程,也是教师个人专业能力的发展过程。教师专业化是教师整体职业劳动性质的专业化,通俗来讲就是教师职业是一个专业化的职业,就如医生、律师、工程师等职业一样。

(2)教师专业发展是教师职业专业化的前提条件。即教师专业发展程度越高,教师专业化越被人们认可,教师专业发展体现了教师专业化的进步程度。

(3)教师专业化更强调教师个体的发展,而教师专业发展则偏向于专

业本身。当然,教师个体的专业水准提高了,必然会提高整个教师群体的专业水平,由个体的发展促进群体的进步。所以教师专业发展会影响教师专业化。

教师专业化与教师专业发展就是事物的两个方面,存在必然联系,具体体现在:

(1)教师专业化与教师专业发展都是国家和社会发展的一个方面,体现教育的发展程度。因此,无论是哪一方面,都需要从社会的整体角度出发,需要社会或教育主管部门、学校、教师和学生的共同努力。国家通过立法等途径提供支持,建立系统的教师专业化制度保障体系来完善教师教育制度。社会需要积极地为教师创造一个专业发展的良好空间,除了在物质方面给予充分的保障外,更重要的是要给予教师更多的人文关怀和精神鼓励。教师要把自己的职业作为一项神圣的使命,努力提升自己的专业素质,创造机会促进自己的专业发展,从而提高整个教师队伍的专业化水平。

(2)教师专业化与教师专业发展都是系统工程。两者都会涉及到很多因素,如国家政策、学校、自身的发展、家庭等,比如教师个体专业化,教师需要全面、客观、公正地分析自身的情况,明确自己的发展目标,充分调动教师自我发展和自我完善的积极性和主动性,有计划分步骤地提高专业素养、获取学历等级、参加培训实践等,既不影响正常的教学工作,又能提升专业技能。教师专业发展需要一些具体的措施来帮助教师进行必要的活动,使教师专业化的发展于优良的环境下发展,如国家制定一些优惠政策让教师积极主动去参与各类活动;学校搭建各类教学改革平台,制定符合学校推进教师培养工作的制度;改善教育管理机制,给教师以充分的专业发展的自由空间等,促进提高老师专业化的发展。

(3)教师专业化的发展体现教师专业发展。在教师专业化发展的进程中,教师经过自身的努力,在教育实践中的主体地位和主体作用得到确认,教师的工作作为重要的专业和职业得到确认,教师发展的意义和可能也就得到了确认。比如,中小学教师为了适应基础教育新课改的要求,需要教师根据自身的知识结构和能力结构,参加各类教育培训、参与公开课研讨会、申报科研项目、参加学科竞赛等,努力提高自身的专业水平。如果不去努力完成,自身的专业素质没有及时提高,势必会影响整个群体的专业素质,从而也会影响教师专业的发展。

第二节 教育信息化与教师专业发展

一、教育信息化对教师专业发展的影响

（一）教育信息化内涵

信息技术的发展为教育信息化提供了技术支持，教育信息化是教育改革、教师专业发展的重要手段，了解教育信息化，开展信息化教学，能更好地促进教师专业的发展。

1. 教育信息化的定义

1993 年 9 月，美国正式提出"国家信息基础设施"即"信息高速公路"的建设。信息高速公路的核心是以发展 Internet 为核心的综合化服务体系和推进信息技术在社会各领域的应用，从此开始进入信息时代。信息化在教育领域中的应用，对教育的影响和改革起到了重要的作用。

所谓教育信息化，是指一个在现代教育思想和理论指导下，以多媒体计算机和网络通信技术为基础的现代信息技术来促进教育的各个环节的改革和发展，实现教育现代化的过程。教育信息化是一个复杂的系统工程，其内容主要包括：教育信息环境的建设与完善、教育资源的建设与利用、创新人才的培养以及信息化政策、法规、标准化和管理评估等。[①] 百度百科中是这样定义的："教育信息化有两层含义：一是把提高信息素养纳入教育目标，培养适应信息社会的人才；二是把信息技术手段有效应用于教学与科研，注重教育信息资源的开发和利用。"也就是要求在教育过程中运用计算机、网络和多媒体技术，实现教育手段的科技化、教学方式的现代化。

我国对教育信息化的应用与发展非常重视。我国自 20 世纪 90 年代末开始，随着网络技术的迅速普及，人们越来越关注信息技术对社会、对教育发展的影响，教育信息化的概念开始出现在政府的各类文件中。中共中央国务院关于《深化教育改革合面推进素质教育的决定》（中发〔1999〕9 号）中强调，"国家支持建设以中国教育科研网和卫星视频系统为基础的现代远程教育网络""大力提高教育技术手段的现代化水平和教育信息化程度"

---

① 张豪锋、张水潮等：《教育信息化与教师专业发展》，科学出版社 2008 年版。

"在高中阶段的学校和有条件的初中、小学普及计算机操作和信息技术教育"。从此,我国的教育开始走向信息化的变革。教育信息化,给中小学教育教学带来挑战,教学环境发生变化,教育思想、教育观念、教育内容、教育手段、教学评价、学习方法等都会随之发生变革。由此,教师的专业知识和技能除了传统概念上的要求外,必须加上获得信息、处理信息、存储信息和应用信息的能力,教师的专业素质也应随之发生内涵的变化。

2.教育信息化的特征

虽然教育信息化的概念不统一,不同的人从不同的角度会提出不同的概念,体现出概念的差异性和宽泛性,但是可以看出他们的共性,即教育信息化的特征可以总结为学习资源的共享性、知识的多媒体化、教育管理的数字化和学习的个性化四个方面。

(1)学习资源的共享性。教育信息化必须具备计算机和网络通信技术的支持。网络技术将地域不同的计算机连接在一起,形成局域网、城域网和广域网。同一网域内或不同网域之间通过通信技术实现资源共享,所以网络的最大特征就是资源共享。在没有网络的教育系统里,人们采用的是纸质教材和辅助参考书,学生提交的是纸质作业,上课用的是黑板加粉笔,同事之间的交流需要通过电话或面对面方式开展,教育管理必须依靠大量的材料进行人工整理和统计,等等。教学信息量低,工作效率低下。有了计算机网络,这一切发生了巨大变化,多媒体教室、多媒体电子教案、电子作业、无纸办公等,通过网络实现共享。网上资源应有尽有,众所周知,在百度首页输入关键词,如图1-2所示。上千万条信息在1秒内搜索完成,而且信息来源于各类网站,只要所含关键词的内容放在网络上,都可以轻而易举搜索出来,这在没有网络时是无法想象的。

图1-2　百度搜索界面

(2)知识的多媒体化。教育信息化使得知识的载体发生了变化。从幼儿园到大学,所用教材的变化是从彩色到黑白,从图文到文字,从形象到抽象。知识的表达多以文字为主,媒体比较单一,这种呈现方式也是符合人的认知特点的。随着年龄的增长和知识的积累,人的认知水平由低级到高级发展,思维能力由形象到抽象发展,所以,即使是很抽象的文字内容,也能够记忆和理解。由美国心理学家戴尔的经验之塔理论可知,人们获得的学习经验可以分为三类,即做的经验、观察的经验和抽象经验,语言文字是最抽象的,要获得更多更好的经验,可以采用教具、视听媒体,使内容显得具体、直观,对获得经验是非常有利的。

在大信息量的教学过程中,应该采用多种媒体的表达的方式,更让人容易接受。网络信息往往以文字、图形图像、视频、声音来表达,根据个人的需要,选择最合适的知识表达方式来学习,特别是对于抽象的概念、原理、实验证明等的理解是非常有益的,原有的教科书是无法比拟的。如化学反应过程中分子式的变化、物理中的磁场感应、生物中物种的演变等,无法用人眼或人的经历去感受,有了多媒体表达方式,可以非常清晰地用动画的形式来再现。这样的例子很多,现在网络已经基本普及,人们深切感受到了网络给学习带来的魅力。

(3)教育管理的数字化。教育信息化给教育管理带来信息透明、工作效率高、管理方便等优势。在日常工作中,涉及很多教务安排、行政事务、新闻文件、学生管理等,有了网络和信息处理技术,教务安排无纸化、排课、调课等只需要在排课系统中操作,即时了解教师、教室、课时数、时间等因素有无冲突,效率非常高。各行政部门之间的信息传递只要发一条短信、一条QQ信息或一封电子邮件就能完成,学校的各类新闻只要上传到网络,无需做很多的纸质通知或电话通知,各个部门、各位教师都能自己查阅。同样,学生管理包括学籍管理、请假、组织活动、人事档案、成绩等都可以通过网络来安排、处理和查询。作为教师,可以实现网上查阅资料、制作电子课件、成绩统计分析、共享教学成果等。总之,教育信息化体现了教育管理的便利和高效。

(4)学习的个性化。当学习的资源不局限于教科书时,随时利用计算机就可以查找任何形式的资源,学习的形式也就不局限于教材、不局限于教室、不局限于课堂,可以实现在任何地方、任何时间学习任何内容,这样的学习体现出学习者的个性化,按照自己的意愿去选择内容学习,按照自己的学习方式去学习,体现出学习者的自主性。学生如此,教师也是如此。教师可以获得自己喜欢的素材组织备课内容,可以选择个性化风格制作课件,可以有创意地尝试教学设计,可以利用软件来统计和分析学生的学习行为、成绩,可以和校外的同行专家进行远程交流等。学习的个性化还体现在学生或教师在网络上开展课外的趣味学习,扩展自己的爱好和知识面,对于培养信息技术能力和促进个性化学习是非常有意义的,作用也是非常明显的。

3. 教育信息化的建设

我国《国家中长期教育改革和发展纲要(2010—2020 年)》提出到 2020 年基本实现教育现代化的战略目标,明确要求:信息技术对教育发展具有革命性影响,必须予以高度重视,把教育信息化纳入国家信息化发展整体战略,对于教师,要提高教师应用技术水平,更新教学观念,改进教学方法,提高教学效果。我国教育信息化建设的代表性特征是:高校的数字化校园、中小学的"校校通"工程和现代远程教育。

高校数字化校园形成了功能齐全、安全性可靠的企业级局域网,所有的行政工作、教育管理、教师教学以及学生相关要求全部可以在网络上操作,而且所有高校之间都建立有一些链接点方便查询。

以浙江省为例,浙江省的中小学"校校通"工程走在了全国的前列。根据浙江省普通中小学教育技术装备统计分析可知,全省贯彻落实《浙江省教育信息化"十二五"发展规划》,全面推进浙江省教育信息化建设工程,使全省普通中小学教育技术装备水平稳步提升。

至 2014 年底,全省 94.94% 的中小学校已实现千兆宽带接入,全省已装备计算机 126.23 万台,网络及外部设备总值达 15.13 亿元,多媒体教学设备总值达 27.91 亿元。全省有 5969 所中小学拥有校园网,占中小学校总数的 98.45%,其中中学 98.98%,小学 98.14%。全省中小学校共有 190 721 套多媒体,中小学班级多媒体普及率为 100%。[①]

现代远程教育是基于网络的一种培养模式,全国所有高校都有相应的职能部门专门负责远程教育。以浙江师范大学为例,继续教育学院是学校的直属单位,统筹全校继续教育工作、省高校教师培训工作和浙江省教师教育质量监控工作,已经形成了"学历教育与非学历教育并重、教师培训与非教师培训共存、传统面授与在线教育互补"的继续教育办学体系。学历教育主要有函授本科和夜大学专科教育,非学历教育主要承担国家级、省级教师培训项目,承担部分县市骨干教师培训、欠发达地区教师培训、西部

---

① 2014 年度浙江省普通中小学教育技术装备统计分析。〔2015-4-10〕。http://www.docin.com/p-1050027128.html.

地区教师培训，承担大量的诸如大学生村干部培训、国税干部培训、妇女干部培训等非教师类培训项目。针对浙江省中小学教师专业发展需求，开发了网络培训平台，开通了浙江教师教育网，为省内外中小学教师网上培训提供优质的资源和便利的服务。此外，对于高校教师培训方面，承担全省访问学者、高职高专访问工程师、"马工程"培训班的组织与管理。

（二）教育信息化对教师专业发展的支持

教育信息化不仅对教师专业发展提出了要求，更为教师专业发展提供了很多有利的条件。下面主要从教师个体专业发展、教师群体专业发展、大学与中小学合作三个方面探讨教育信息化对教师专业发展的支持。

1. 提升教师个体专业素养

现代信息技术的普及，为教师能力的培养和提升提供了便利的条件。教育信息化使教学环境、教学理念、教学方法、教学模式以及教学策略等多个方面都发生了很大的变化，也对教师提出了很多新的更高的要求。教师通过网络可以有效完成教育教学活动中的各项任务，如教学准备、教学设计、知识管理、教学评价等，可以有效提高自身整体素质，如信息素养能力、教学交往能力、总结反思能力、研究能力等。

（1）教师要树立获取信息、使用信息、加工信息的意识，利用信息技术为终身学习服务，促进教师专业发展。

（2）教师能够利用信息化教育环境，及时获取教学内容的最新知识，最新信息，并将其备课的教学资源，以生动、形象、多样的方式展示教学内容。特别是在在多媒体教室、网络机房、虚拟学习环境中开展教学，合理运用信息技术手段，使得课堂内容更吸引学生的注意力，提高学生的学习兴趣，激发学生的学习热情。如利用 QQ、Blog、E-mail、Wiki 等交流工具开展教学互动，借鉴他人的教育经验，在交流和借鉴的过程中不断完善自己；利用 Moodle、Blackboard、虚拟学习社区、网络课程等平台展示教学资源和教学管理，实现资源共享；利用 Blog、BBS、QQ、微信等平台进行教学反思，记录教学活动过程，发表教育见解，分享教学成果；在总结经验过程中提高自己。

（3）教育信息化对教师本人也是一个挑战。教师可以改变以往的观念，比如一定要到书店买书的观念，其实网上有很多电子图书、电子期刊，可以通过免费或廉价获得，此外，还可以获得书店所没有的很多的资源，如学习经验分享、问题解决方案等。再如学习一定要做笔记的观念，网上的数字资源，可以建立文件夹分类组织保存在电脑里，可以整理后存储到移动存储器上,可以刻录成光盘,可以存放到云盘中等,这些电子产品存储容量大,携带方便,比起纸质的资料保存来说,既高效又方便。如果需要使用,电脑上的"搜索"功能可以快速地找到所需的资源,这是纸质资源无法与之相比的优势,可以使个人知识的管理更有效。

2. 提供大学与中小学合作的平台

教育信息化使得教育系统中有一个信息要素,引起教育发生了巨大的变革,体现在教育教学的各个环节,为此,人们需要重新思考原有的教育教学中的因素或环节,是否受到了改变和影响,从而衍生出一系列相关的课题。例如:教师的信息素养、信息技术与课程整合、教学媒体在课堂中的应用、数字化资源建设、多媒体课件制作、教学设计、教学评价、网络资源重组和利用、网络平台、新技术在教学中的应用等,以及跨学科之间的研究,如人工智能在教育中的应用、数据挖掘、虚拟实验的设计等。课题的研究为大学与中小学合作的内容增添了新的色彩。

借助信息技术,可以改变课题研究方法和途径。例如,课堂数据采集可以用数字摄像机记录下每一时刻的课堂现象,用视频编辑软件来获数据;数据统计和分析可以用 Excel、数据库软件、SPSS 软件等处理;素材的采集可用相应的文本、图像、声音、视频工具等,还有一些专用工具的结合来编辑和处理。信息技术的应用可以极大地提高教师的查找、收集、处理和传递信息的能力与水平。

在教师培养和培训合作方面,教育信息化开拓了教师培养的途径,改变了培养和培训的方式。如电子图书馆、现代远程教育、专家系统、视频会议、计算机辅助教学系统、虚拟课堂、虚拟实验室、卫星资源接收系统等,指导教师与培训教师可以开展非面对面的教学,可以开展同步或异步的交流,同时教师可以在任何时间、任何地方、自定步调地在网络平台上学习培训知识,免去了集中培训带来的教室安排、时间安排、住宿安排的困扰,也免去了中小学教师培训路途中的辛劳。

3. 促进教师群体专业发展

教育信息化不仅对教师个体专业发展具有影响作用,对教师群体专业发展同样有着推动作用。教师是学校组织中最重要的组成部分。教师群体的好坏将在很大程度上影响学校的整体发展。教育信息化可以促进群体内部的合作,促进个人知识向群体知识的发展,也可以通过虚拟学习环境或网络平台,促进同一学校内部的教师群体和学校之间的教师群体的共同发展。

在学校内部,可以利用校园网或者学科专业平台,开展教学研讨和学术交流,促进教师群体发展。高等学校在网络建设方面优于中小学,如,校园网络是各个学科、行政部门都可共享的交流平台,它集信息发布、资源共享、教学应用、教育管理、科研应用、数字图书馆等功能为一体,教师之间非常方便地共享和交流信息,可以通过电子邮件、在线留言等方式进行交流,也可以通过外网访问获得互联网上的信息。例如,浙江师范大学的图文信息中心,是由学校的文献信息中心、档案管理中心以及信息化建设中心三部分组成,主要承担学校图书资料、网络安全、信息化及档案管理等工作。其中的图书馆拥有纸质藏书 260 余万册,电子图书 230 余万种,年入藏中外文报刊 3000 余种,购建、自建数据库 80 余个,提供图书借阅、参考咨询、文献检索、定题、读者教育、馆际互借、文献传递、信息推送等多类型、多层次的服务。所以,高校独特优厚的信息化环境条件为教师个体专业发展提供了良好的平台。中小学校园网络相对简单,主要涉及 WWW 服务、电子邮件服务、多媒体音视频点播、教学资源库共享、教务管理、行政管理等,对于中小学教师的学科研讨、资源共享将会带来很大的便利。

在学校之间,开展大学与中小学的合作,对促进校际之间的教师群体专业发展也是很有帮助的。基于 Web 2.0 的各种网络技术为信息资源的收集、发布、分析、比较以及处理等过程提供了强有力的支持,是构建教师群体专业发展支撑系统的理想选择。构建互动交流的平台,可以实现优质资源共享,例如,优秀教师的授课视频、专家讲座、学科交流信息、最新的研究动态等,使更多的教师能够获得丰富的学习资源,更新的教学理念、教学方法。可以开展教师之间的教研合作,突破时空的局限,拉近大学与中小学教师之间的距离,可以开展网上集体备课、听课评课、课题研讨、视频会议等。可以建立校际教师共同体,教师之间就遇到的各类问题进行交流沟通,探讨出合适的解决方法和策略,可以在这个共同体里分享专业知识和经验,彼此学习,改善教学,共同提高专业素养,促进教师专业发展。

二、教育信息化对教师的新要求

随着信息技术在当前社会中的影响越来越大,教育也跨入了信息化时代,从教育目标、教学手段、教学管理、教学评价等方面都显示了信息化的特征。作为教学一线的教师,必须适应教育信息化的大环境,将信息技术运用到教学工作中,也就是说,信息技术将成为教师学习、工作的工具,是教师专业发展的技术支撑。

(一)国家对教师的教育技术要求

随着信息技术在教育领域的应用,教师专业发展对教师的信息技术能力有了明确的要求。中华人民共和国教育部为提高中小学教师教育技术能力水平,促进教师专业能力发展,根据《中华人民共和国教师法》和《中小学教师继续教育规定》有关精神,教育部于 2004 年 12 月正式颁布了《中小学教师教育技术能力标准(试行)》(以下简称《标准》,见附录)。该《标准》适用于中小学教学人员、中小学管理人员、中小学技术支持人员等的教育技术能力的培训与考核。其内容涉及 4 个维度:意识与态度、知识与技能、应用与创新、社会责任。

《标准》具体规定了中小学教学人员、中小学管理人员、中小学技术支持人员的教育技术能力结构要求和达到各等级所需培训的基本内容。以中小学教学人员为例,《标准》中意识与态度维度规定了 4 个方面共 12 条要求,知识与技能维度规定了 2 个方面共 9 条要求,应用与创新维度规定了 4 个方面共 17 条要求,社会责任维度规定了 4 个方面的要求。可见,《标准》对教师的应用与创新提出了较高的要求,这也符合教师专业发展的本质要求,只有创新才能改变教学现状,才能进行教学改革。有了创新,教师的专业技能和整体素质才能提高,从而促进教师专业发展。

教育技术能力标准的制定,作为我们中小学教学与管理人员教育技术培训与考核的基本依据,《标准》的实施也促进了信息化背景下的教师专业发展。

2013 年 10 月,教育部为贯彻落实国家教育信息化总体要求,充分发挥"三通两平台"效益,全面提升教师信息技术应用能力,印发了《关于实施全国中小学教师信息技术应用能力提升工程》(以下简称《能力提升工程》)(教师〔2013〕13 号)文件。《提升工程》明确了提升的目标和任务,强调按照教师需求实施全员培训,并推行符合信息技术特点的培训模式,如网络研修与现场实践相结合的混合式培训、网络研修与校本研修整合培训,对不具备网络条件的农村教师提供采取"送教下乡"和"送培上门"等针对性培训方式。支持中小学与高校及教师培训机构合作,利用合作项目引进和开发优质资源,建立优质课程资源库和典型案例资源,加工生成性资源,开发微课程资源,满足教师个性化学习需求。

《能力提升工程》为中小学教师提高教育技术能力提供了考核依据和培训方向,全国正轰轰烈烈地开展各式提升培训。浙江省的《能力提升工程》由省教育厅牵头,依托省教育技术中心和浙江师范大学,分别设立"能力提升工程"领导小组办公室和实施指导办公室，开展中小学教师信息技术应用能力提升专项培训，将中小学教师信息技术应用能力提升专项培训纳入教师专业发展培训要求。由学校组织教师自主选择课程的方式，通过分层分类分学科培训的自主选学，开展以校本研修为基础、突出课堂教学应用、网络服务为支撑的专项培训。

2014年5月，为指导各地组织实施全国中小学教师信息技术应用能力提升工程，规范引领中小学教师信息技术应用能力培训课程建设与实施工作，依据中小学教师信息技术应用能力标准，教育部办公厅特制定《中小学教师信息技术应用能力培训课程标准（试行）》（以下简称：《课程标准》）（教师厅函〔2014〕7号）。其中培训课程设置了"应用信息技术优化课堂教学""应用信息技术转变学习方式"和"应用信息技术支持教师专业发展"3个系列的课程，共27个主题，强调教育行政部门、教师培训机构和中小学校协同开展教师应用成效评价，帮助教师提升信息技术素养，应用信息技术提高学科教学能力、促进专业发展。

2015年2月，教育部办公厅关于印发《2015年教育信息化工作要点》的通知（以下简称《通知》）（教技厅〔2015〕2号）中，明确了2015年教育信息化的工作重点，其中两项是扩大实施中小学教师信息技术应用能力提升工程和加强职业院校、高等学校教师培训。这说明了国家对教师专业发展的重视，不仅要求中小学教师要提高专业水平，高等院校的教师也要参与网络培训，丰富培训资源，优化培训平台，促进移动学习，加强对高校教师的个性化培训服务，强化信息技术与学科专业教学的融合。

（二）教师信息素养的要求

随着教育信息化的发展，以及教师的信息化教育应用的普及，教师的教育技术能力的提升，人们开始考虑使用信息的素质问题，即信息时代的教师应该具备一定的素养，如教育技术的知识、媒体使用的能力、专业法律与伦理、优化教学意识等，能够更好地利用信息开展教学。在职教师的培养和培训也应该体现信息素养的特征。

1.信息素养的含义

1974年，美国信息产业协会主席车可斯基（Paul Zurwski）最早提出了信息素养的概念，他认为信息素养是人们解决问题时利用信息的技术和技能。这个概念代表了当时强调获得信息技能的观点，还没有对这个概念从广度和深度上进行定义和分析。

20世纪80年代，Forest Horton讨论了信息时代计算机作为一种资源的潜在作用,他认为计算机解决问题的能力表示为计算机素养,而信息素养是超出计算机素养的内容。他对信息素养的提出代表了计算机在信息应用中的地位和作用,从此也让人们开始关注利用计算机来获得信息、处理信息和应用信息,关注计算机辅助教学的应用研究。

到 1992 年,美国图书馆协会给出的定义是"信息素养是人们能够判断何时需要信息,并且能够对信息进行检索、评价和有效利用的能力。"①也有学者认为信息素养是指个体对信息活动的态度以及对信息的获取、分析、加工、评价、传播、利用等方面的能力,是将传统的文化素养相结合的科学的文化素养,是建立在信息技术基础上的集信息意识、信息知识、信息能力、信息道德于一身的关于信息的综合素养。② 可见,这时的信息素养概念已经给出了丰富的内涵,包括信息意识、信息技能、信息伦理道德等涉及社会政治、经济、法律等各个领域的综合性概念。

从信息素养的概念的变化可知信息素养是社会发展到一个阶段的产物,是一个动态的概念,是随着社会进步、信息技术发展、教育发展而发展的,也象征着时代对教育者的专业要求。

2. 教师的信息素养

教师的信息素养直接影响着学生的信息素养,也关系到学校的整体素养,在教育信息化的进程中,教师对于获取和利用信息重要性的认识程度,获取、处理、加工、利用信息的能力,将与教师的教育教学工作能力及水平成正比。因此,教师应该顺应时代的潮流,充分提高自身的信息素养,以推动我国教育的发展,培养更多更好的符合时代需要的人才。

关于教师的信息素养,普遍认为是与信息获取、信息分析、信息加工和信息利用有关的基础知识和实际能力。其中信息获取包括信息发现、信息采集与信息优选;信息分析包括信息分类、信息综合、信息查错与信息评价;信息加工包括信息的排序与检索、信息的组织与表达、信息的存储与变换以及信息的控制与传输等;信息利用包括如何有效地利用信息来解决学习、工作和生活中的各种问题。也有人认为教师信息素养是以获取、评估、利用信息为特征,传统与现代文化素养相结合的科学文化素养。③

我国对教师的信息素养的培养非常重视,颁布了一系列的相关文件和

---

① 张剑平:《现代教育技术》第 3 版,高等教育出版社 2013 年版,第 17 页。
② 周跃良:《信息化环境中的教师专业发展》,科学出版社 2008 年版,第 59—66 页。
③ 蔡其勇:《基础教育程序改革与教师信息索养的培养》。[2015-06-25]. http://www. fjzzjy. gov. cn/newsInfo. aspx? pkId=46212.

培训要求。2001 年，教育部为贯彻《中共中央国务院关于深化教育改革全面推进素质教育的决定》（中发〔1999〕9 号）和《国务院关于基础教育改革与发展的决定》（国发〔2001〕21 号），颁布了《基础教育课程改革纲要（试行）》。其中明确指出，在教学过程中要"大力推进信息技术在教学过程中的普遍应用，促进信息技术与学科课程的整合，逐步实现教学内容的呈现方式、学生的学习方式、教师的教学方式和师生互动方式的变革，充分发挥信息技术的优势，为学生的学习和发展提供丰富多彩的教育环境和有力的学习工具。"在教师的培养和培训过程中，要求"师范院校和其他承担基础教育师资培养和培训任务的高等学校和培训机构应根据基础教育课程改革的目标与内容，调整培养目标、专业设置、课程结构，改革教学方法。中小学教师继续教育应以基础教育课程改革为核心内容。地方教育行政部门应制定有效、持续的师资培训计划，教师进修培训机构要以实施新课程所必需的培训为主要任务，确保培训工作与新一轮课程改革的推进同步进行。"为了适应基础教育课程改革与发展的需要，广大教师必须通过各种渠道不断提高自身的信息素养，运用现代信息技术促进教学方式方法和学生学习方式的变革，合理运用信息技术开展课程整合和教学创新，全面提高教育教学质量，切实推进素质教育的实施。

2000 年，教育部公布的《中小学教师信息技术培训指导意见（试行）》，规定了中小学教师信息技术培训的目标与内容，分为初级培训和高级培训。初级培训包括信息技术基础、操作系统、文字处理、信息技术在教学中的应用、互联网基础等培训模块，参考课时为 32～52 课时。高级培训包括文稿演示、电子表格、网页制作、多媒体作品制作等培训模块，参考课时为 40～56 课时。

2014 年 5 月，教育部为指导各地组织实施全国中小学教师信息技术应用能力提升工程，依据中小学教师信息技术应用能力标准，制定了《中小学教师信息技术应用能力培训课程标准（试行）》，推行"菜单式、自主性、开放式"的教师培训选学机制，依据能力标准对中小学教师信息技术应用能力的基本要求和发展性要求，设置"应用信息技术优化课堂教学""应用信息技术转变学习方式"和"应用信息技术支持教师专业发展"3 个系列的课程，共 27 个主题。"应用信息技术优化课堂教学"系列课程和"应用信息技术转变学习方式"系列课程分别设 15 个和 9 个主题，由技术素养类、综合类、专题类课程主题构成。"应用信息技术支持教师专业发展"系列课程设 3 个主题，对应教师专业发展类课程主题。

当前，我国教师信息素养的培养已在全国普遍开展，形式也是多样化、分层次,体现了地方政府、学校的重视和支持,但仍然存在许多问题。为此,教师信息素养的培养和培训必须构筑系统、完整、弹性的课程体系,采取多种培养方式,建立多元化的教师信息素养培养途径,切实提升在职教师的信息素养,这样才能有助于基础教育课程改革,推动基础教育的整体变革。

教师的信息素养是一个随着信息化社会的发展而其内容不断变化的概念,因此,教师的信息素养的培养也是一项内容不断发生变化的工作,应随着社会的发展而不断改变教师信息素养的培养内容和方式方法。

(三)信息化教学环境对教师的技术要求

通过上文分析可以得知,国家层面对教师提出了教育技术要求,以及教师信息素养的培养要求,总体上是从意识与态度、知识与技能、应用与创新、社会责任四个方面给出了要求。在实际教学中,教师的信息技术要求可以从知识掌握和硬件环境操作两个层面去理解。知识掌握层面,就是教师应该掌握本学科的理论知识和技能知识、教育学理论和研究方法、信息技术的获取、处理、存储和加工、应用的知识等。而硬件操作环境是指教学环境的变化所需要掌握的知识与技能。

1.计算机

计算机是现代教师必备的一个工作工具,使用计算机来备课、上课、交流、上网查找资料、上传和下载资源等,计算机就像一支笔,随时都要用到。所以,教师必须学会使用计算机,如:

(1)计算机的基本操作,如文件管理、软件的安装与卸载、文件的查杀病毒与防护、远程监控;

(2)计算机的硬件管理,如计算机与投影仪的连接与显示、存储卡及相关辅件的使用、与打印机的连接与使用、光驱的使用与刻录操作;

(3)其他设备的使用,如平板电脑、蓝牙鼠标、无线耳机等新兴设备。

2.多媒体教室

多媒体教室是教师的课堂教学环境,是将多媒体计算机、投影仪、录音、录像、展示台、多媒体中控系统、功放、白板系统、多媒体管理系统等现代教学媒体结合在一起而建立的综合教学系统。它的主要功能是:

(1)连接校园网和 Internet 网络,方便资源共享,实现网络联机教学;

(2)演示多媒体教学课件,开展计算机辅助教学;

(3)播放视频教学软件,提供多媒体教学资源;

(4)展示实物教学资源,加深对教学内容的理解;

(5)使用音响系统,提供录音、广播功能;

(6)利用多媒体管理系统,加强课堂管理和教学过程的技术性;

(7)使用白板系统,强化教学过程的互动。

要使用多媒体教室,需要掌握多媒体教室的设备使用与常规管理,可以有以下几方面:

(1)确认计算机信号、网络信号的连接。当计算机不能正常开启时,应该掌握常规的检查方法;当整个教室网络不通或者学生机的网络不通时,学会简单地从软件和硬件两个角度判断原因;

(2)安全意识。多媒体教室里有多种电源,应该了解照明电源、动力电源和设备电源,掌握基本的电源识别与开关;

(3)掌握各种多媒体教室内的电子设备的正确使用方法,当一种情况不能正常开展上课时,学会变通,使用其他设备来开展上课;

(4)多媒体管理软件的操作。一般教室都会安装多媒体中央控制系统,即利用智能化技术将多媒体教室的各种设备集中管理控制,将多种设备的操作全部集中到同一个操作界面上,有时也称"一键开关机"。教师应该学会操作"一键开关机",知道控制面板中的投影机、电动幕布、讲台门锁、计算机等的工作状态,应急时学会使用传呼,让管理员来处理。

3.网络平台

在教师的教学和培训过程中,必然会碰到各类网络平台,在此泛指所有在网络上开展教学和交流的平台,如网络课程平台、远程教育平台、社会交流平台和虚拟学习环境等。教师需要掌握以下几方面的技能:

(1)注册与登录。提供任何一个新的网络平台,都能够顺利完成注册与登录操作;

(2)网络平台的操作。在平台上能根据界面提示进行操作,实现阅读、上传、下载、输入输出、保存等操作。

4.校园网

目前的中小学校绝大部分都建有校园网络,校园网络也是每一位教师获得信息和资源的主要窗口,教学信息、校务信息、学生信息、最新动态等都能方便地从校园网上获得。对于每一位教师来说,校园网并不陌生,都能熟练使用。在此,也提示两点:

(1)新技术应用的自适应要求。当一个人从一个环境换到另一个环境时,都有适应过程,这个过程的时间长短因人而异。校园网也是一样,随着新技术的推出,特别是移动通信设备的普及,有些新的功能可以丰富校园网,教师应该具备这样的能力,与时俱进。在校园网上,除了往常的网络元素外,可以加入新的技术应用,如二维码等。

二维码也叫二维条形码或二维条码,是用某种特定的几何图形按一定规律在平面分布的黑白相间的图形中记录数据符号信息的。二维码具有数据容量大、保密性好、超越字母和数字的限制、抗损性强等特点。二维码通过图像输入设备或光电扫描设备自动识读,所以被广泛应用于各行各业中,特别适用于表单、安全保密、资料备援等方面。如图 1-3 所示为"浙江师范大学"网站的二维码。利用手机的摄像头识读二维码,就可以获得"浙江师范大学"的网站信息,可以实现快速上网,浏览网页,省去了输入浙江师范大学的 URL 地址的过程。

图 1-3　浙江师范大学主页的二维码

再如,微信功能在网络群体中作为一个交流工具已经非常普及,校园网加入公众微信号,可以通过微信号来关注学校的新闻、热点问题等。如图 1-4 所示,是浙江师范大学的微信新闻入口,通过查找公众号"浙江师范大学"或者是查找微信号"ZJNU1956",就可以获得该校的最新动态,还可以扫描"浙江师范大学"二维码,通过手机来查看网站上的信息。

图 1-4　浙江师范大学的手机微信公众号

(2)多方位互动交流的要求。校园网最主要的特点是资源共享,在共享学校新闻、学科发展、教学资源的同时,要充分利用校园网上的交流工具,开展多方位的互动交流。第一,利用校园网提供的电子邮箱功能,和教师、学生、家长进行非实时的交流,开展资源的传递、关心学生的身心健康和情感交流、和家长共同关注学生的成长;第二,利用校长或书记公开信箱与领导交流,及时提供学校最新的教师、学生、管理等方面的正面和负面现象分析、学科建设的建议、学校发展的宝贵意见、人才队伍建设等;第三,利用友情链接,快速查询相关部门的信息,及时和他们取得联系;第四,关注学校内的其他学科的信息,加强多学科之间的联系,获得协同工作的信息和机会,开展创新活动。所以,教师应该掌握互动交流的方式和渠道,虽然可以通过手机或电话或其他方式进行交流,但是在交流双方时间不允许或通话时间太长的情况下,通过非面对面的、异步的、文本形式的交流是比较合适的。

5.其他

除了上述所涉及的,不同的学科有其学科的特殊性,也就存在着特殊的信息化环境,根据学科特点,掌握信息化环境下的使用方法。如化学、生物、物理学科,涉及很多实验,那么实验仪器的操作与数据分析是必须要掌握的。对于师范生教育,师范技能的培养需要特定的环境支持,以前都是在普通教室里开展"三笔字"和试讲训练,现在很多高校都设有微格教室,在微格教室里可以把学生的板书、教姿语态、说课讲课的过程都及时录制下来,方便课后反思总结。这样,作为教师,要熟悉微格教室的使用、中控系统的使用、视频资源的下载等操作,如果需要将学生的视频文件保存,作为今后教学的案例分析,则还需要学会视频的编辑、文件格式的转换等操作。对于信息技术学科或是计算机学科,则上课的环境主要是计算机机房或网络机房,机房里一般都安装多媒体管理软件,通过软件可以实现教学锁屏、分组讨论、电子举手、传递资源、上交作业、远程操作、交互控制、联机考试等功能,熟悉这个不同于多媒体教室的教学环境的功能,对上好一堂课是非常有必要的。

信息化教学环境提供了不同的教学情境,带来了与传统教室不一样的感觉,提供多媒体资源,丰富教学内容,减少了粉笔书写所耗的时间,增加了课堂的讲解时间,利用率提高了。课堂教学的信息量大大提高,关注学生的时间多了,与学生的互动交流多了,但也存在一些问题,如教师对教学环境不熟悉、对设备操作不熟练、教学设计不理想等,也会影响课堂教学效果,由此,信息化教学环境给教师提出了更多更高的要求。

第三节　大学与中小学合作是教师
专业化发展的有效途径

教育的责任是多方面的,要提高教育的水平,首要提高教师的职业素养和专业水平,提高教师教育的质量,这需要大学与中小学彼此帮助才能取得进步。大学与中小学的合作,既是教师个体专业化发展的一种途径,也是教师群体专业发展的一种途径,更是教师教育发展的一种途径。

一、实现教师专业化的途径

瑞士儿童心理学家皮亚杰指出:"有关教育与教学的问题,没有一个问题不总是与师资培养问题有联系的。如果得不到足够数量合格的教师,任何最使人钦佩的改革也势必要在实践中失败。"教师专业化的成长直接影响着学生的发展、学校的发展和教育的发展。

有关教师专业化的实现途径研究,不同学者有不同的观点。如从教师的培养过程出发,提出强化职前培养,严把出口关;狠抓在职锻炼,严把实践关;落实职后培训,严把提高关;开展教育教学评价,正确发挥导向作用。① 也有学者认为:走向教师职业专业化,不仅需要教师的自我完善和努力,也需要国家政策和机制的支持。如建立国家教师专业标准,实行严格的教师资格制度,实行国家教师资格考试和持证上岗制度,现在国家已经这样实施了,无论是师范生还是非师范生,都必须统一参加国家组织的教师资格证考试的笔试和面试。再如提出实行注册学分制,高师院校的教育课程应打破校际、系际的界限,向符合条件、乐于从教的学生开放。建议建立在职教师继续教育制度,加强在职教师的访学、培训和终身教育。② 也有学者认为要建立职业准入制度、从业教师的管理制度和完善师范教育制度,从而确保教师专业化的健康发展。③

可见,实现教师职业的专业化是一个持续不断的过程,总结学者的研

① 张忠华:《教师职业专业化研究》,《教学与管理》2006 年第 10 期,第 6—8 页。
② 史宁中、柳海民:《教师职业专业化:21 世纪高师教育持续发展的生命力》,《高等师范教育研究》2002 年第 5 期,第 28—34 页。
③ 张福建:《论教师专业化的实现途径》,《教育评论》2003 年第 3 期,第 34—37 页。

究成果，可以归结为以下几个方面。

1. 完善管理制度

教师专业化是一项长期的、艰巨的工作，只有建立健全有效的法律法规、管理制度，才能使教师专业化稳步、健康、快速地发展起来。管理制度是教师专业化发展的基本保障，在这当中，国家、教育行政管理部门和学校需要共同承担起这份责任，通过制定相关法律制度来确保教师专业化的发展。总结主要的相关制度，可分为以下四类：

（1）教师教育法律

很多发达国家通过立法、建立规章制度的形式来保证教师专业化的发展。如日本的《教育公务员特别法》《部分修改教育职员许可法》规定了教师许可证制度和教师必须接受继续教育；英国的《1988 年教育改革法》规定全国中小学实施统一课程，《关于教师及高等教育的 1998 年法律》规定了教师人事管理标准、教师的录用与经营管理；德国的《教师继续教育法》规定了中小学教师必须不断参加在职教育；法国的《学校系统定向法》提出了教师教育机关一体化的决策等；还有美国的《中小学教育法》等也做了相关规定。我国的《中华人民共和国教育法》和《中华人民共和国教师法》明确规定了教师的职业和教育的法规。

（2）教师资格证书制度

教师资格证书制度是一种检测教师是否符合基本要求的手段。我国的《中国教育改革和发展纲要》《中华人民共和国教育法》和《中华人民共和国教师法》中均提到了国家实行教师资格证书制度。2000 年 10 月 23 日发布了《〈教师资格条例〉实施办法》，标志着全面实施教师资格制度工作开始启动。教师资格证书制度包括三部分内容，即教师资格证书的管理制度、教师资格证书的鉴定制度和教师资格证书的发放制度。2015 年起，所有想从事教师职业的人员都必须参加全国的教师资格证书考试，包括师范生在内，这体现了我国对教师职业的重视和要求。

（3）教师教育机构认可制度

教师教育机构是指那些专门负责培养中小学教师和其他教育人员的培养或培训的行政主体。如大学、学院、研究院或大学内的其他行政部门。我国为了实施对师范教育的管理和质量监督，控制师范教育的培养质量，鼓励各教师教育机构之间的公平竞争，进行教师培养的教育评价等，设立了教师教育机构的认可制度。

我国的教师教育机构认可和评估制度通过"全国教师教育认可和质量评估中心"来实现，它是由国家教育部和高等教育评估委员会认可的全国性教师教育评估机构。认可的范围是师范大学、师范学院、综合大学和普通高等学校里所有负责培养和培训幼儿园、中小学教师和其他学校教学人员的学校、学院、教育系和其他行政管理部门、企业等机构。认可的内容主要是职前培养和职后培训的教师培养和培训计划,包括培养的学生成绩、毕业生质量、开展计划所拥有的教师资格、课程设置、办学条件等。[①]

教师教育机构认可制度,可以在一定程度上确保教师职前教育的质量,同时也鼓励各教师教育机构依据认可制度来进行自我评价,查漏补缺,加强管理,不断修改培养计划,为培养出优秀的教师提供良好的培养和培训平台。

(4)教师教育课程鉴定制度

教师教育课程是体现教师这一专业不同于其他专业的特有课程,教师的职前教育必须学习相关的教师教育类课程。教育部《关于大力推进教师教育课程改革的意见》(教师〔2011〕6号)规定了教师教育课程标准以及实施建议,以小学职前教师教育课程设置为例,建议设置课程模块为儿童发展、教育哲学、班级管理、小学学科课程标准与教材研究、小学学科教学设计、小学心理辅导、教师职业道德、教育研究方法、书写技能、教育实习等23个教学模块,四年本科要求最低必修学分为24学分。并且明确规定建立课程管理和质量评估制度,但没有给出如何评估细节。教师教育课程鉴定制度较为完善的是苏格兰和英国两个国家。对于我们国家而言,教育部《普通高等学校本科教学工作水平评估方案(试行)》(教高厅〔2004〕21号)共列出了一级评估指标7项,二级指标19项,另加"特色项目",每个二级指标都有若干个观测点。这种评估对本科教学质量起到一定的监控作用,但是,却没有完全针对教师教育课程。据目前查阅到的文献,还未找到我国的教师教育课程鉴定制度。所以,需要在这方面健全教师教育机构评估体系,同时,在教师资格证考试中必须体现教师教育课程标准,从不同的侧面来监控教师教育的质量。

(5)其他制度

教师专业化发展是一个复杂的工程,为健全教师专业发展的质量保障体系,还需要其他制度的支撑,如经济保障制度、教师激励制度、教师继续教育制度等、对教师专业发展活动需要设立专门的资金资助,专款专用,经济上的保障才能使教师专业发展得以顺利进行。教师激励制度是为了促

---

① 朱旭东:《试论建立教师教育认可和质量评估制度》,《高等师范教育研究》2002年第3期,第28—33页。

进教师不断学习,提高专业水平,可以设立一些激励如进修、晋级、获奖、科研、发明等,给予一定的精神或物质鼓励,调动教师的积极性。教师继续教育制度可以规定进修或培训的时间、科目、内容等,也可以制定学分制培训,获得一定的学分后,可颁发培训证书,还可以将培训纳入晋级条件,等等,这些都有助于提高教师个体和群体的专业发展。

2.开展专业培训

大力加强教师培训,主要是教师在职培训,是深入实施素质教育、全面提高教师专业水平的必然要求,也是广大中小学教师专业成长的内在需求。职前教育所学的专业知识和技能与实际课堂教学还存在理论和实践经验上的不足,需要在实践中积累经验的同时,继续丰富和提升理论知识,将理论与实践有机结合,全面提升专业素质,解决这一问题的主要方式是培训。自新课程改革后,国务院委托教育部开展包括新课程骨干教师国家级培训、国培计划中小学骨干教师培训等多项培训项目。从 2002 年开始,在浙江省全面启动教师培训项目,并颁布了《浙江省中小学教师专业发展培训若干规定(试行)》,在全省范围内实施中小学教师专业发展培训制度,如农村中小学教师为对象的"素质提升工程"、农村骨干教师为对象的"领雁工程"、中职教师为对象的"双师型"培训项目、新课改后的全员培训,还有教师自主选择培训项目等,在一定程度上实现了教师培训的规模化、特色化,对在短时间内全面提升中小学教师专业水平起到了很重要的作用。

据调查分析,中小学教师的职后培训还存在一些不足。第一,培训过程中的理论知识过多,实践性知识明显不足,培训没有很好的契合教师对培训内容的需求,培训后的理论知识又难以很好地应用于教学。第二,在培训方式上比较重视系统的讲授法、专题讲座法,而很少有一线教师讲课、参观与观摩、听课、说课、评课、经验展示等形式的培训,这样就形成了培训形式与教师需要的培训形式之间的差异,难以调动教师的积极性,培训收效不大。第三,培训时间上设置不理想,时间太短,则培训过程紧张、匆忙,所学知识难以消化或者学习内容无系统性;时间太长,则会引起学习疲劳与消极心理,造成资源浪费。第四,培训师资不理想,一方面由于培训资金等问题,师资往往来源于培训机构自身,不会去特邀一线名师、教坛新秀、特级教师或功勋教师来讲课,师资力量显得单薄;另一方面,由于培训规模扩大,导致培训导师储备不够,培训机构会请年轻的教师、博士研究生等来承担任务,这样即使导师们有满腔热情、满腹知识、科研能力强,却还是满足不了一线培训教师的知识需求。①

教师的职后培训仍是今后提高教师专业素质的主要渠道，努力提高培训质量应是政府部门、培训机构以及中小学校需要努力的事情。为了切实搞好培训工作，需要设计合理的培训方案，优化师资队伍，优化培训内容和培训模式，切实满足中小学教师所需，不断增强中小学教师培训的有效性和针对性。

3. 提倡合作教学

一个教师的成长一般需要经历职前的教师教育、职后的教师培训两个阶段，两个阶段相互关联又有所侧重。职前的教学质量将会影响到职后的专业进步，职前强调的是理论学习，需要在职时积累经验，职后培训是一定经验基础上的理论再提升，利用理论知识来丰富和指导实践创新。从教师个体发展的角度考虑，学校可以为教师提供一个平台，该平台能够使教师在专业理论上得到提升，在专业技能上得到交流，获得更多的学科前沿信息，实现教学创新。这个平台的形式可有多种，其中，寻找一个可以开展"教学研"一体的合作对象是一个理想的选择。以学校为单位，可以开展学校与学校之间的合作，也可以开展学校与企业之间的合作。

（1）学校之间的合作。目前这类合作方式比较普遍。例如，大学与中小学的合作，可以实现理论性与实践性、学术性与师范性、综合性与适应性之间的和谐统一。因为大学与中小学需要彼此的帮助，双方在在职培训、共享信息方面是互利的，在课程改革、改善教学等方面是互补的，有着广泛的合作空间和合作需求。大学需要中小学教师的实践知识，也是培养教师的场所，中小学需要大学的理论知识和研究成果，从而指导教学实践。所以，大学与中小学的合作，是提高教师专业发展的有效途径。全国的教师教育体系，越来越多的师范院校承担职后培训的重任，必将形成由职前职后分离逐步走向职前职后培训一体化的局面，这是一个延续不断又相互促进的整体。

目前，大学与中小学合作的形式有多种，合作的内容也丰富，但还存在着不少问题，后续章节中会详细探讨。作为教师专业发展的一条有效途径，需要设计合理的合作方案、合作内容、保障措施等一系列长效机制，才能确保合作长期而稳定地开展。

（2）校企合作。这也是促进教师专业化发展的可取途径。例如，现在的职业学校面临着就业压力和学校发展压力，职业学校的教师存在着实践

---

① 吴惠青：《浙江省基础教育改革与发展年度报告》，浙江大学出版社 2011 年版，第 62—67 页。

经验不足、与行业缺乏沟通等现象,而企业招收毕业生后,需要投入大量的人力物力重新培养学生。所以开展校企合作,一则可以提高教师的专业技能,聘请企业技术员、工程师担任学校教师,充实学校的师资力量,二则培养出符合社会需求的学生,也为企业提供技术上的理论指导,为企业的技术创新和减少成本提供支持。再如,目前很多中小学校为培养学生的信息技术能力,开设机器人课程并组织学生参加机器人大赛。由于机器人相关器材经费较高,绝大部分学校采取由机器人产品企业免费提供或购买一部分来开展教学。这样的合作,给学校带来了很多益处,既解决了学生的学习资源问题,又给教师提供了学习和研究的机会,如果学生参加大赛获奖,还可以提高学生的学习兴趣和学校的知名度,而对于企业,学校成为企业产品的试验基地,为开发更好的产品提供了实验数据。

但是,校企合作也存在一些问题,缺乏利益保证,缺乏合作长效机制,使得合作不能长久进行或只浮于表面,达不到合作的实质性效果。

二、大学与中小学合作的必要性与可能性

(一)必要性

大学与中小学开展合作,无论采取哪种形式,对于大学或中小学来说,都是有益的,也是非常有必要的。具体体现在以下几方面:

1.合作促进教学的进步

要成为一名合格的教师,需要具备专业知识、实践技能、专业情感、管理能力与合作能力。专业知识大多来自大学的教学,而教育实践、教学经验、班级经营等知识,却主要来自于中小学。职前教育的师范生的学科知识来源于大学,教育实习知识则来源于中小学,到中小学去,能够体验基础教育的学科教学、增加教学经验、感悟理论与实践的有机结合、亲历管理学生的技巧等,所以实习生成为目前大学与中小学联系的最普遍的形式,增进了大学与中小学之间的了解,既让大学了解中小学的基础教育改革的方向和重点,也让中小学知道大学师范教育的知识范围和要求。所以,教师专业发展既是大学的责任,也是中小学的责任。

教育对象的多样化、个性化以及教育内容的丰富化、复杂化决定了教育是复杂科学,教师必须针对不同学生、不同教育内容,采用不同方法和模式。对于中小学教师来说,缺乏对教学的理论研究基础和精力支配,而中小学教师通过与大学教师的合作,或者到大学参加各类培训以及教学研讨

会,将会接触到新思想、新知识、新技能、新技术、新的发展思路和研究问题的策略及方法,将会通过教育教学案例研究和交流研讨进行教学反思,掌握用理论来分析教学问题的方法,并用理论来指导实践,必将改变中小学教育的现状和传统,同时这种改变又表达着教育的真实意义,成为建构教育理论的实践源泉。

大学需要与中小学教师一起参与各种活动,实施探究式合作,开展听课、评课、公开课、观摩课、教研等活动,了解中小学对教师教育的需求,及时对教师教育计划、教学内容、教育理论、教学方式方法等进行修订。中小学的真实教育教学情景能促进教师的情境化理解,中小学教师了解、熟知教学实践,具备丰富鲜活的教学实践经验,他们将生动的教学实践经验带给大学教师,会给大学的研究和教师教育注入新鲜血液。中小学丰富生动的教育实践经验以及求真、务实等文化特质进入大学,与大学的教师教育实践相融合,促进大学的教师教育发展和教师专业发展。

2.合作形成科研的共同体

教师的工作特点是具有创新性、复杂性和研究性,无论是大学教师还是中小学教师,都需要具备不断探索教育教学活动中的现象与本质的能力,具备不断发现解决问题、解决问题的能力,也就是需要具备一定的科研能力。大学与中小学的合作,能够促进双方科研能力的提高。

大学教师具备丰厚的教育理论基础和及时获取新知识的优越条件,具有敏锐发现问题的洞察力和运用相应理论研究问题的能力,能带给中小学更多前沿的理论知识、先进的教育观念、科学的研究方法,从而帮助中小学教师的教学实践经验得到理性的升华和梳理。

中小学教师工作在教学第一线,拥有丰富的实践经验和研究素材,但往往会缺少从事教育科研所需要的理论素养和研究方法。通过合作,中小学教师可以更快更好地捕捉理论前沿知识,学习科学的研究方法,可以分享大学研究人员的研究经验和资源,使自己的研究更加规范、有效。因此,中小学需要大学理论工作者的帮助和指导。

中小学具有丰富而鲜活的教学实践资源,可以作为教学实践经验基地给大学理论工作者的研究和教师教育的发展提供实践的平台。大学研究人员可以分享中小学教师的教育经验和反馈,从他们鲜活而真实的经验中寻找新的理论生长点,为教师教育研究提供非常及时的素材,丰富教师教育的理论知识和实践经验。

大学与中小学合作研究过程中,应该建立平等的合作伙伴关系,形成学习和研究共同体,大学不是以专家权威的身份支配或控制中小学,也不是带着自己的实验假设到中小学去验证，而是以平等的身份参与中小学的教育教学活动。中小学也不是单纯被动地接受大学研究人员的支配与控制，而是积极主动地参与教学研究，与大学研究人员平等地参与各项活动，开展合作交流。双方就共同感兴趣的、有实践价值的、关系到教师专业成长的问题进行研究，共同寻找解决这些问题的有效途径，共同对自己的教育理念和教育实践进行调整和完善，共同就取得的成果进行评价，共同分享成功的经验和喜悦，共同促进教师专业化发展。

3.合作有利于文化融合

1981年，在教育部颁布的《高等师范院校四年制本科文科三个专业教学计划（试行草案）》中，对高等师范院校的培养目标，做了具体的规定：发展基础教育、提高基础教育质量、培养合格的中等教育师资。也就是说主要是培养中学教师，同时还承担着教师继续教育的任务，即负责培养已经取得教师资格的中小学教师。经过几年的教师教育体制的改革，已经形成了由定向走向开放，由单一走向多元的教师教育体系。中小学校负责完成国家规定的基础教育，以教学为主，但随着教育的发展和新课程改革的要求，中小学教师需要不断地进行培训学习，以适应教学的需要。

由于大学与中小学的文化和制度上的差异，双方在合作研究的实践过程中难免会遇到困难。从另一角度看，不同背景、观念和动机的不同文化之间合作往往更容易产生创造性的碰撞。因此，分享不同文化，实现文化融合是大学与中小学合作研究的必要条件。

大学文化本质上是一种学术文化，学术气氛浓厚，它对于教师的普通文化基础的形成、所教学科的专业文化的掌握、教育理论的理解、教育理论前沿的把握来说都是十分重要的，大学教师会专注于自己的学术领域，主动地开展各项研究。中小学文化中有很多不适宜教师专业化发展的因素，比如服从、从众等，导致中小学教师更习惯于被动地接受。而教师专业化发展就需要教师培养主动意识，增强自主性，通过自我设计、自主发展、自我反思、自我更新等途径使自己成为专业化发展的主人。因此，通过大学与中小学的合作，中小学可以引进大学文化，借以改变和提升中小学的校园文化，大学可以引进中小学的文化，使得教育研究更接地气。

（二）可能性

20世纪80年代以来，大学与中小学之间的合作的成功经验告诉我们，合作是可能的。美国PDS对美国的中小学校的发展，特别是教师的专业发展，起到了很重要的作用。其他国家的大学与中小学合作也走在了我国的前面,并取得了长足的发展,至于我国,也存在大学与中小学合作的案例,无论是长期合作还是短期合作,无论是集体行为还是个人关系,总为达到合作的目的做了些努力,也存在不同程度的达到预期的合作目标,甚至获得了预期之外的合作效果。从长远来看,合作的可能性必然存在,具体表现在:

1.教师培养是我国教师教育的长期任务

学校教学质量的提高离不开高水平的教师,也就是教师的专业水平和素质直接影响到学校的教学效果。而提升教师素质不能单独依靠大学的职前培养或在学校里的在职培训,需要在“一体化”的教育教师思想指导下,通过建立大学与中小学的长期伙伴合作关系,开展全方位的合作,根据学校和教师的需求,改进教师教育的内容、形式与管理,同时制定各项保障机制,确保有效提升学校教育的质量。

2014年,教育部印发的《关于实施卓越教师培养计划的意见》(教师〔2014〕5号)中指出,大力提高教师培养质量已成为我国教师教育改革发展的核心任务。要求建立高校、政府、中小学协同培养新机制,协同制定培养目标、设计课程体系、建设课程资源、组织教学团队、建设实践基地、开展教学研究、评价培养质量等。建立“权责明晰、优势互补、合作共赢”的长效机制,促进教师培养、培训、研究和服务一体化。

教育部的这份教师培养意见,将成为大学与中小学合作的一个指导方向,毋庸置疑,合作是提高教师质量的一种有效途径,也是我国教师教育的一项长期任务。

2.网络的发展提供了良好合作的平台

随着网络技术的发展与普及,以及“校校通”工程的实施,大大推动了网上教学环境的发展,所以,网络环境为大学与中小学合作提供了良好的沟通平台。一方面,网络合作,改变了合作空间,可以解决大学与中小学不在一个区域的合作困境,没有了距离感。网络合作也改变了合作时间,可以解决面对面合作中双方必须都有时间才可以开展活动所带来的不便,网络的同步交流和异步交流环境提供了极大的便利。另一方面,网络环境中的合作更加注重合作的情境性和社会性,强调主动参与,更加能够体现个人的观点和创意,融合个人的个性、思想、理念和方法,更有利于合作教师的知识重组、意义建构、资源整合的能力培养,对于提高教师专业素养是非常有利的。

2003年9月,“全国教师教育网络联盟”正式启动。全国教师教育网络联盟简称“网联”,是在教育部及有关司局领导下,由举办网络远程教育的知名师范大学和设有教育学院的综合大学牵头组建，依托全国教师教育院校系统、广播电视大学系统及有关社会力量，应用网络信息通信技术，整合全国教师教育优质资源，开展在职教师高等学历提升教育和非学历继续教育与培训，最终实现构建教师终身学习体系的目标。网联在教师教育的课程设置和教学质量的标准化和规范化、教育资源大海捞针的共建共享、合作办学以及产业运作等多方面进行制度创新。按照网联的实施计划，构建以师范院校和教师教育机构为主体、中小学校本研修为基础、职前职后教育一体化、学历教育与非学历教育相沟通的新机制，提高教师培训的质量水平。

无论从国家层面还是个人层面，网络合作的时机已经成熟，开展网络合作是一种必然的趋势。

3.基础教育改革的需要

在新课程背景下，基础教育必须构建一个开放的、充满生机的有中国特色的社会主义基础教育课程体系，提高课程适应性。2001 年 6 月 8 日，教育部印发的《基础教育课程改革纲要（试行）》中对中小学教师的培养和培训明确提出："师范院校和其他承担基础教育师资培养和培训任务的高等学校和培训机构应根据基础教育课程改革的目标与内容，调整培养目标、专业设置、课程结构，改革教学方法。中小学教师继续教育应以基础教育课程改革为核心内容。地方教育行政部门应制定有效、持续的师资培训计划，教师进修培训机构要以实施新课程所必需的培训为主要任务，确保培训工作与新一轮课程改革的推进同步进行。"可见，合作双方要符合基础教育改革的大方向，合作双方要根据中小学校的发展进程设置合作内容，而且要一直关注下去，使得合作切实地为基础教育服务。

大学与中小学合作作为一个更加宽泛的思路，能使基础教育课程改革研究出具有建设性的结果，加强基础教育课程内容与现代社会、科技发展及学生生活之间的联系，加强中小学教师在设计和实施有效课堂教学中的角色，能在一定程度上满足基础教育改革发展及素质教育对高素质师资的需求，使基础教育改革的理想成为现实。

第一章 我国大学与中小学合作的 传统形态和现状分析

第一节 合作的发展历程与主要类型

我国与西方国家一样,也经历了大学与中小学合作发展过程。总体来讲,我国的合作研究取得了初步的成果,但尚处于起步摸索阶段,大学与中小学、大学文化与中小学文化之间,大体经历了从隔绝到游离、从观望到走近、从冲突到融合、从俯仰到平视的变迁。大学教师和中小学教师不管是在对合作研究认识上,还是在合作研究的实践过程中都存着一些问题,这些问题可能会影响到合作研究的有效开展。

一、起源与发展历程

欧美教育改革家们的实验尝试,以美国为代表的大学与中小学合作教育研究已经对当代中国的教育理论发展与中小学教育实践变革产生了相当影响。我国大学与中小学建立合作关系的起点是师范大学设立附属中小学。1897 年 1 月,在清政府的支持下,盛宣怀在上海创建了南洋公学,并将南洋公学办成一所同时拥有师范院、外院(小学)、中院(中学)、上院(大学)的学校。其中开设外院是仿效日本师范学校设附属小学的做法,即挑选 10 岁至 17、18 岁的学生 120 名,由师范生负责分班教他们。而师范生边学边教,学问和操行都有长进,这也为本来只读四书五经、不懂西学的外院生打下了基础,可谓相得益彰。[①]

我国学制改革以来,许多大学(主要指师范院校、综合大学的教育学院

和其他教师教育机构）设立了"实验中小学"或"附属中小学"，大学与中小学通过这种形式建立合作关系。然而，这种合作关系在很长时期内只是形式上的，大学老师只注重纯理论研究，很少深入中小学进行研究；中小学教师只埋头教学，对教育理论的了解也很少，这造了成我国长时期的教育理论和教育实践相脱节的现象。直到20世纪80年代，为适应世界教育改革的潮流和中小学校自身发展的内在要求，教育行政部门为提升学校教育质量，开始提倡中小学从事教育科研。大多中小学由于自身理论欠缺以及研究条件（如理论修养、经验）限制等原因，大多数中小学校在进行学校本位的教育科研时选择了与师范大学或其他教育研究机构进行合作，以获得大学教师的必要支持。许多师范大学或其他教育研究机构也通过为中小学提供专业支援的方式，走出了象牙塔，走进中小学校园，与中小学建立合作伙伴关系，深入到教育教学第一线与中小学进行合作研究，打开封闭已久的教育理论与中小学的沟通之路，为更好地开展教育研究奠定基础。这种合作研究发展至今仍呈上升趋势，大多数师范院校的教师都与中小学有着或多或少的联系，合作的程度和合作的方式也在不断丰富，合作的领域也有了扩展，涉及课程开发、科研、教师教育、课堂教学等各个方面。其合作模式呈现多样化：中小学教师、校长来到大学进行的理论培训，大学研究者和中小学的课题研究，大学研究者和中小学共同建立的教师发展学校，大学研究者和中小学针对教学问题进行的校本研究，大学研究者和中小学教师共同编写教材、技术培训、教学实践交流等。

自20世纪90年代开始，我国教育实践中的大学与中小学合作有了一个新的起点。大学教师纷纷走出象牙塔，开展实实在在的教育研究，与中小学开展多项合作。较有代表性的是，裴娣娜教授从1992年起一直从事基础教育研究工作，主持"主体教育"项目，经过14年的发展，项目组从1所学校发展到后来的14所高校，4个科研单位，121所中小学，开展合作研究。2010年，她带领团队开展国家社会科学基金教育学重大课题"基础教育未来发展的新特征研究"，在全国华北、华东、华中、华南、西北、西南6个地区选取12个市（县），探讨适应社会发展和优质高效的我国基础教育区域性推进和学校教育发展模式，涉及学校教育创新实践、办学力的提升、个性化教师成长以及学生全面个性发展等方面，形成"内涵发展、均衡发展、特色发展、生态发展"的当代形态及模式。特别对浙江省海宁市、常山县、丽水市、武义县等地开展基础教育调查和实验研究，提出指导性意见。

此外，我国大学与中小学合作发展在借鉴国外经验的基础上，建立了多种形式的合作模式，如东北师大教育学院UAS模式、西北师大UNS模式、首师大 UDS 模式以及东北师大 UAG 模式、UK 模式等等。这些模式都强调大学与中小学的实际合作，促进教育改革和教师发展。应该说，我国的大学与中小学合作规模和涉及面还很有限，但是今后大学与中小学合作模式仍然是连接理论与实践的桥梁，仍然是教师教育改革与发展的重要途径与手段。

二、合作的主要类型

大学与中小学合作始于 20 世纪 80 年代，发展到现在，已形成了几种典型的合作模式。无论哪一种合作，都有各自的特点，都能按照合作的约定和方式，通过合作共同努力，达到自己的合作目标。但同时也会发现，每种合作模式都存在一些缺陷，影响着合作的顺利开展。大学与中小学的合作，是教师专业化发展的一条可选的、优选的道路，有利于实现职前教育、职后培训一体化。如何走好这条路，是教师教育的一个重要课题，只有总结现有的合作模式，分析他们的利弊，才能使今后的合作更合理、更有效。

（一）咨询合作方式

咨询合作方式是指主要通过函授、定期的理论知识讲座等方式进行的合作方式，实质上是为了改进中小学教师的教学和促进中小学教师的专业发展，采取施予、教授、示范和实施等策略展开。

1. 合作形式

从知识的流向来看，知识是按照"自上而下"的方向流动，即从拥有知识或技能的大学教师流向中小学教师，中小学教师从大学教师的经验和专长中吸取他们需要的知识。因为大学教师具有宽博的理论知识和较强的研究能力，而中小学教师具有较丰富的实践经验，所以要获得知识，特别是专业理论知识，以大学教师为主，由大学教师将知识传授给中小学教师。

从角色扮演来看，大学教师扮演着被咨询者的角色，中小学教师扮演的是学习者的角色。在职前教育时，中小学教师在大学里学习理论知识与技能，大学教师与中小学教师的关系是"师生"关系，一个是知识传授者角色，一个是学习者角色。当师范生走向教育一线，成为中小学教师时，为了适应教学改革和提高自身素质，需要参加各类合作或培训。在培训和合作过程中，大学教师作为指导者的身份参与合作，为中小学教师提供资源或意见，帮助或指导中小学教师学习新技能或新知识，而中小学教师还是以学习者的身份，从大学教师那里学习一些能改进自己教学实践的知识或技能。

从组织形式来看，可以一名大学教师与一名或多名中小学教师合作，也可以多名大学教师与多名中小学教师合作。组织形式可以灵活多样，只要能达到使中小学教师获得知识、习得指导的目的。

从活动组织来看，第一种形式是中小学教师到大学参加继续教育，通过短期培训和考试获得相应的学位和证书。如教育硕士的培养，是大学开展的对在职教师进行继续教育的典型。第二种形式是中小学聘请大学教师担任专家，定期来学校指导教学和管理。例如，某大学教师长期被聘任为某中学的专家，每周在该校指导两天，指导期间住在该校，对学校的发展提出建议，对学校的现实问题做出诊断。第三种形式是中小学聘请大学教师去做学术报告，或邀请大学教师对相关的教师进行一次短期交流，培训内容多数情况下由中小学学校指定，然后邀请大学的相关专家去"演讲"。

2.优势与不足

这种合作方式都是短期的、不定期的、带有个人性质的合作模式，其突出的优势体现在：第一，通过大学教师切身帮助中小学校，解决教学与管理问题，指导中小学教师的教学与知识学习，通过观摩教学发现问题并解决问题。第二，中小学教师短时间内通过大学教师的理论指导和有针对性的学习交流，有效提高教学经验和理论层次，并伴有研究的欲望。第三，无论对中小学校还是中小学教师，这种咨询合作方式是最有效的，也最有利于中小学的发展。

但是，咨询合作方式不足之处在于：第一，咨询合作方式一般是中小学校与大学教师之间的合作，中小学通过付酬金来聘请大学教师，合作时间没有规律性，而且属于临时性的，需要咨询的时候才会建立合作关系，属于一种不是很正式的合作。因此，受时间和资金的限制，大学教师不会定期来学校参与真正的管理。第二，合作过程中，受益最大的是中小学校，直接受益者是中小学教师，他们能够在短时间内有目的地学习和解决教学问题。但对于传授的理论知识在实践中的应用，还需要教师在教学过程中不断探索实践，找出符合教学实际的解决方案，因此在短时间内理论应用于实践往往会没有效果。另一方面，一旦短期的合作取消，中小学校如果再次出现新问题，需要大学教师的指导，则必须重新建立合作关系，这其中还需要考虑双方的时间、地点、合作内容等因素。

（二）"一对一"合作方式

"一对一"合作方式是指大学教师与中小学教师以"一对一"的形式，

或者小团体之间的合作形式,是一种较为亲密的大学与中小学的伙伴关系。

1. 合作形式

在合作内容上,主要来源于大学教师的研究课题或者是中小学教师的课题,也可以是合作双方共同需要解决的问题。所以合作的内容偏重于实际问题的研究,而不是纯理论知识的讲解或学习。因此,合作内容比较明确,合作成员对内容非常熟悉,甚至是这个问题领域的专家,有独特的见解,或者有丰富的实践经验和理论基础,如果建立了合作关系,一般情况下问题都能得到较好或完满地解决。

在组织形式上,"一对一"可以理解为一个大学教师与一个中小学教师,可以是一个小团体与另一个小团体,如同一个学科方向的教师,或者是一个大学的系与一个中小学的教研室,也可以是一个大学的学院与一个中小学。在此专指教师个体之间的交流合作。在合作中,人员组成相对单一集中,能有针对性地把教师组织在一起,共同解决某一问题。

在合作时间安排上,只有参与合作的双方制定一个任务计划,在不影响双方正常工作的前提下,利用业余时间合理安排任务进度,都能够在规定时间内完成。所以时间的安排比较灵活自由,涉及的因素和范围比较小,只要双方协商确定时间就可以开展研究。

在合作薪酬上,合作的主动方往往会支付一定的劳务费给合作的要求方或被动合作方。因此,"一对一"合作往往效率比较高,合作问题相对集中简单,是一种短期的合作行为。

在合作组织上,由于是"一对一"的行为,所以不需要由学校或部门专门组织安排,针对问题开展研究,双方约定好时间,设置研究进度,而且计划可以灵活改变,属于"短而精"的合作方式。

2. 优势与不足

"一对一"合作方式的优点体现在:第一,突出学术性,提升专题研究。大学教师与中小学教师能够真正地、深入地开展学术研究,能够让大学与中小学在某个学科领域中的共同的专业问题上,从理论与实践两层面相结合开展讨论研究,求得最完善的解答方案或策略。这对于职前职后一体化、终身教育以及教师专业发展是非常有益的。第二,体现创新性,更新教育观念。由于合作突出学术主题,研究成果可以直接反映教学中某个方面的问题,可以体现某个方面的创新性建议,既可以使大学进行知识传授获得新知,也可以使中小学改变课堂教学模式,运用新的教学设计理念,改进教学评价,更新教育观念等。合作使双方都有专门性的受益。第三,体现灵活性,提高合作效益。合作双方涉及人员少,合作目标专一明确,合作时间自由商定,合作进度可长可短,所以大大提高合作的效益。

"一对一"的合作也有其不足之处,主要有:第一,研究成果的偏向性。由于合作内容源于合作的一方,所以合作的成果往往是这一方受益更多,而另一方主要是协助、配合受益方。如,大学教师为了完成课题,需要到中小学去做调研或课堂实验,则中小学教师就是配合大学教师来完成他的课题,合作成果使得大学教师可以结题,但是该成果能否为中小学所用,还要看具体情况,有时并不一定适合。第二,合作缺乏系统性。"一对一"的合作方式出于个人的需求而建立合作关系,因此,合作协议、合作计划、合作内容、合作时间、合作过程、合作管理等都会出现随意性,合作也不会持久。合作项目的结束,就意味着合作结束,可能不会再有这个项目的后续研究,从而也反映了合作内容的零碎性,极少从系统的角度来开展合作。

(三)中介合作方式

中介合作模式是指大学与中小学合作之间,并非直接建立合作关系,而是通过第三方作为合作的桥梁,建立合作共同体。大学与中小学合作的模式有多种,但无论是哪一种合作,都不同程度地丰富和拓展了教育理论和教育实践,合作双方实现了互利双赢,但也存在着一个共同的缺陷,就是由于一些具体因素的存在,合作过程无法长效实现,没有监督和管理,不能更有效、更合理地开展合作。为此,随着合作的进一步发展,中介合作模式应运而生。这种类型可以归为两大类,第一类就是大学、组织机构、中小学之间的合作,可以是"大学—地区—中小学"(University-District-School,简称 U-D-S),也可以是"大学—地方政府—中小学"(University-Government-School,简称 U-G-S),还可以是"大学—教育行政部门—中小学"(University-ty-Administration-School,简称 U-A-S)。第二类是大学、信息化平台、中小学之间的合作,即通过网络为教师培训,通过观看专家录像讲座,同时对培训中存在的难点疑点问题能够通过微博、QQ、站内信等实时交流工具进行交流的一种大学与中小学合作方式。

1."U-G-S"

1998 年,东北师范大学提出的"长白山之路"是"U-G-S"合作模式的雏形。2007 年,东北师范大学与东北三省教育厅共建了"教师教育东北实验区",并签订了合作协议,这标志着"U-G-S"模式正式进入了实践阶段。这与 2012 年 8 月国家发布的《国务院关于加强教师队伍建设的意见》相吻合,该文件中明确指出要"创新教师培养模式,建立高等学校与地方政府、中小学(幼儿园、职业学校)联合培养教师的新机制"。东北师范大学博士生导师董玉琦将"U-G-S"模式定义为:"U-G-S 教师教育模式是指师范大学、地方政府和中小学合作开展中小学教师的职前培养、入职教育和在职研修等系统性工作。合作过程中三方目标一致,责任共同,利益分享,资源优化,从而实现人的发展、组织的发展和社会文化的发展。"

东北师范大学与东北三省教育厅下辖的 27 个县(市)教育局和 105 所中学共同开展教师教育创新东北实验区建设工作。自创立至今,在教师教育一体化、推动地方政府教育行政效能的提升和更好实现高师院校学生教育实习目的等方面发挥了重要作用。实验区在师范生教育实践和在职教师专业发展的活动实施,以及实验区教师教育的行动研究方面成果尤为显著。从 2008 年开始,在师范生教育实践方面,东北师大每年向实验区派出实习学生 1000 多名,每名学生在实验区基地学校要完成 20 课时以上的教学任务、至少 1 次的班队会活动和 1 项教育调查研究。在职教师专业发展的活动实施方面,东北师大通过"集中培训""专家讲座""顶岗实习、置换培训""订单式培训"和"常青藤工程"等多种形式,为实验区培训在职教师约 6万人次。在教育研究方面,专门设立了教师教育研究基金,重点资助与实验区合作开展的教师教育研究课题。对于教学问题,大学教师与一线教师协作开展"同课异构"教学交流活动,充分调动实验校师生共同参与合作研究,形成了在实践中研究,研究用于实践的良好循环机制。此外,还积极开展国际交流与合作,借鉴先进的教师教育理念用以促进实验校教师的发展。[①]

由此可见,"U-G-S"模式是一个"三位一体"的合作型组织,综合大学、政府和中小学校等多元主体的共同力量,整合与发挥师范大学的研究与理论优势,地方政府的行政与管理优势,中小学校的实践基地优势。对于中介"地方政府"来说,充分体现出在促进教师专业发展和区域教育发展方面主动作为的积极诉求,使教育资源匹配更加合理与高效,使基础教育和教师教育改革与发展有的放矢。

2."U-D-S"

20 世纪 90 年代,伴随"U-S"合作模式在实践领域的深入开展,人们发现合作中存在几方面问题:一是大学与中小学校在文化上的冲突日益显著,大学的理论教育与中小学的教育实践在文化差异上存在不平等;二是

---

① 董玉琦、刘益春、高夯:《"U-G-S":教师教育新模式的设计与实施》,《东北师大学报》(哲学社会科学版)2012 年第 6 期,第 170—175 页。

丰富的本土资源难以充分利用于外部支持环境，存在一方资源浪费而另一方资源匮乏的矛盾；三是无法正确评估合作过程中的教师改变、学生进步、学校文化重建等对各合作方的实际影响。面对这些问题，大学与学校几乎同时地意识到："地方（District：包括学区、社区和学校所属区域内的相关教育行政机构）"的参与和支持是不可或缺的。因为地方作为大学和中小学校之外的"第三方力量"，其适时的介入有助于消解二者之间的文化阻隔或对立状态；另外，地方上的人力、物力、财力往往是合作必须依靠和利用的资源，地方还可以通过法律修订、政策调控等手段来增强合作的"合法性"。基于此，地方的加入也就成为大学与中小学合作的新模式——"U-D-S"。美国政府 2002 年就提出高质量的教师准备计划需要大学、地方和中小学共同合作。① 英国教育部在 2002 年也给出相关规定，并在 2007 年颁布的《从教资格：合格教师资格专业标准与职前教师教育要求》及其修订版文件中明确规定"大学与基础教育学校在地方的参与支持下，共同制定伙伴协作计划，对各自的职责进行界定，并根据合格教师资格标准对教师的选拔、培训与评价进行多领域的合作"。②

"U-D-S"伙伴协作关系的建构过程中，注重考虑如何确保大学教授、地方教育行政人员和学校教师三方主体在权力上的平衡和对等，尤其是大学、地方和学校之间的文化冲突问题。它要求大学、地方与学校的各类伙伴成员在相互尊重、彼此信任的基础上，通过"共同协商"的话语沟通机制解决各类问题。同时，合作双方要强调"互惠性"。也就是说，在合作初始之际，必须以各方需要和利益为基础来谋划改革愿景，设立共同目标；在协作过程中，按照"目的统一""责任分区""风险共担"等具体行动准则来规范各方的协作实践。

我国的地方政府虽然不像西方分权制国家那样拥有独立的立法权，但在协调大学与学校的文化冲突、扩大伙伴协作的物质资源、制定伙伴协作的配套政策方面仍起着积极的作用。况且，它们对于本地教育的实际影响力相比西方而言具有"有过之而无不及"的特点。因此，我国的大学与中小

---

① Paul H. Berkhart，No Child Left Behind：Issues and Developments[M]，Nova Science Publishers，2008：8-19.

② Bill Rammell. New Overarching Professional Standards for Teachers，Tutors and Trainers in the Lifelong Learning sector [EB/OL]，〔2014—11—15〕．http://www.doc88.com/p-1921921085804.html.

学合作中,有必要考虑并充分吸纳地方政府的参与并获取支持。[①] 在具体应用方面,我国东部、西部地区都有这类合作模式,但没有形成规模,有些合作也可以归为"U-G-S",由政府牵头,具体由教育机构来执行。

　　3."U-A-S"

　　"U-A-S"合作是一项由大学(University)、教育行政部门(Administration)及中小学(School)三方共同参与的合作项目。"U-A-S"合作可以说也是一种由"U-S"合作发展而来的学校改进新途径,它因教育行政部门的加入而独具特色。大学、教育行政部门和中小学在各自利益诉求的驱动下走到一起,并因共同的目标以及平等互惠、互动共生的基本原则而实现合作。

　　在三方合作人员中,大学教师主要由在大学中从事教育学、心理学、课程教学论以及教育技术等方向教学工作的人员,教育行政部门的参与一般由教育局长或教育厅负责人牵头,可由教师进修学校负责具体实施,而中小学教师则主要包括了学校的校长和一线教师。对于"U-A-S"的合作形式,应该说三方都有一定的利益或目的需求,都希望通过合作实现各自的目标。在合作的内容上,一般比"一对一"合作方式更正规,在三方签订合作协议的基础上开展合作活动,活动的形式可以是多种多样的,如课题、项目、教学改革、教师培训等。合作的结果,对学校文化的建设、学校课程的改进、高效课堂的建构、学校教师的专业发展等都有某种程度上的改进和成效。

　　对于教育行政部门来说,作为地方教育的直接责任者,搞好地方教育、促进各地区教育均衡发展是义不容辞的义务。在《国家中长期教育改革和发展规划纲要(2010—2020 年)》中明确提出"均衡发展是义务教育的战略性任务",要"切实缩小校际差距"。可见,推进区域内义务教育均衡发展是教育行政部门的一项挑战性工作。有效的"U-A-S"合作,既可以借助高校较强的理论和实践研究能力,又能调动起中小学进行学校改进的积极性。所以,教育行政部门的参与符合我国教育改革发展规划,找到一个理想的解决教育均衡问题的方法,有效推进区域内义务教育均衡发展,有利于农村学校、薄弱学校的发展和建设。

　　对于大学与中小学,无论是哪一种合作方式,目的和内容都相似,理论与实践相结合,既丰富了中小学教师的理论基础,提供了教学改革的新思路,又为大学教师提供了丰富的实践经验、实验数据,为进一步理论的研究

---

　　①　李国栋、杨小晶:《U-D-S 伙伴协作的变革理念与实践》,《教育理论与实践》2013 年第 33 期,第 24—27 页。

提供实践依据。

例如，2011 年 9 月 18 日，河南省教育厅、省财政厅联合下发关于河南省高等学校教育类课程试行"双导师制"的通知，①希望通过大学、教育行政部门和中小学建立合作机制，促进农村薄弱学校的变革和发展，以致推动整个河南省的教育发展。其中，河南师范大学、河南省教育厅与辉县薄弱学校建立了"双导师制"的合作机制，通过合作推进农村教师教育职前培养与职后培训一体化，创新农村教师培养体系，提高农村教师培养质量，提升农村教师队伍的整体素质和水平。大学指导教师的主要职责是，对中小学、幼儿园教师的教育教学改革与研究进行指导，还要对中小学幼儿园教师进行在职专业化培训。河南省教育厅的主要职责是监管、领导和发挥纽带作用。首先在财政监管方面，省教育厅对省财政直拨经费的有关高等学校，按各高等学校每期实际下派及选聘兼职教师上课人数，下拨补助经费，用于指导教师的食宿、交通补助和课时补贴。对参与合作的教师，采取定性和定量相结合的考核方法，从组织与管理、导师队伍、导师选聘、过程记录、经费使用、效果成果、特色与创新等几个方面进行考核，对考核合格的大学和中小学教师按 50 元/每学时支付工作量报酬。同时还规定，对参与合作的教师在职称评聘、岗位设置和评优评先等方面给予优先考虑。②

综上可以看出，几种典型的中介合作方式"U-G-S""U-D-S"和"U-A-S"中，都有一个共同的特点，就是行政部门的参与，在政府、地方政府以及教育行政部门中，根据合作范围的大小、区域选择的便利以及其他因素等，由专属的部门参与，也可以是重复的，由某一个教育有关的行政部门直接管理和参与合作。中介合作方式突出的优势在于：第一，沟通方便。大学与中小学由不同的教育部门管理，有不同的职责和要求，有不同的运行机制。通过中介，可以方便高校与基础教育之间的联系。第二，有了中介，合作一般都要签订合作协议，合作双方自然会按照协议要求做事，为合作的顺利完成提供保障。第三，中介的参与，为合作提供必要的经济资助。大学会比中小学的科研经费多一些，但如果合作的出发点或主动方没有经费的支持，合作很难长久维持下去，所以有了行政部门的支持，至少会给合作提供一定的经济保障。

---

① 河南省教育厅：《河南省教育厅关于河南省高等学校教育类课程试行"双导师制"的意见》，[EB/OL].〔2014—10—8〕. http://www.haedu.gov.cn.

② 罗丹：《基于 U-A-S 合作的农村薄弱学校变革策略》，《中小学教师培训》2014 年第 4 期，第 12—4 页。

同时也发现,中介合作方式和其他的合作方式一样,也存在一些问题。从现有的一些案例分析发现:第一,合作过程没有充分利用网络资源,现在教师和学校,一般都有电脑,学校都有校园网,还有一些专门网站,拥有充足的硬件资源和软件资源,但合作往往没有很好地利用,只是在合作双方不在场时,作为通信工具,如微信、QQ、MSN、电子邮件等,甚至都不用,只用手机联系,通过谈话方式进行,不能适应网络学习方式。第二,工学矛盾不可避免。大学与中小学教师的工作任务不同,大学教师教学工作量相对较少,自由支配的时间较多,一般不规定坐班,而中小学教师教学任务很重。有些合作内容需要两者都有时间的情况下才可以进行,这势必影响到合作的时间和进度安排。第三,合作效果不理想。虽然有中介的支持,有利于合作的开展,但由于时间、地点、内容、形式、机制、管理等各方面的因素影响,中介也无能为力,需要在行政部门的管理下确保有效、顺利地开展合作。

第二节　合作内容与成效

我国教师教育课程体系主要由学科专业课程、教育学类课程和教育实习课程等组成。学科专业课程、教育学类课程主要是理论知识的学习,而教育实习课程是教师技能的训练,主要通过试讲、观课、实习等方式来完成。现在的高等师范院校,基本上都会开设类似一门《微格教学与微格诊断》课程(以浙江师范大学为例),通过分组教学,让每一位学生都在微格教室中试讲,锻炼学生的说课、教姿语态、教学设计、课件制作等技能。观课(或见习)与实习一般都到中小学中,经过 2 个月左右的时间,真正投入到教学中,作为一名"准教师"去上课。所以,我国大学与中小学合作的主要内容就是师范生到中小学去教育见习与实习。

一、合作内容

随着合作形式的变化以及国家、社会对教师的要求变化,合作的内容也不断多样化,具体可以总结为以下几个方面:

1. 教师的专业学习

概括地说,教师的专业学习包含理论知识和实践知识,对象涉及在校师范生、大学教师和中小学教师。学习的形式可以是面对面的课堂学习,也可以是非面对面的网络学习；可以是合作双方约定的专门培训，也可以是教育主管部门规定的指令性培训。综合上述几个因素，对于在校师范生来说，将课堂上的理论知识和技能应用于实践，为正式成为一名教师做实战训练，他们将学到理论如何应用于真实课堂，学到实习指导教给他们的教学经验，学习到如何管理班级，如何与教师、学生搞好关系，学习到碰到问题如何应对，等等，这是大学与中小学合作的初衷，也是合作永远不变的一个主题。对于中小学教师来说，他们可以了解现在的大学对师范生培养的要求，了解大学还需在理论教学方面做改革。他们通过合作，向大学教师学习较新的教育理论知识，也可以通过教育部门的指令性培训计划，到大学或指定培训点听取大学教师的课程，还可以通过远程网络教育培训学习，不断充实自己的理论基础，使自己的专业水平提高一个层次。对于大学教师来说，通过听课、实地观察，了解中小学教育存在的问题，利用掌握的理论来分析和提出解决的方案，同时也能够透过中小学教学的现象，特别是利用中小学的调查数据，来进一步理解和深化教育理论。当碰到不能解决的问题时，也会促使大学教师学习更多的理论知识，提供解决问题的依据。因此，教育专业知识的学习，是大学与中小学合作最大的收效，受益面最广。

2. 教师教育的课题研究

目前，大学与中小学合作除了解决师范生实习的任务外，还有一个主要任务是完成双方的课题研究。高校教师的一个主要职责是开展科学研究，而与基础教育相关的课题，就需要借助中小学校的平台，收集数据，调查访问，从而获得直接地、最新的第一手资料，为课题分析和论证提供真实依据。所以，高校教师需要与中小学合作，需要中小学教师和学生的配合，才能完成课题。在完成课题的过程中，要深入中小学，也就会更加了解中小学，走近中小学。中小学教师的主要任务是教学，而且教学工作量较大，对于科研部分，相对于大学教师要求低得多。不同的学校、不同的地区对中小学教师的科研任务要求也不同。由于一线教师教学工作量大，课余时间较少花费在理论提升和课题上，即使有了教学新思想、新策略，也没有时间或没有全面能力去完成一个课题。在这种情况下，中小学教师往往会联系大学教师，请大学教师做科研指导教师，一同参与到课题中。同时，在课题实施过程中，中小学教师也能够了解到当前的高校教育研究的热点和主题，了解研究课题的方法和技术，为申报或完成新课题提供新的思路和出发点。

3. 学校的发展需要

随着教育改革的不断深入,现代教师教育从终身教育理念出发,强化职前教育、入职教育和在职教育的联系与沟通,是实现教师终身学习、终身发展的历史要求,也体现了教师教育连续性、一体化与可持性发展的特征。所以高校的发展,特别是师范类大学的发展,需要与中小学校保持联系,了解基础教育的需求,培养出适合基础教育需求的师范生。为此,现在很多高校都有一个人才引进的举措,聘请中小学的校长、特级教师、名师作为高校的特聘教师,指导师范生的教学与实践,他们的一线教学经验是高校教师所无法比拟的。对于中小学校来说,学校的知名度直接影响到该校的新生招生,同时同类学校之间要评比,竞争可想而知,学校的压力来自于社会、教育部门、家长、学生等,所以学校必须不断进取,创新改革,办学有特色,教学有成效。为此,中小学校就会与高校合作,希望通过合作,让大学为他们献计献策,提升知名度,提高办学效率。现在的一种做法是,聘请大学知名教师做中小学校的督导老师、特聘教授、兼职教师等,还有一种做法是挂名为附属中学,建立长久关系,由高校提供一名教师担任中小学的副校长,直接参与教学与管理工作。可见,学校的发展需要聚集各方人才,出谋划策,和谐发展,合作是一种很好的选择。

二、合作成效

大学与中小学之间的合作,无论采取何种形式,合作内容是什么,由谁来负责和谁来参与等,从教师教育发展历程来看,合作是有必要的,效果是显著的,能够促进教师教育一体化,促进教师专业化发展,这是事实,是人人皆知的。具体地讲,可以归结为以下几个方面:

1.教师获得专业发展

大学与中小学合作的直接受益者是教师。教师在合作过程中,获得了理论知识的提升,实践经验的丰富,工作能力的增强,教育思维的扩展,等等。

在合作过程中,参与合作的大学教师深入中小学校,回归到教育实践中,把自己的教育理论应用于实践,一方面有助于教师更深刻地理解教育的本质。中小学为大学教师提供教育实践的教学经验和案例,使大学教师有了更多的教育教学实践机会,为大学的教育研究注入了新鲜的血液。大学教师也使自身掌握的理论因为实践而更加充实,因为对教育实践的观察、参与、体验和思索而加深对教育的感悟和追求。另一方面,大学教师了解了中小学的教育需求和中小学的发展现状,便于及时对教师教育的内容、策略方法进行合理的调整,有针对性地增删与中小学教学现状相适应的教学内容,并充分利用中小学这个教育实习平台,培养出合格的师范生。另外,也有利于大学教师进行教育科研,有利于实现教育科研为中小学服务的功能。

作者在参与中小学合作过程中,深受感触,列举一二说明。

案例一:听取某小学四年级的一堂英语课,时间是 40 分钟。教学内容为单词学习和句型学习。英语老师全程用英文授课,先复习上一节课的内容,然后学习新单词,解释单词的意思后,用卡片按随机顺序认识单词,然后利用 PPT 的光标随机跳转复习新单词,句型练习部分先由老师举例说明,再由学生造句练习。教学媒体采用卡片、板书和 PPT 相结合,师生之间的互动与教姿语态非常丰富,几乎不会让学生有开小差的机会。

互动 1:老师提问时,学生举手回答。这是常用的方法;

互动 2:老师要求学生看到单词卡片后,连读该单词三遍,学生读完后连拍三下手,有节奏地重复读出单词,课堂气氛非常活跃;

互动 3:老师要求学生做句型练习,按座位顺序让学生站起来讲,此时学生的注意力非常集中,担心自己回答不出来。

互动 4:老师要求学生根据课文做对话练习,同桌的两位学生根据课文演绎,生动形象。

案例二:听取某小学四年级的一堂语文课,时间是 40 分钟。教学内容为学习和认识动物,掌握动物名称中的新字。老师首先列举学生所熟悉的动物作导入,并模拟动物的叫声,让学生辨别。学习新词部分先看 PPT 图片认识动物,再利用田字格在黑板上教学写字,最后熟悉课文、朗读课文。整节课的教学形式多样,课堂互动频繁多样,生动有趣。但有一个情节是这样的:

老师:将 PPT 页翻到"黄鹂鸟"的图片页,黄鹂鸟停留在草坪上,图片的右边有个新字"鹂"。

老师:解释鸟的形状,毛色,然后教学"鹂"字的写法。

老师:当跳出"黄鹂鸟"的图片时,问学生这是什么?

有的学生回答:鸡。

老师:让学生们写一下"鹂"字。

学生:都能写对。

这节课下课后,有个学生走到老师跟前,问老师:"老师,为什么是黄鹂鸟? 而不是鸡? 我家的鸡就是和图片一样的。"

分析和总结上面的两个案例,作为大学教师,应该重新审视新教学环境下,如何开展更多更丰富的课堂互动,如何充分运用各种媒体开展教学,如何恰当运用媒体来表示知识,如何运用实践知识充实教育理论,如何用教育理论来指导教学实践。

而对于参与合作的中小学教师来说,也是受益匪浅。主要体现在:首先他们能够重新理解教师职业的性质,对"教师专业化发展"的认识普遍提高,常言道,"做一个老师容易,做一个好老师不容易",教学工作平凡又具有专业性、创造性,需要教育理论来支撑。他们懂得在合作的探讨、交流过程中寻求和吸收现代教育理念,用自己的教学实践来诠释教育理论,用教育研究方法来提升教学效果。观摩课、评课、集体备课、优秀教师经验交流会、校际课题教研活动、教师基本技能大赛、教材教法研讨会、校际人员交流等活动形式,都体现了他们对专业的认识和对教学的要求。其次是科研能力加强。中小学教师受传统教育体制的影响,比较注重知识传递,缺乏反思和研究的意识,所以表现为教学工作量大,而科研要求低。通过合作,他们能够以自身的教育教学科研活动作为思考对象,会用审视、反思的意识去分析教学问题,对自己的教育教学行为及产生的结果进行审视。同时,他们提升了撰写教学案例、科研报告、科研论文的能力,能够针对课题研究认真收集资料,查阅文献,阅读各类相关书籍、报刊等,也敢于积极申报课题,发表论文,参与各学科竞赛。

2.学校获得教育改革

大学与中小学协作,促进了大学和中小学的教育发展和教育改革。由于合作促进了教师的专业发展,提高了教师的专业水平,而教师是学校教育教学实践的主体,是决定学校教育质量的关键因素。经过合作,学校领导意识到合作给学校带来的好处,一方面是教师专业水平的提升带给学校整体教育水平的发展,可以免去培训教师的很多费用,学校开支较少甚至没有开支,又节省了教师外出培训的时间;另一方面教师的专业水平提升,教学质量也会提高,随之带来的学校的知名度、升学率等也会上升,这是学校发展的根本。此外,合作也给学校领导改变办学理念,推动合作的开展,全方位地为促进学校的发展提供了契机。

案例:作者为了开展一次义务教育服务,联系了一所农村中心小学，为他们提供一次电子白板技术培训服务（电子白板是多媒体教学环境中，能够提高教师与学生、学生与学生、师生与媒体之间互动的媒体设备，目前浙江省市区中小学以及农村中心小学已基本普及。电子白板以下简称白板）。该小学的教师使用白板的技术基础是，只把白板当荧幕使用，通过投影播放 PPT 课件，根本就没有使用白板的技术，实际上是失去了白板的应用价值。

了解小学教师的基础能够后，我们分三次将白板技术培训完成，教师学会了基本的白板技术，能够简单地使用于课堂教学中。这次培训应该说是我们工作的收获。从此，也开始了我们与该小学的合作过程。

合作内容一：辅导小学教师的白板技术；

合作内容二：参与他们的听课、评课，提出对他们应用白板技术的意见和改进建议；

合作内容三：学校校长为了进一步提高教师的白板技能，要求组织一次课件制作大赛，由我们做评委；

合作内容四：指导教师参加区级和市级的课件大赛，争取获奖。

目前，该小学已经成为区级农村小学多媒体教学的典范，白板技术走在同行学校的前面。同时，小学校长高瞻远瞩，为了扩大学校的知名度，将继续做好白板技术和校园网络的作用，以专项课题项目的形式继续与大学开展合作，全方位提升学校的品牌。

大学与中小学合作也促进了大学社会服务功能的建设。随着社会与教育的发展，现代大学的职能也在发生着变化，人才培养、科学研究和社会服务已经成为大学不可或缺的三项基本功能。对于师范大学而言，教育服务已成为其社会服务的核心。浙江师范大学与中小学有着密切的联系，师范生要到中小学去见习、实习，师范生毕业后要到中小学从教，中小学教师都要到大学职后培训。现在每个学院几乎都有社会服务团队，特别是教师教育学院，专门成立了社会服务中心办公室，由专人负责中小学服务的联系，提供专业服务与技术支持。

3.教育文化获得融合

大学与中小学的合作，形成了一个不断发展壮大的新型学习共同体。共同体中的成员来自中小学、大学、教育行政部门等的一线教师、管理人员和学校领导。这个学习共同体是一个多元文化融合的共同体，是大学文化、中小学文化、管理文化和社会文化的融合。共同体中的成员来源不同，其文化背景、社会阅历、地位、价值观等也不同，看待问题和处理问题也会有不同的观点。因此，共同体的建立是一个由不和谐到和谐的过程，是一个多元文化在合作中不断碰撞、磨合的过程。大学文化的理性思考、对事物本源探究的态度和对教育理想的执着追求，感动、引导着中小学的教育工作者；而直率、感性和讲究经验与实际的中小学文化也感染、启发着大学的教育工作者。管理文化渗透着政策、制度和管理的内涵，制约着大学文化、中小学文化的融合。每位成员都以自己的观点去看待问题，共同体的形成意味着成员之间实现了真正意义上的平等对话，突破成员经验、背景的局限，能够对教育问题进行本质的分析，形成对教育问题多角度、全面的理解。

多元文化的融合实现了大学与中小学的双向激活。[①] 在大学，表现为大学教师因为中小学教育实践的滋润，使教学与研究深深地植根于实践，形成了基于实践的理论建构；也表现为大学聘请或引进中小学的高级教师到大学来指导教学，他们将教学实践经验直接带入课堂，理论与实践的结合，使得课堂生动且具活力。在中小学，教师发展学校以中小学教师专业发展为核心，在文化融合中实现着中小学教师的专业成长；受技术和网络的影响，课堂教学模式的改变，需要大学新的教育理念的支持，融合和体现了大学文化的影响；大学教师到中小学兼职或被聘用，将大学文化融入中小学的各个方面。

第三节　合作存在的问题

大学与中小学是两个完全不同的组织机构，归属于不同的教育行政部门领导，所以从行政归属看，大学与中小学之间没有任何实质性的联系。无论大学与中小学合作是以何种形式出现，如个人之间合作、小范围群体之间合作等，都是两个组织机构之间的教师的共同行为，两个教育行政部门一般不直接参与领导。中小学的主要工作和任务是教学，教学任务比较重，而大学除了教学任务外，还要付出大量的精力去做科研，相对科研任务较重，所以合作可能会给教师带来不同侧面的压力。因此合作要比同一个

[①] 刘秀江、张琦：《大学与中小学合作：教师发展学校建设的现象学探析》，《教育科学研究》2011年第3期，第16—19页。

教育行政部门中的组织活动更具有复杂性。因此,不可避免地存在一些不和谐的因素。具体可归为以下几方面的问题:

一、合作体制缺失

由于大学与中小学归属于不同的教育行政部门,在教师专业发展方面没有存在必然的联系,如果双方建立合作关系,共同完成某项任务,必须要建立一套相应的管理体制,才能使合作有保障地持续发展。但是,就目前我国的大学与中小学合作的现状来分析,存在管理体制缺失问题,具体体现在:

(1)合作没有形成制度化,呈无组织状态。大学与中小学合作是一种需求主体间的自愿行动,地方教育行政部门没有专门负责大学与中小学合作的组织机构;大学和中小学自身也没有专门负责合作的常设组织机构;政府几乎没有对合作提供任何的政策支持,学校合作所需的经费非常困难。以师范生教育实习为例,一般情况是,学生实习前,由分管教育实习的教务部门负责制订计划、实习内容、实时时间、实习要求,然后联系实习单位(中小学,也有的学校实行放羊式实习,由学生自己找实习单位),很多接受实习的中小学往往依靠私人的友好关系而建立。实习过程中,大学指导教师的指派不是固定的,根据实习人数和能够带实习的教师来决定教师的指导任务,多则一个地区,少则一个学校,在指导力度上明显存在随机性和不足;中小学指导教师也是不固定的,没有考核指标,没有指导内容的约束,不能满足大学教育实习对师资数量与质量的需求。另外,教育实习经费方面,学校用于教育实习的资金还比较少,相当一部分中小学不能满足教育实践对办公条件和生活条件的需求,间接影响了教育实习的效果。所以,这种合作很大程度上来自于双方的良好关系,而不是建立在合作培养教师的制度化基础之上。作为学习的管理者,他们一直关心教师精力是否足够来参与与大学的合作,然而由于没有组织化的管理,教师常常显得没有足够的精力。这种合作具有不稳定性,终将影响着教师培养的效果。

(2)合作没有相关的政策法规

大学与中小学的合作存在一种普遍现象,就是中小学教师不会主动找大学合作,大学教师也不愿意主动找中小学合作。中小学教师不愿意合作是因为教学工作量大,合作资金来源短缺,没有足够的时间和精力,短时间的合作又看不到成效,对教学研究又没有硬性规定;大学教师不愿意合作是因为没有足够的经费支持,立项课题经费也非常有限,而且合作成果如果不属于教师考核范围,合作的动力就会减弱,等。之所以会遇到各种问题,原因之一就在于我国还没有制定相关的教育政策法规对大学与中小学合作发展进行法律上的保障。在大学与中小学合作发展中,合作并不是系统的组织行为,而是出于感情上和利益上的一种行为。大学占据着主导地位控制了更多的权力,中小学则成为大学指挥下的随从者,当然也不排除中小学为了教师或学校发展的需要,主动提出与大学合作的个案。这样的合作,势必会导致组织管理混乱、双方权利义务不明确、合作目标不清晰等问题。这样合作的结果,极易导致合作参与者对自身权利意识的模糊和混乱,并可能影响教师参与合作发展的意愿,也可能导致合作参与者产生冲突,甚至问题没解决就不再合作,或不了了之。

（3）评价机制不统一

教师评价是对教师工作现实的或潜在的价值做出判断的活动,其目的是进一步提高教育教学质量,促进教师专业发展。[1] 大学和中小学教师都有各自不同的评价体系,其标准差距甚大。我国大学以学术性为核心,强调大学教师的学术水平和能力,大学教师的职称和职务评定、岗位聘任等都以公开发表的学术论文、学术著作和科研课题作为衡量教师的重要指标。由此,学术理论研究成为大学教师工作的一个重要组成部分。而中小学校作为我国基础教育的重要阶段,学生的考试成绩成为评价中小学教师的主要甚至是唯一的指标。这使得中小学教师把自己的全部精力都放在如何提高学生成绩和应付考试上,从而忽视了自身专业发展。毋庸置疑,在现有的教育体制和社会背景下,这种应试教育的中小学教师评价方式在某种程度上对中小学教师、学校参与合作发展产生了一定的阻碍作用。虽然中小学教师在评职称、评荣誉时也需要科研成果,但一般要求比较低,也不作为主要考核指标。在这种评价制度之下,一方面,大学教师为了完成科研需要寻求合作,另一方面,中小学教师为了做好教学工作却不愿花费时间参与科研合作,致使合作不能持久、甚至失效。

二、合作内容受限制

大学与中小学之间要能够持久合作下去,双方必须明确有一个共同的合作目标,即提高学校教育质量、促进学校变革与发展。但是至少到目前为止,我国大学与中小学合作的目标并不一致或者并不明确,合作的内容也相应地受到限制。目前,一般情况下合作的内容大致有以下几个方面:

---

[1]　陈玉琨:《教育评价学》,人民教育出版社 1999 年版,第 98 页。

(1)教育实习。高等师范院校的师范生在大学毕业前的最后一年,都要安排1～2个月的实习,由大学与中小学教师一起合作指导实习生的预习、上课、听课、批改作业,指导实习生协助班主任做好班主任的管理工作,帮助实习生完成课堂观察分析、教学行为分析、学生个性分析等,指导实习生做好教育研究工作,全面提高实习生的教学实践能力,为他们以后走上教育岗位、从事教师职业打下坚实的基础。这也是大学与中小学最常见的合作内容,中小学为实习生提供了良好的教学实践平台。但是,实习指导教师也会存在应付态度,担心实习生上不好课,影响学生成绩,不给实习生提供更多的实践机会,只是让实习生做些辅助性工作,如值班、批阅作业等,存在形式上的合作关系。

(2)教师培训。教师培训是大学与中小学合作最密切的内容之一。中小学教师根据工作需求或是教育部门要求或是自身需求,获得更高的学位,提升专业水平,到大学里参加继续教育,专业课程培训或函授课程,或者网络学习。以2014年2月份至今为例,浙江省教育厅下发了多个有关教师培训的文件,如《关于做好2014年"百人千场"专家名师送教下乡活动的通知》《关于做好2014年下半年全省中小学教师专业发展培训项目申报的通知》《关于做好2014年中等职业学校专业课教师省级培训工作的通知》《关于做好2014年"国培计划"——示范性集中培训项目和远程培训项目参训学员选派工作的通知》《关于做好2014年中等职业学校专业骨干教师国家级培训报名工作的通知》《关于组织开展第三期普通高中课程改革校长培训工作的通知》《关于开展普通高中课程改革培训工作的通知》等。[①]可见政府对教师专业的重视。大学教师给中小学教师开展学术讲座,传送教育理论、学科前沿、科研成果等,既给中小学教师扩大了知识面,也提升了中小学的影响力。但是,培训过程中也存在着培训内容、培训时间长短的不合理性,如理论性过强,内容太空泛,教学指导性不强等,也会出现走过场现象,对中小学教师没有起到真正的教学指导作用。

(3)项目合作。无论是大学教师的项目还是中小学教师的课题,合作的目的非常明确,就是为了项目的顺利开展与结题。大学教师的项目如果是针对基础教育的创新和改革,或者是调查分析,就需要中小学校的第一手资料,通过教学实验获得相关数据和结果,这需要中小学教师的配合与工作;中小学教师的课题往往实践性较强,需要提炼总结,提升理论层次,

---

① 浙江省教育厅网站.文件导读/师范教育.〔2014—10—08〕.http://www.zjedu.gov.cn/gb/wjdd/sfjy.html.

这需要大学教师的参与和指导。所以项目合作的形式一般都能达到合作双方的互惠互利。但是,由于缺乏合作的有效机制和管理,合作也存在着功利性,以致项目无法达到预期的目的。

三、合作权利不平等

大学与中小学合作的共同目标是促进教师的专业发展,但是由于大学与中小学培养教师的目标不一样,中小学目标定位于如何解决教师在教学中面临的实际问题,而大学的目标定位于学术研究。因此,在合作过程中,会有意或无意地体现出一些权利的不平等性。

(1)资源分配。资源是合作中不可缺少的一个因素,资源可以包括教师团队、教学材料、实验环境等。大学拥有各类学科人才、专业人才、专业技术人才等,组成一个全方位的教学团队,对于大学来说是非常容易的,在面对解决教育教学中的问题或进行创新改革时,团队能够从全面的角度来分析和提出策略。大学拥有各学科的教学材料,以及能够提供大量的数字资源,为教学研究和学科研究提供丰富的资源。大学还具有各类实验环境,能够为科研提供科学的数据分析,如心理学实验、教育技术类实验以及各学科的实验室等。中小学在上述三方面的资源上是无法与大学相比的,但中小学是开展教学研究的一线实验室,为教学研究提供了良好的提供原始数据的平台,所以也是不可缺少的。从以上分析可知,大学与中小学所拥有的资源是不平等的,在具体合作过程中,因为资源的不平等会导致合作中权利的不平等,多少会存在着中小学教师处于劣势地位的现象。

(2)合作内容。从前面分析可知,合作的内容可以分为教育实习、教育培训和科研项目三类。教育实习是大学将师范生下派到中小学,由中小学教师负责指导师范生,承担教学和班主任工作的培养,虽然在实习过程中中小学教师可以根据自己的情况来指导师范生,行使指导教师的职责,如指导备课、听课讲评、安排改作业、课堂管理等,体现了一定的主动性和自主权。教育培训主要是中小学教师到大学或培训机构参与培训,对于培训内容、培训时间、培训地点、培训考核等事项,中小学教师是处于"接受"地位的,很少有培训在中小学课堂上开展教学的听课评课等活动,这主要由大学负责安排与管理。对于科研合作项目,则大学的优势非常明显,因为大学拥有资源优势,大学教师掌握解决问题的理论和方法,拥有处理问题数据的分析策略和工具等优势,而中小学教师只能是配合项目的完成,处于劣势地位。

无论合作的项目由大学提出还是由中小学提出，中学都会认为大学拥有更多的地位和权力，很多中小学教师认为自己在合作中的角色是"配角""协助者"或者说是"局外者"，而大学教师则会自觉或不自觉地行使主动权，大学一般都处在领导和权威的位置。改变合作中地位的认识，建立互助平等的合作伙伴关系，将有利于合作的长期、有效开展。

四、合作频率低

调查中发现，大学与中小学的合作过程中，合作双方都希望能不断地进行交流与讨论，但总体合作频率是比较低的。大学教师为了完成合作任务，愿意舍去日常事务性工作，而用更多的时间和精力投入到合作工作中，用他们掌握的理论去指导教学实践，或者将科研成果服务于教学，推动教学的改进与发展。中小学教师希望大学教师给予他们更多的指导，特别是在实际的教学方面，希望通过合作，改变原有的工作方式和教育行为，运用先进的科学的教育方法，尝试实施新的课程方案，提高教学效果。但是，实际合作过程中，并没有像合作教师们所希望的那样，合作的频率比较低，主要原因出于以下几方面：

（1）缺乏保障。我国教育部在基础教育课程改革中明确强调要通过合作来提高教师的专业素质，教育行政部门也积极倡导中学与大学的合作，但这种口号式的支持并没有在合作的实际运作中提供具体的帮助，除了行政部门规定的教师培训外，很多合作都是出自教师本身对教学的思考与研究而开展的，这些合作项目很少有教育部门、学校领导或有关直管行政机构牵头参与合作，很少会提供经费的支持资助，很少会考虑因为合作而减轻教师的正常教学任务，很少会考虑其他方面的政策倾斜等。这样导致参与合作的教师在完成自身的本职工作基础上需要增加额外的时间和精力投入，加重了他们的工作负担。

（2）工作影响。由于合作是每位参与的教师的额外工作，教师们在完成规定的教学任务以外，必须要考虑学校的具体工作安排，如果遇到学校安排的突发任务，或者组织学生活动，或者个人因素等，都需要做出调整。例如，在教师培训项目中，经常出现指导教师临时调换，培训教师请假等现象，在项目合作中，出现个人问题，或者单位给教师另派工作，或者单位里组织其他活动有冲突，这些突发因素往往使得合作不能按计划开展，要么延长时间，要么改变合作内容，甚至中断合作。有些参与过合作的教师存在着一些顾虑，如对合作内容不感兴趣，勉强应付合作，如合作结果在教学中的应用效果不能立竿见影，使得合作的积极性方面受到影响，对合作的持久性失去信心，久而久之，对合作失去信心，影响了合作的频率。

第四节　影响合作的因素

历经多年的大学与中小学合作，取得了一定的成果，但也还存在很多问题。分析其原因，主要存在两方面，即管理体制和价值观念。

一、管理体制

中小学和大学由不同的教育行政部门管理，彼此之间无论是工作任务、经费，还是评价制度、业绩考核等都没有内在的联系与制约。

（1）组织机制

大学与中小学合作所面临的制度挑战主要来自于大学与中小学两个机构的管理体制不同。大学教师一般从教学和科研两方面考核，在完成一定量的教学任务外，还必须完成一定量的科研任务，不同职称的教师，其教学与科研考核指标不同，但大学教师往往都会将绝大部分精力花在科研上，过多地关注自己能否在研究中取得一定的研究成果，所以，大学教师在其专业领域都有一定程度的理论水平和科研能力。

而中小学教师不同，他们的主要任务是教学，一位中小学教师往往会承担几个平行班级的课程教学，教学工作任务比较重。他们对教学质量好坏、教学任务的完成情况更加关注。由于基础教育的特殊性，学校、社会和家长的关注度大，学校之间、同年级之间、同一位教师任教的不同班级之间存在着有形或无形的竞争，这导致中小学教师把自己的绝大部分工作精力花在如何上好课，如何让自己任教的班级学生成绩高等方面，很少或者没有精力来研究教育理论、教学方法、教学模式等。所以，中小学教师可以掌握很多教学过程中的实践经验，拥有丰富的教学数据，非常了解学生的学习特点，能根据学生特点开展一些特色教学，能掌握一套提高学生成绩的教学方法，但他们的教育理论深度、科研能力以及教学数据的分析能力等远不如他们的教学方面的能力。

就目前而言，大学与中学合作不是建立在规范制度之上的系统的组织行为，更多的是建立在教师自愿基础上的个人行为。大学或中小学的一方需要建立合作关系来达到某种目的，在大学和中小学教师的自觉自愿奉献下，没有当地教育行政部门的参与，没有学校相关主管部门的领导，没有相关制度来规范和促进教师行为的产生和实施。在大学与中小学合作的过程中，大学也没有资格对中小学提出任何要求，只是为了高效快速地完成合作任务，几乎没有时间和中小学教师进行沟通与联系，也就不能真正深入学校教育实践，某种意义上讲，大学教师不愿多花时间和精力去关心和帮助解决中小学教学过程中的其他问题，从而间接地缺乏与中小学合作的积极性，没有认识到由合作深入实践是促进学术发展的机会，影响了他们持续参与教师教育的合作研究。而对于中小学教师来说，他们的本职工作任务不包括与大学教师的合作，由于非常忙碌的教学事务和学校事务，加之中小学将教学质量作为衡量教师绩效的重要标准，所以与大学教师的合作反而增加了中小学教师的工作负担，且没有任何报酬，导致很多的合作工作无法达到理想状态，致使很多教师在付出努力以后找不到成就感，对工作的热情也逐渐消退。

（2）评价机制

大学与中小学校属于两个自成体系的教育单位，由不同的教育部门分管负责，大学教师与中小学教师的工作职责也不一样，于是就形成了不同的评价机制。

大学教师的考核主要从教学和科研两方面进行，不同层次的教师要求完成相应层次的教学任务和科研任务。大学教师为了完成科研课题或者与教育教学实践相关的实践研究，他们往往会主动寻找中小学教师，辅助他们完成科研项目。大学教师所付出的时间和精力，虽然不计报酬，但已经体现在他们的科研工作中。现在很多高校把教师分为研究型和教学研究并重型两种岗位。评价研究型教师只考核研究成果，教学工作不在考核范围；教学研究并重型教师则完成一定量的教学任务后还要有一定量的科研成果。所以，对大学教师的评价是根据岗位和职位级别来区分考核。

对于中小学教师，主要考核他们的教学业绩。每一位教师都会被安排很多个班级的课程教学，所以他们需要花费大量的时间和精力到教学工作中。现在，很多中小学校之间存在着严重攀比现象：比较升学率，比较同等年级的成绩排名，比较优秀生的比率。竞争是一件好事，可以促进大家努力拼搏，培养出更多更优秀的学生。但是学校之间的竞争带给教师的不仅仅是压力和竞争意识，学校往往会把教师的考核评价过多地与学生成绩、与升学率挂钩，使得教师们几乎把所有的精力和时间都化在教学上，而不重视教学研究甚至忽视科研（虽然中小学教师在职称评审中也需要一定量的科研，但要求相对较低）。所以，大学与中小学的评价机制完全不同。

评价机制的不相同,带给教师的直接反映就是针对评价而对工作有所选择、有所保留。换句话说,就是要求考核的工作就多做点、做好点,不要求考核的工作就少做点或不做。在大学与中小学合作方面,大学教师比中小学教师更有动力、更有主动性,所以也就一直存在着"合作中,大学教师处于主导地位、中小学教师处于被动地位"的观点。

（3）财政机制

大学与中小学合作的经费短缺是导致合作不能持久有序开展的一个不可或缺的因素。大学教师的科研经费和中小学校自筹资金是大学与中小学合作的主要经费来源。教师培训项目的合作经费一般都能得到保障,而对于个人合作,一种是大学教师有相应的科研经费,合作中的所有开支由大学教师承担。一种是中小学校为了解决某些问题,需要大学教师的协助完成,由中小学校支付大学教师一定的报酬,还有可能是由于大学与中小学存在某种友好关系,相互之间开展无偿合作。但实际上,无论哪种情况,双方都只能维持短期合作所需的费用,无力维持长期合作所需的大量开支,严重影响了开展长期合作的可能性。

随着社会的进步和经济的发展,从国家到地方、从高校到基础教育,都开始重视教育的改革与创新,也意识到现代教育需要教育理论与教学实践相结合,运用新的理论和科研成果指导教学实践,才能更好地促进教学创新。信息技术的发展和网络的应用普及,翻转课堂、微课、教学微视频、慕课、云平台应用等新词不断涌现,这背后蕴含着很多的技术知识与理论,而数据挖掘和大数据处理技术可以深入分析课堂教学效果以及个性化学习,运用创客教育可以改革现有的教育模式,不再以学校、教研组或教师个人为单位开展备课和教学。类似于这些新知识和新技术,需要大学与中小学联合起来,通过研讨和交流学习,促进双方的专业进步。为此,国家给出政策性的指导方针,地方政府负责组织和拨款开展中小学教师培训,高等学校也抓住这个机会,开展各种类型合种层次的教师培训项目,中小学校为了提升学校的知名度和快速发展,也主动支持教师参与各类培训和学习,这样,中小学教师在继续教育经费上得到了很大的支持。从网络上搜索一下就会发现,近几年来,全国各个省、地区都在积极开展教师培训和学历教育,经费的投入力度有了大幅度的提升。但是,要使得全国的中小学教师特别是农村中小学和偏远山区的中小学教师的培训得到普及,还需要继续关注教师的专业发展,不断地投入经费用于教师的培训和学习。

二、价值观念

大学与中小学蕴涵着不同文化价值取向和判断，在一定程度上影响着双方处事的态度和行为价值观。大学的文化蕴含着深厚的理论基础和浓厚的学术氛围，其特点表现为理论性和研究性；而中小学的文化是建立在学校内部的习俗、传统和日常实践基础上，其特点表现为实践性和日常性。面对现实的教育问题，价值观念不同，思考问题的思路不同，解决问题的方式也不同。教师之间的价值观不同、信息沟通不足、误解等都也会导致信任缺失。由于沟通和交流将会一直伴随着整个合作的过程，所以合作成员之间建立有效的沟通渠道和沟通方式，对于合作取得成功具有重要的意义。概括起来，其差异主要存在于文化、作息时间、个人地位等方面。

（1）文化差异

传统上，大学被视为探索知识的地方，是新信息和新知识的创造者，大学文化崇尚学术追求，认为反思、分析是在科学研究中产生价值的重要方式；而中小学校则被视为知识传授的地方，中小学文化重视知识经验的传递与运用，基于任务目标进行决策并实施教育行动。由于大学教师和中小学教师的文化差异，大学教师的话语形式相对理论化、概念化，脱口而出的许多术语是教师原有认知结构所不具备的，而中小学教师基于实践逻辑，往往习惯于经验叙事，倾向于获得问题的应用和解决方案，希望即学即用，渴望获得与其日常教学实践具有直接联系的相关知识和经验，对概念化、术语化的抽象理论兴趣不大，导致在交流过程中失去话题控制权、表达自己意见的权利，不能自如地表达他们的声音和观点，从而造成对话困难。[①]话语形式的不同会使大学教师和中小学教师常常缺乏有效的交流和信息的分享。

大学与中小学的合作是两种不同文化间的碰撞，受传统知识地位的影响，在合作的过程中因为彼此的文化差异相互冲突，妨碍了大学与中小学之间合作关系的形成。正因如此，有学者强调："文化冲突是阻碍大学与中小学的合作从'协同合伙'走向'共同发展'的文化背景问题。"[②]

---

① 金忠明、林炊利：《大学—中小学合作变革的潜在冲突》，《上海教育科研》2006 年第 6 期，第 13—16 页。

② 滕明兰：《从"协同合伙"走向"共同发展"——大学与中小学合作问题研究》，《教育发展研究》2008 年第 22 期，第 62—65 页。

（2）合作地位

由于大学与中小学的文化差异，导致社会给予大学教师的尊敬远多于中小学教师，致使大学教师和中小学教师自身也存有地位差异的观念，所以大学与中小学建立合作伙伴关系之初，双方难以转换到新增加的角色之中，重新为自己定位。虽然我们以平等互助的观念进行合作，但这种不占主导地位的思想根本战胜不了自身的地位等级。萨拉森认为："大学理论者无疑在教师教育和实践批判等方面具有天然的'法定'和'认证'地位，因此实践者潜意识里将理论者置于自身之上。"[①]学者卢乃桂和操太圣也指出："大学专家在此过程中控制着'权威性话语'，扮演着'立法者'角色，教师仅仅是其生产出来的知识的消费者和应用者，大学专家应该秉持'解释性话语'，扮演'阐释者'角色，在与教师真诚地对话与交流中创建具有真正意义的'校院合作'关系。"[②]据此，部分研究者认为，只有决策者、管理者以及理论研究者能够不断放权，大学与中小学的合作才有可能得以延续。

（3）时间差异

在大学与中小学合作过程中，无论是一节课堂教学，还是一类教学实验，无论是问卷调查还是访谈，都需要花费教师不少的时间和精力，时间因素是影响合作成效的重要因素之一。克拉克（Clark）曾根据调查指出："大学和中小学合作中的人员都强调各自的工作时间和计划不能匹配彼此合作的需要，进而影响了合作的有效进行。"[③]大学教师的授课时间较少，相对有较多的自由时间，有更多的自主权，可以自由安排自己的时间来开展科学研究。但是为了更好地参与合作，大学教师在完成自身的工作之外，需要付出很多时间投入到合作工作中来。而中小学的工作性质决定了中小学教师在与大学的合作研究中势必倾注更多的时间。中小学教师教学任务较重，没有多余的时间在教师教育中发挥更大的作用和承担更多的角色。中小学教师除了参与课堂教学之外还要花大量的时间用于备课，批改学生作业，组织一些班级活动，对学生进行一些课外辅导，还要花费一定的时间和精力完成上级行政命令和检查，势必被牵制很多时间，自由支配的时间较少，而合作的许多具体操作和实践要在中小学教师的参与下共同完

---

① Sarason S B. The predictable failure of educational reform [M]. San Francisco Jossey-Bass Publishers,1990:42—56.

② 卢乃桂、操太圣：《立法者与阐释者：大学专家在"校院合作"中角色之嬗变》，《复旦教育论坛》2003 年第 1 期，第 18—21 页。

③ Clark,R W. Effective Professional Development Schools：Agenda for Education in a Democracy [M]. San Francisco Jossey—Bass Publishers. 1999—09.

成，可见合作给教师们增加了工作的负担。由此导致大学教师和中小学教师各自有着不同的时间安排，这样所有参与合作的教师就必须利用双方共同空余的时间，或者不能确保所有项目教师同时参与到合作过程中。所以，大学与中小学教师时间上的差异，会严重降低合作的成效。

第二章　国外大学与中小学合作模式的分析与借鉴

以教师专业化为核心的教师教育的改革,已成为世界教育与社会发展的共同特征。成功经验告诉我们,在教师专业发展历程中,大学与中小学合作是教师专业发展的最佳选择与有效途径。这种模式是 20 世纪 80 年代在教师专业化运动发展中产生的一种教师教育的人才培养方式,是对传统的、以大学为本的教师教育的超越和革新,是教师教育和培养在空间模式上的一大转变。

美国学者古德莱德指出:"大学若想培养出更好的教师,就必须将模范中小学作为实践的场所。而学校想变为模范学校,就必须不断地从大学授受新的思想和新的知识,若想使大学找到通向模范学校的道路,并使这些学校保持其高质量,学校和教师培训院校就必须建立一种共生关系,并结成平等的伙伴。"[①]这段话的意思已不限于协同培育师资,还引申出大学与中小学共同寻找高质量"模范学校",以及在共同的创建中如何结成伙伴、如何建立共生关系等问题。

第一节　国外大学与小学合作的发展现状

自 20 世纪 80 年代中期以来,伴随着国际社会在政治、经济、科技等领域的激烈竞争,人们对学校以及教师教育质量的要求逐渐提高。英美两国率先开始改革本国的传统教师培养模式,打破了大学与中小学在教师教育上的隔阂,开始实施大学与中小学合作的教师培养模式,并形成了一些实质性的合作成果。通过对文献资料的梳理和分析,发现各国的大学与中小学合作都自有特色,如英国主要形成了合作式伙伴关系、大学主导式伙伴

---

① 教育部师范司:《教师专业化理论与实践》,人民教育出版社 2003 年版,第 339—340 页。

关系、补充式伙伴关系，^①澳大利亚形成了以政府牵头的合作伙伴关系，加拿大的大学与中小学合作伙伴注重教师教育的实践导向，如多伦多大学的实习团队模式、大不列颠哥伦比亚大学的学习策略团队和拉瓦勒大学的网络合作伙伴^②，新加坡南洋理工大学国立教育学院形成了分层次教师培训模式。

一、英国的校本教师培训

早在 1972 年，《詹姆斯报告》就建议教师的在职进修应从中小学开始，因为中小学校是教与学的活动的场所，校本教师培训可以使教师的课程开发与教学技术得到发展。但是这个建议没有得到政府的认可和采纳。20世纪 80 年代初期，英国的社会发展陷入困境，为此英国政府立求对社会进行整体改革，其中心目的是加强英国在世界上的经济竞争力。其中教育改革被看作是此次社会整体改革的重点之一，因为英国的传统教师教育模式日益暴露出诸多弊端，主要评论的焦点在于教师教育的理论与实践相分离，体现在以"大学主导型"的教育实习模式存在实习生所学的理论知识与实践不相关，实习目的不一致，教学实践有效性不能保证等问题。^③ 1992年，英国教育和科学部（DES）在《教师职前培训改革》文件中指出，要尽快制定选择伙伴关系学校的操作规则，以便真正使这一改革措施付诸实践。文件着重强调中小学基地学校与师范院校之间应该是合作的伙伴关系，它们共同承担培训教师的任务。^④ 从此，适合英国国情的校本教师培训开始形成并发展，院校之间建立了以"中小学为基地"的合作伙伴关系。

英国的校本教师培训的基本特征是高等教育机构与中小学校之间建立伙伴关系，这种伙伴关系是强化教育理论与实践相结合的基本途径。高等教育机构负责理论方面的培训，而中小学校则提供教育实践的场所，双方合作，共同完成培养师资的任务。

---

　　① 　陈紫天：《英美大学与中小学合作促进教师专业发展的经验与启示》，《河北师范大学学报》（教育科学版）2007 年第 1 期，第 90—93 页。

　　② 　谌启标：《加拿大大学与中小学合作伙伴的教师教育改革》，《湖南师范大学教育科学学报》2009 年第 3 期，第 72—474 页。

　　③ 　吴琳玉：《从大学与中小学合作看英国教师教育改革》，《世界教育信息》2010 年第 8 期，第47—50,76 页。

　　④ 　邓涛：《大学与中小学合作——英美两国教师培养模式比较研究》，东北师范大学硕士论文，2003 年，第 5—7 页。

最具代表性的是英国伦敦大学教育学院（IOE）PGCE 项目。[①] 教师职前教育有一种课程模式叫"研究生教育证书"（Postgraduate Certificate in Education,简称 PGCE）课程。PGCE 课程主要培养中小学教师,培养模式为"3＋1 模式",即先获得学科专业学士学位,一般为三年,然后再接受一年或两到三年的教育专业训练,PGCE 课程根据培养方式不同分为两种:全日制 PGCE 课程和灵活模块 PGCE 课程。该课程由学科研究、专业研究、教学实践经验三方面组成。英国伦敦大学教育学院的 PGCE 课程分为针对小学教师的 PGCE Primary 课程和针对中学教师的 PGCE Secondary 课程。小学 PGCE 课程主要为小学培养师资,开设艺术设计、儿童文化和语言、戏剧角色扮演、英语语言读写、历史、数学等 13 类课程。学时 38 周,其中 20 周在小学实习,18 周在大学培训。中学教师培训开设了如美术与设计、商业与经济教育、英语、历史、音乐等 14 类课程,学时 36 周。中学PGCE 课程则为从事中学教学的本科生开设,学时为 36 周,其中 24 周在学校进行,12 周在大学进行。针对每一科目的教师都有单独的培训计划,大学老师作为指导者为培训教师提供多方面的服务。由大学、地方教育当局以及中小学学校共同负责职前教育实习,由三方代表组成的"伙伴关系指导小组"作为领导机构,共同制定培训计划,明确专业指导教师和学校专业发展委员会的职责,教师培训的内容与方法根据校内外的资源,考虑学校的需求、职能组织的需求和个人需求,来制定培训计划、培训活动和课程。[②]

尽管英国的校本教师培训被认为是一项能有效促进教师专业发展的政策,但也存在一些问题,在一次对中小学教师培训工作的调查中,发现存在诸如没有充分发挥教师培训资源的利用、没有充分满足学校教育的需要、缺乏有效的评价机制、难以确保教师对提高教育质量负直接责任等问题。

二、澳大利亚职前教师教育的合作伙伴

澳大利亚职前教师教育长期以来基本上是沿用传统的培养模式,这种模式的主要特点是以大学为本位,通过大学文理课程和教育专业课程的学习以及见习实习等教学实践活动进行师范生的培养,但是承担教师教育的

---

① 葛柄含、孙建民:《国外大学与中小学合作培训教师的新模式及其启示》,《中国电力教育》2012 年第 1 期,第 15—18 页。

② 教育部师范司:《教师专业化理论与实践》,人民教育出版社 2003 年版,第 314—333 页。

　　大学与中小学之间缺乏有机密切的联系。20 世纪上半叶，由于大学开始承担中小学教师培养的职能，大学与中小学之间建立了伙伴合作关系。到 20 世纪 50 年代以后，职前教师教育存在的质量问题日趋明显，引起政府以及社会各界的高度关注，澳大利亚政府开始强调大学与中小学的合作，改进教师教育，并且强调教师训练，运用职业训练的模式培养教师。1957 年的《默里报告》、1964 年的《马丁报告》、1973 年的《斯万森报告》、1988 年的《澳大利亚教学质量咨询委员会对合作的认识》、2003 年的《澳大利亚的教师、澳大利亚的未来》报告等一系列报告都充分说明了澳大利亚对教师培养的重视，以及对大学与中小学合作的认可度，强调合作伙伴关系，注重反思实践。20 世纪 90 年代以来，澳大利亚政府引领的一系列项目，如"基于教师发展的大学与中小学创新联系工程""优质教师项目""基于伙伴的教师更新项目""初任教师的有效计划"等，对教师专业的发展起到了很好的推动作用。[①]

　　澳大利亚大学与中小学合作伙伴关系有多种类型，[②]较早的是工具主义取向伙伴合作模式，通过协议确立合作并开展活动。随后是以中小学为中心的伙伴合作模式，强调合作过程的统一组织安排，更多地关注中小学的实际需求。在发现上述合作的不足的基础上，形成了实践本位伙伴合作模式，注重建立大学与中小学的以实践为基础的伙伴合作关系，组织教师、师范生与教师教育者一起系统工作，强调教师教育模式的努力创新，并逐步成为澳大利亚职前教师教育领域的一种主导模式。此外，后来形成的项目合作伙伴模式，由职前教师、中小学指导教师、中小学伙伴合作协调者和大学教师共同参与讨论、协商后确定合作项目，比较关注师范生在中小学进行教学实践，并强调中小学学生的学业发展，这种模式在澳大利亚也产生了一定的影响。

　　实践本位伙伴合作模式包括卧龙岗大学的知识建构共同体模式、依迪夫高云大学的契约伙伴合作模式和维多利亚大学的教育学士课程。最具典型的是卧龙岗大学的知识建构共同体模式，该模式由卧龙岗大学与新南威尔士教育厅，以及新南威尔士教师联盟共同开发并实施职前教师教育课程。将教师教育课程分为两部分。第一部分是师范生学习的准备工作，历

　　① 谌启标：《澳大利亚基于合作伙伴的教师教育政策述评》，《比较教育研究》2009 年第 8 期，第 87—490 页。

　　② 黄孔雀、许明：《澳大利亚职前教师教育伙伴合作模式述评》，《集美大学学报》2009 年第 2 期，第 19—21 页。

时 5 周,第二部分是实践活动,师范生在每周内利用两天时间参与中小学的学校活动,三天时间在大学学习理论知识。师范生在中小学主要扮演两种角色,分别为学校共同体的教育研究人员和教学助理。

项目伙伴合作模式的典型案例是维多利亚大学教育学院与维多利亚州中小学之间开展职前教师教育的联合培养计划,其中的应用课程项目(Applied Curriculum Projects)就是师范生和中小学指导教师在伙伴合作协调者和大学教师的支持下共同确定的一个研究项目,以满足中小学的需求为基本,把促进学生的学习作为奋斗目标,运用行动研究的方法共同开发、实施和评价课程。2004 年,维多利亚大学与 200 多所中小学共同开发和实施了 250 多个伙伴合作项目。按照合作规定,维多利亚大学的师范生在大学四年内都需要参与到项目伙伴合作中,但每一学年的参与时间不同。第一学年师范生参与中小学活动的时间达 15 天,第二、三学年增加到 30～35 天,第四学年增加到 50～55 天,且必须连续六周参与中小学的活动。这样,师范生参与中小学的活动时间达到 130～150 天,相当于大学四年平均每星期有一天时间参与中小学的活动。维多利亚大学的项目伙伴合作给予师范生更富裕的实习时间,远远超过维多利亚教学协会(Victoria Institute of Teaching)规定的 80 天最低要求标准。

澳大利亚的各类合作模式都是通过建立由师范生、指导教师和教师教育者组成的学习共同体,以师范生学习为中心,为师范生提供大量的实践时间,既实现了师范生作为未来教师的能力锻炼,利用教学反思和解决问题将理论与实践联系在一起,又为大学与中小学教师创造课程开发设计和教学实践研究的提供机会,加强培养新教师的责任心,还能使大学与中小学互相信赖、互相融合,共同承担师范生的培养重任。

三、加拿大教师教育实践合作伙伴模式①②

自 20 世纪 80 年代后,加拿大实现了教师教育大学化政策后,不断改革教师教育,逐渐出现了注重教师职前、入职和在职教育的一体化以及强调教师的培养机构"合作化""伙伴化"的趋势,促进大学与中小学合作伙伴关

---

① 黄菊、陈时见:《加拿大教师职前培养中的教育实习及其借鉴》,《比较教育研究》2014 年第 11 期,第 1—6 页。

② 谌启标:《加拿大大学与中小学合作伙伴的教师教育改革》,《湖南师范大学教育科学学报》2009 年第 3 期,第 72—73 页。

系的生成,教师教育开始从"大学为本"缓慢转向了多元开放的大学与中小学合作模式。加拿大教师教育发生的一系列变革,比较关注课程变革、教师的专业学习与专业发展,主要体现在五个方面:实行讲座制的学科课程,促进师范生的学术研究与领域经验有机结合;教师教育课程关注师范生的实际需要;改革教师教育课程的结构与实践,吸引优质生源;变革教师教育研究者的教学方式,研究来源于实践,并将研究成果运用于实践;将教师教育作为社会与专业变革与发展的现场。

加拿大对教师职前培养一直非常重视,通常是以大学为本,主要有 4 种模式:4 到 5 年的本科"并行性教师职前培养",8 个月到两年不等的"连续性教师职前培养"、研究生教师职前培养项目和单一学位教师职前培养。教师职前培养都包含教育实习,这个环节往往是大学与中小学合作的主要形式。加拿大的教师职前实习计划因地区不同而有所差异,如加拿大的西部和东部最常见的为 2~3 次实习,共计 13 至 20 周;南部的安大略省最推崇 12 周左右的 2~3 次实习;北部的魁北克则要求 4 次,共计 21 周,甚至更长时间的实习。在实习合作过程中,主要注重三方面的能力培养。第一方面是注重学生的教学反思,如约克大学、里贾纳大学和皇家山大学在实习开始时首先安排实习生到中小学中参加教学观摩,对中小学现场进行反思和指导。第二方面是注重学生的教学能力,如阿尔伯塔大学的两年制连续性职前教师的教育实习,要求学生完成为期 9 周的 80% 的教师教学量。在主教大学的四年制并行性职前教师培养模式中,第三年要求实习生完成原任课教师 60% 的工作量,第四年要求实习生承担 80% 的工作量。第三方面是注重学生的理论与实践结合能力,如主教大学的实习生要求和指导教师一起逐渐参与教学设计,达到教师能力要求 12 项中的 7 项。

大学与中小学在教师职前培养方面的合作,首先强调省区政府、教师专业机构和学校对教育实习的重视。加拿大全国教育学院院长管理协会(Association of Canadian Dean of Education,ACDE)于 2005 年颁布了旨在指导和加强各省职前教师培养的《教师教育协定》(Accord on Initial Teacher Education),明确制定了"重视大学与中小学的合作伙伴关系,有效整合理论、研究和实践,为职前教师提供与其他教师合作、发展有效教学实践的机会"的原则。2002 年,多伦多大学安大略教育研究院将"实习办公室"改名为"中小学和大学合作办公室",这一名字的改变突出了合作伙伴关系中大学与中小学和谐平等的关系。此外,还建立了一系列的保障机制,如经费保障、实习手册、评价标准、实习办公室的设置等,都为合作伙伴工作的顺利开展奠定基础。

其次是建立合作团队。例如,安大略教育研究院加强实习团队的合作伙伴模式,60多名实习生一组,由2名中小学协调人和4名大学教师组成教师指导团队,指导教师以团队合作形式拟定课程表,形成个性化的关注领域。英属哥伦比亚大学的"混合专业编队郊区实习"项目中,关注健康教育方向的不同专业的实习生以团队的形式进入城郊的小型社区实习,团队成员互相支持,发展跨专业知识。多伦多大学的实习团队由实习生、指导教师和协调教师构成,协调人负责设计教师教育课程计划、进度表和时间表。每一个团队要求根据课程标准,开发和形成自己的兴趣课程,大学指导教师团队都参与实习管理,与中小学教师一起形成实习指导方案、实习程序和评价标准,强化了实习指导团队建设和教师教育课程发展。大学教师、实习生一起参与伙伴学校的在职教师专业发展会议、日常教学研究讨论。

最后是充分利用信息技术,开展教育合作。如加拿大魁北克省南部的拉瓦勒大学的网络合作伙伴,主要是大学发起的教师教育改革。由大学与中小学教师、师范生共同参与合作设计网络学习环境,并在不同层面具有不同类型的活动。如开展理论与实践课程的教学,为师范生提供网络体验与教学反思,与在职教师一起开展教育研究,一同学习与探讨网络技术应用等。大学教师、师范生、中小学教师一起形成网络教师教育共同体,关注"在网络情境下学会教学",利用在线资源和工具,合作探究激活课堂,以改进教师教育教学与实践。

第二节　大学与中小学合作的典型案例——PDS

美国的教师专业发展学校——PDS(Professional Development Schools,简称PDS)已经成为全世界教育领域研究的对象和学习的典范。PDS是以K-12学校为实施基地,联合社区和学区相关教育力量,以中小学和大学的伙伴合作为核心,将教师职前培养、在职培训和学校改革融为一体,通常由中小学与大学建立起新型的合作团体模式。

本文以美国的PDS为例,从合作的发展过程、合作的背景、合作内容、组织形式、合作结果等方面进行总结和分析,从中获得对我国大学与中小学合作的启发与借鉴。

一、合作背景与发展过程

　　20 世纪初,哈佛大学校长埃利奥特(Charles W. Eliot)组织召开了大学与中小学教师的联席会议,与会者主张大学应当更多地参与到中小学教育中去,这是美国大学与中小学合作的直接开端。1983 年,《国家在危急中:教育改革势在必行》的报告发表以后,引发了美国新的教育改革运动,在这次运动中许多学者提议大学与中小学应该建立互补互益的合作关系,这样才能保证大学和中小学的共同发展。1986 年,霍姆斯小组在《明天的教师》报告中最早提出教师教育新模式——教师专业发展学校(PDS)的概念。1990 年,霍姆斯小组在《明天的学校——建立教师专业发展学校的原则》的报告中提出建设教师专业发展学校的指导原则,真正打破大学和中小学之间的隔阂,推动大学和中小学建立合作关系,促进教师专业化发展。

　　PDS 的发展也不是一帆风顺的,因为合作双方的教育职责不同,存在着教育观念上的差异,而且美国高校内部的教师注重研究而不关注基础教育,这些研究型教师认为教师专业发展学校与他们的专业研究没有关系,导致不愿意参加到合作队伍中来。从美国教育发展来说,合作还需随教育观念、教育制度的变化而变化。

　　(1)社会和经济发展对教师教育改革的要求

　　一个国家的发展过程直接表现出的是经济的发达程度,但与教育始终是分不开的。美国开展大学与中小学合作,也是社会发展到一定程度的产物。一方面,美国经济的不景气导致社会的不安定。在 20 世纪 80 年代,美国的经济一度处于低迷状态,其国际竞争力日益下降,经济地位逐步衰退,社会随之也处于动荡之中,学校教育出现了不少问题,主要表现在学生学业成绩的下降、适龄儿童辍学以及校园暴力等方面。由此产生了公众对教育现状的严重不满和改革教育的强烈愿望。国家处于危险中,政府和各界人士开始寻找经济复苏和社会进步的有效途径,认为摆脱危险的途径就是进行教育改革,改变现有的教育存在的问题。

　　另一方面,社会的发展变化带来了学生家庭的变化。家庭的变化主要体现在出生人口的下降和单亲家庭的增多。人口出生率的下降,使在校学生数量不断减少,家长开始注重对学生的在校培养,也就意味着家长对学校管理和教师素质的要求提高了。而单亲家庭的学生,在家长教育方面存在着缺陷,影响学生的情感、性格、学习积极性等,同时也影响学生在校的表现。因此,家长希望能在学校弥补家庭带来的教育缺陷,希望学校能更多关注单亲学生,这就意味着学校除了传授学生知识外,还要关注和管理单亲学生的心理、生活、情感等问题。

(2)教育改革与发展的要求

从20世纪80年代至今,美国经历了三次大的教育改革浪潮。80年代初,美国高质量教育委员会发表了《国家在危机之中:教育改革势在必行》的报告,掀起了80年代以来第一次教育改革高潮。此后,各州都进行了教育改革,也取得了不少成绩。然而,十年以后发现增加教育投资和改革课程内容并没有取得预期的结果。全美教学与美国未来委员会(National Commission on Teaching & America's Future,简称 NCTAF)重申教师教育的质量是教育改革的关键,在其报告中指出:教师的知识和能力直接影响着学生的学习;改革学校教育的关键策略是培养、选拔和留住优秀的教师;学校只有改善了教师教学的环境,改革才能成功。因此,进入了第二次和第三次的教育改革,其中教师、教师教育以及中小学改进成为改革的焦点。[①]

(3)传统教师教育的弊端

20世纪80年代初,教师教育主要由大学的教育学院和各种高等教育性质的教师培训机构控制,在此条件下,教师的职前教育和在职教育都出现了一些明显的弊端。在职前教师教育中,教育学院独自承担课程的设置与实施、教育实习、教师评价等任务。大学教授主要注重向学生灌输学科知识和教育理论知识,教育实习只是服务于对教育理论的验证,从而处于从属地位。由于与中小学彼此隔离,缺乏沟通和理解也使教学实习出现很多困难,中小学实习指导教师既要完成教学任务,又要指导实习生,这两个目标无法同时实现。此外,中小学在时间、人力、物力、评价等方面给予实习指导的支持也非常有限。

在职教师教育也同样由教育学院负主要责任。课程以理论知识传授为主,严重脱离教师们的教学实际和学校实际。教师们用于反思教学、自我提高的时间、鼓励和实际支持都很少。

二、合作目标和模式

专业发展学校的目标有五个方面:为职前教师进入教师队伍做好准备;新任教师的入职指导;为中小学在职教师和大学教师提供专业发展的

---

① 　教育部师范教育司:《教师专业化的理论与实践》,人民教育出版社2003年版,第334—337页。

机会；为改革教学和整个学校教育体系提供研究场所；最终目标是要形成有助于全体学生成功的知识与实践。

专业发展学校通常以合作小组的方式开展工作，霍姆斯小组提倡一个理想的合作小组通常包括 4～5 名有经验的中小学教师，2～3 名大学教授，5～10 名研究生，若干名本科师范生及其他人员。共同承担职前教师培养和新教师入职指导的任务，大学教师、中小学教师和师范生共同参与合作研究，美国未来委员会（NCTAF）提议进入教师行业的每一位教师都应该在 PDS 完成为期一年的实习。

对于合作模式，不同的研究者分析总结美国的合作模式，有不同的分类。美国幅员辽阔，由于地理位置、伙伴对象、教育背景、发展阶段、学校特色等具体情况不同，合作过程中各专业组织的设计以及各州的具体实行都有所差别，协作范围与项目各有其强调的重点及特色。在 PDS 发展的 20 多年来，从组织层次上来分可归为三种不同的合作模式：[①]

（1）共生型模式

古德莱得认为中小学与院校合作是共生的，因为各所中小学都有着相似的教学模式，它们之间的合作也只能在原有的基础上进行改革提高，脱离不了中小学的共性，而中小学与大学之间无论是学校管理、教学模式、教育重点、教育对象等，都存在着明显的差异，但又有着必然的联系。大学与中小学之间的合作是共生的，各自都有向对方学习的东西，而且这种合作能够产生根本性的改革。共生合作模式必须满足三个条件：必须存在两类组织之间的差异性，相似性越大，供双方分享的东西就越少；合作必须满足各自利益，即双方的差异要体现互补性；每一方都应有充分奉献精神以保证对方利益的满足。在共生型合作中，虽然合作双方是平等的，大学与中小学一起合作以满足各自的动机和目的，但一旦目的实现，关系可能也就终止，伙伴关系也就宣告终结，所以这种合作可能是临时的、短期的、无保障的一种合作。[②]

（2）有机型模式

施莱提（Schlechty）和怀特福（Whitford）认为"共生关系在根本上是脆弱、暂时甚至是易变无常的……这一关系要让一方花大量时间、精力满足另一方的需求，这就如同引诱一条小鱼从一个水域到另一个水域一样需要

---

① 王丹：《英美大学与中小学合作的教师培养模式比较研究》，西南大学硕士论文，2009 年。
② 伍红林：《美国大学与中小学合作教育研究：历史、问题、模式》，《比较教育研究》2008 年第 8 期，第 62—66 页。

机会、时间和耐心。……可以说,难以形成持久和稳定的关系是共生关系难以解决的难题"。由此,他们提出了有机(organic)关系模式。所谓有机合作是指致力于解决两个机构共同的观点和问题。高度重视确认共同的关注和兴趣,共同的关注促进共同解决。他们虽也承认合作必须以各自利益满足为前提,但他们将整体、共同利益的满足作为合作基础。

有机关系模式强调跨越双方边界,寻找双方共有的、不合作就不能解决的问题。所以有机合作的功能是联合共有的,当双方平等地投入到合作项目之中时,权力和控制问题将大幅度降低,是一种更为持续、完整和密切的方式。

(3)协作型模式

共生模式和有机模式的合作基本上都是在学校层面开展的合作,而合作过程中也会存在着个体之间的合作,即大学教师和中小学教师之间的合作,这种合作称为协作型合作模式。协作型合作通常是一种个体之间的联系(比如咨询)、短期项目,或者是一种一方给予,另一方接受的服务传递,通常很少是互惠性质的。在美国,教育学院和公立中小学之间的合作关系通常被认为是协作型的,合作过程是暂时性的,当一个项目或一项服务完成之后,合作关系也就不存在了。

三、合作内容

美国的PDS是在原有中小学校的基础上,强调大学与中小学之间的平等合作,通过研究和解决现实问题的实践来实现实习教师、中小学教师与教师教育者共同的专业发展。其合作的内容是多方面的,概括起来,可以有以下几方面:

(1)教育理论的学习

作为一名教师,首先应该掌握专业理论知识。中小学教师在其职前教育中已经掌握了专业理论知识,但是,职后的大部分精力都用在教育实践上,如果不能在任职后继续教育或课后学习理论知识,那么他(她)的理论知识不能说是"够用了"。而大学教师一直处在理论知识的学习和研究中,其知识的广度和深度都要超过中小学教师。所以通过合作,中小学教师有一个可以获得理论知识的很好的机会,而大学教师在合作中,利用教学实践可以提升和丰富教育理论。对于教育理论的学习,合作双方互惠互利,共同进步,合作是双赢的。

(2)教育实践的训练

　　美国的 PDS 教育实践内容主要是教育实习和教师培训。中小学校是教育实践的最佳场所。在进行教育理论学习的同时，开展教育实习和教师职后培训，具体体现在：帮助实习生顺利走入社会化进程，指导他们理论与实践相结合，融入并持续保留在教师队伍中，勇于接受新生事物，处理好同事间的关系，关注背景差异大的学生的学习情况，特别是少数族裔、黑人儿童、残疾儿童的教学。帮助在职教师维持教育教学热忱，并鼓励其勇于接受挑战，结合理论知识尝试教学改革，提升自身的教育实践意识和能力等。

　　（3）教育科研的合作

　　中小学教师解决问题缺少教育理论素养，大学教师提出理论观点却往往不能把研究的问题与实际情境联系起来。因此，大学与中小学的合作研究需要大学与中小学教师之间的合作，合作各方平等共处、分工合作、共同研究。除此之外，开展教育科研的主体还包括实习生和其他参与的教师。教育科研的合作形式多样，诸如合作开发课程、研究课程大纲和教学设计、探讨教材编写、革新评价方式、设计教学评价新方法等。密歇根大学与浩特高中（Holt Senior High School）自 1989 年起建立的合作关系就属于此种类型，致力于共同改进语文、数学、科学教育项目，以及教师教育研究与实验的推行。

　　（4）学校教育的改革

　　学校教育的改革主要是促进学校教育机构的革新，一般对象为中小学校，而不是大学。对于有些中小学校，存在困境或发展危机，需要大学来合作，共同探讨提出解决方案。这种合作双方希望保持长期的合作关系。合作时建立合作管理机构，专门负责合作中的学校改进活动、专题研究、短期教师培训、教育理论培训等。合作成员主要是收集信息、制定实施行动计划、评估所采取的行动。学校的教育改革可以包括人事制度改革、课程改革、评价改革、中小学教育的目标、功能与内容等。全面革新的合作以古德莱德领导的全美教育革新网络为代表，截至 2011 年，该网络已有来自 20 个州的 24 个合作项目参与其中，并且大多数都是该州的州立大学。①

---

　　①　孙志麟：《专业发展学校：理念、实务与启示》，《"国立"台北师范学院学报》2002 年第 15 期，第 575 页。

四、合作效果

美国的 PDS 由于合作阶段、地理位置、社会压力、生存危机等因素不同,合作的效果也不完全相同,可以说 PDS 也是发展不平衡的。总体来说,PDS 合作双方都会不同程度地达到合作的目标,具体表现以下三个方面:[①]

(1)改善职前教师的培养质量

实践证明,PDS 能有效改善职前教育质量。对职前教师的培养产生积极影响,主要体现为:一是在规定的实习时间里,实习生能得到实践经验丰富的实习指导教师和大学教师更加密切的指导,打破传统实习或自主实习中自己领会、自己的事情自己处理的格局,更加娴熟地掌握教育教学知识与技能,学会将掌握的教育学方法和教学策略应用到具体实践教学中;二是实习过程中实习生获得了观察、实践、研究和反思的机会,通过指导教师的指导和学习,参与各种类型的教学反思或者研究项目,或通过教学日志进行反思,获得了非常重要的教学经验,从而培养了反思能力,形成了反思习惯;三是实习过程不仅仅局限在一所中小学、一名指导教师,而是可以扩展到 PDS 的多个不同实习场地、不同指导教师的管理和监督,这样有利于实习生更全面地了解真实的中小学世界,为入职后适应中小学教学工作,成为一名优秀的教师打下良好的基础。

(2)促进在职教师的专业发展

在 PDS 中,大学人员和中小学指导教师不仅关注师范生的发展,而且也积极关注自身和对方的发展。大学和中小学双方的人员互动和多种多样的专业发展活动方式,为教师进行教学反思、行动研究创造了机会。这有益于教师革新教学方法和发挥在学校改革中的领导作用,有利于推动中小学教师和大学教师建立合作伙伴关系。

对于中小学教育者而言,这种促进作用主要体现在:一是教师的专业水平有所提高。在新环境的刺激之下,中小学教师不断地学习、探究,理论与实践相结合,运用新的观点去支持和创新课堂教学,改进教学方法,形成新的教学观。二是教师的素质普遍较高。教师对专业知识与能力也有了新的认识和理解,学会如何在复杂的环境中进行有效的决策,学会如何将

---

① 邓涛:《大学与中小学合作——英美两国教师培养模式比较研究》,东北师范大学硕士论文,2003 年。

成果与他人分享，学会用新知识和新技能去应用到实际教学中。三是具有更强烈的合作意识和反思意识。

对于大学教师而言，为其专业发展提供了实践路径。一是丰富了理论知识。在合作期间，教师把更多的时间花在课堂中，体验课程或实习过程，用实践知识证实了原有的理论，丰富了原有的理论理解，提升了原有的理论内涵，促进了专业发展。二是提高了看问题的立脚点。大学教师在中小学探索现实的教育问题，用理论来支撑和解决问题的办法，势必会从整体和全面的角度来审视中小学的教育现象和问题。三是提高了合作意识。通过合作交流后，使大学教师意识到，基础教育是理论研究最好的实践场所，以后继续开展理论研究时，自然会运用与基础教育的合作来开展实证和调查研究。

（3）有利于开展教育研究

每一位教育工作者除了完成教学任务之外，必须学会思考教学中的各种现象或问题，以及提出解决的方案，也就是学会把教育研究作为一项正常的工作。PDS 有利于开展教育研究，是因为 PDS 合作团队中既有实践经验丰富的一线中小学教师，又有理论知识渊博的大学教师。因此，合作过程开展教育研究是最有利的，这也是 PDS 区别于其他合作形式的优势。

PDS 所倡导的以中小学为基地，以大学与中小学的合作研究为途径，努力寻找共同感兴趣的领域，针对一线教学问题，利用大学深厚理论底蕴提供丰富理论资源，在双方合作探究、共同实践的基础上，寻求解决实际教学问题的有效方法，实现教育理论与教育实践的完美结合。这种结合不是形式上的机械结合，而是能动的、有机的结合。同时，教育研究中所形成的变革理论或研究成果反过来又会促进中小学教育与大学教育学院的变革。因为合作研究的成果对中小学和大学的课程设置、教学方法、专业结构、教师角色等，都具有重要的引导作用，最终体现在教师专业化的优化与发展上。

第三节　合作的经验与启发

本章对典型的美国、英国、澳大利亚和加拿大四个国家的教师培养中大学与中小学合作情况做了总结性介绍。可以看出，教师的培养无论在哪个国家，都是基本相同的，即先以大学培养为主，而后发展到与中小学合作培养。这是教师培养途径中的一致规律，也是所有国家大学与中小学合作的最初形式,通过合作,更好地解决教师职前的能力与知识培养问题,从而也发现通过合作来培养职前教师是一条最有效的途径。但由于每个国家的教育体制与职前教师培养要求和计划不同,以至于在具体实施中呈现出不同的规律和特点。分析上述几个国家的具体案例,总结出他们的共性,主要体现出以下几点:

(一)基于反思性实践的理论

反思能力是教师能否持续发展的关键因素,美国心理学家波斯纳甚至认为在教师专业发展中"经验＋反思＝成长",他指出,没有反思的经验是狭隘的经验,至多只能形成肤浅的知识,如果教师仅仅满足于获得经验而不对经验进行深入的思考,那么他的发展将大受限制。我国著名心理学家林崇德也提出"优秀教师＝教学过程＋反思"的成长公式。可以看出,反思是教师发展的基础。通过教学反思,师范生可以清楚地了解自身的知识,反思自己在教育实习中的优点与不足,促进其成长。国外的教师培养过程中,特别注重教育实习阶段师范生的反思情况。英国在一年级的实习一般主要熟悉学校、班级与学生,为下一阶段开展教学工作做准备,澳大利亚在实习的第一阶段往往会安排每周一天时间,确保实习生熟悉班级情况和管理工作,加拿大的很多高校在实习安排的第一阶段就是课堂观察及教学观摩活动,美国也为实习生提供观察、实践、研究和反思的机会,通过指导教师的指导和学习,参与各种类型的教学反思或者研究项目,或通过教学日志进行反思。通过这一阶段的活动,使实习生理解所学理论在教学中的应用,反思教师课堂教学实践与理论指导之间的关系与距离。假设每个实践者对教学已有一定的基础和认识,而且知识的积累主要是在学校获得,教师需要在实践中继续学习,通过学习来更好地指导实践,而继续学习需要以实践问题为基础,并为更好的实践服务。所以反思性实践体现在教师不仅具有专业知识和专业技能,而且还具有对自己的教学方法、教育内容、教学效果进行反思、总结和上进的能力,这样教师才能实现在理论基础上获得实践,在实践基础上加深理论。

(二)建立合作伙伴关系

作为一个良好的教师培养模式,合作的双方应该建立伙伴关系,在寻求更高效工作过程中努力发展平等协作关系。大学与中小学在平等基础上进行合作,相互讨论有关事宜,保证大学、中小学和实习教师的良好有效沟通,以达到大学教师和中小学教师、大学与中小学的共同受益。参与合作的每一位人员都有各自定位清晰的角色和明确的责任。

在没有合作之前，所有国家职前教师的培养主体都是大学，这种大学化的培养方式脱离了中小学的教学环境，毕业后的师范生必将与中小学实际教育体系、环境、要求、方法等有很大的脱节，所以英国的职前教师培养特别注重中小学的教学实践，始终以中小学为基地开展实践培训。美国、澳大利亚和加拿大都以大学为主，制定实习计划，定期或不定期地、分阶段地要求师范生到中小学去实践。由此，教师职前培养不再是单一的大学的责任，而转变成为大学与中小学的双主体结构。双方在合作中必须相互协商，建立伙伴关系，大学不再是高高在上的主导者，中小学也不再是传统教师教育模式中的师范生实习场所，而是成为教师教育的积极参与者。加拿大的中小学教师在教师教育中的地位和作用比较突出，他们与大学教师共同参与到规划教师教育课程、课程安排、制定教学目标、评价实习教师的课堂教学以及教学能力等活动中。澳大利亚的卧龙岗大学与新南威尔士教育厅，以及新南威尔士教师联盟共同开发并实施职前教师教育课程。英国的大学、地方教育当局以及中小学学校共同负责职前教育实习任务，根据学校的需求、职能组织的需求和个人需求，共同讨论与协商来制定个性化的培训计划、培训活动和课程。

国外的成功案例说明了合作能够成为解决新教师缺乏课堂教学能力的一种途径，成为平衡理论与实践、大学与中小学关系的关键要素。伙伴合作教师教育模式在解决教师教育课程过于理论化方面起到重要作用。

（三）政府的支持

在每个国家进行教师培养改革的过程中，都有着政府的大力支持。政府通过颁布政策、发布报告、分析问题等，提出教师培养改革的迫切性与必要性，是教育发展到一定程度的必然问题。从前面分析可知，各个国家都是为了改变原有的教育现状，提高国家的经济发展和竞争力，政府才支持大学改变原有的培养方案，并都提出了大学与中小学合作是一条培养职前教师的有效途径。

美国《国家在危急中：教育改革势在必行》的报告、英国的《教师职前培训改革》澳大利亚的《默里报告》《马丁报告》《斯万森报告》《澳大利亚的教师、澳大利亚的未来》报告、加拿大的《教师教育协定》等，从不同角度、不同层次上强调大学与中小学合作有利于教师培养的重要性。

在政府、教育专业机构等的支持下，提供政策支持、财政保障，制定合作要求等，为大学与中小学的合作指明了方向，坚定了大学与中小学校之间的合作信心。

（四）合作的形式体现灵活性与发展性

合作的内容与形式应随着社会的发展和合作的发展而变化、更新。美国的 PDS、英国的校本教师培训、澳大利亚和加拿大的合作伙伴等，都体现了各自国家的具体情况，是符合他们的国情和教育改革现状的。所以职前教师培养的形式、内容、周期、评价、管理等方面都各有特色。加拿大的合作形式是同一国家的不同地区体现出不同的特色，在分阶段实习的基础上，制定适合大学要求的、与中小学校协商基础上的合作进度与实践内容，实现培养教师的共同目标。而英国体现出个性化发展的合作形式，根据个人情况制定合作进度、合作内容，给出合理的合作规划。加拿大借助信息技术的手段，运用新的教学环境、教学理论、教学手段去开展网络合作，适应社会的发展与环境的变化，提高合作效率。

因此，每个国家都是根据各国的具体情况开展教师培养合作，既符合各国国情，也符合合作的大学、中小学双方的具体要求。至于我国的教师培养，也应该考虑我国的具体现状，在政府和教育机构的大力支持下，以政策为导向，结合教师培养目标，建立灵活的合作模式，制定具体可行的培训与管理制度，明确职责与任务，细化合作目标与内容，强化教师培养的计划、组织、管理、指导、考核与评价，切实通过合作来提高教师培养培训的质量和效果。

第三章　促进教师专业发展的合作模式架构

　　在前几个章节中,分析了大学与中小学合作的原因,传统的合作类型以及典型的合作模式,为今后更好的合作奠定了基础。同时由于信息技术的快速发展和网络应用的普及,为合作增添了新的元素,所以在合作模式上出现了基于网络平台的各种合作形式。理想的合作应该是根据合作的内容和要求,将传统合作模式与信息化合作模式有机地结合在一起,既解决传统合作模式在资源共享、信息传递方面的局限性,又弥补平台合作中不适宜网络交流内容的不足。

　　基于这个出发点,本章节设计两个合作模式,即立体化培训模型和教学研活动模型,以此来说明合作的综合性运作,并提出合作过程中的信息化应用工具以及运作策略。

第一节　大学与中小学合作的理论基础

一、教师教育一体化理论

　　教师专业的发展一般分为职前教育、岗前培训到职后培训三个阶段,每个阶段有都明确的学习任务和要求。职前教育相对较统一,按照国家要求,制定教师教育类课程,开展理论与实践学习。对于岗前培训和职后培训,不同的学者提出了不同的培养模式,如表3-1所示。[①]

---

　　①　张豪锋、张水潮:《教育信息化与教师专业发展》,科学出版社 2008 年版,第 57—69 页。

表 3-1　教师专业化的实现模式一览表

模式名称	分类	特点
高校为本的教师教育模式	职前学习、职后培训、学历教育	以教育单位主体为主线,理论性强,教育实践是辅助教学活动
教师入门培训模式	老教师的传、帮、带,集中培训,新教师研修,校本培训	以教师发展历程为主线,突出教师的基础性
以课本为主的在职培训模式	学位课程培训、单科课程培训、特别教育培训、学科专业教育课程培训	以培训内容为主线,分层教学,学科性强
短期进修课程培训模式	老教师培训、备课培训、一般性培训、专题研究培训	以时间的灵活性为主线,针对性强
教师教育一体化培训模式	合并模式、联合模式	以教师培养目标为主线,打破教师培养的阶段性概念,统一规划教师教育
四位一体培训模式	以教师进修学校为平台的各类培训	以区域为主线,强调培训资源的优化重组

　　上述中的各种实现模式,各有侧重,各有特色,实际应用时,可以灵活选择其中一种或多种模式相结合的形式开展。其中,教师教育一体化模式对大学与中小学合作具有切实的指导意义。

　　教师教育一体化基于终身教育的理念,将职前教师培养和在职教师培训终身化有机结合在一起,使教师教育贯穿整个教育职业生涯。1972 年詹姆斯第一次提出了"培养、任用、培训"三个连续的教师教育阶段,并且把重点放在培训上。[①] 在终身教育思想的影响下,我国的教师教育也发生了改革,注重职前教育的终身学习理念,强调教师培养模式多样化,培训内容要能够随时随地在每个教师所需的时刻,以最好的方式提供最好的知识和技能。

　　教师教育一体化不仅体现了教师教育与学校发展的一体化,强调教师教育与基础教育紧密联系,还体现了教师个体的知识、技能和情感在专业发展中的一体化。大学教师、中小学教师、大学生、中小学生在学校教育实践领域中进行多元互动、相互沟通,开展课程研究、课题研究,完成中小学教育改革、教育教学调查报告、教改项目和科研课题是大学与中小学合作研究的主要成果,共同促进学校的发展,这是实现中小学教师职前、职后教

---

　　①　教育部师范司:《教师专业化的理论与实践(修订版)》,人民教育出版社 2003 年版,第 4 页。

育一体化的最佳方式。因此,大学与中小学合作时注重的就是基础教育与教师教育机构的连接,在培训内容的设置上,可以考虑一体化所需的课程安排、师资配备和教育资源的整合,在培训形式上,可以考虑以大学为培训基地强化理论与提升,也可以以中小学为培训地点,上观摩课、听课评课等,在主题上,可以选择主题内容、实践问题、课堂观察、学生管理等,充分体现一体化的理念,突出教师专业发展与职业发展的连贯性和动态性,这是对新兴的教师教育发展的有益探索。

二、反思性学习理论

反思性学习是学习者在一定的反思性动机驱逐下,以自身学习为反思对象,借助一定的反思途径,通过一系列反思性学习心智操作活动来调整、优化自我学习认知结构,提高自我学习效能,促进自我学习合理性的一种积极、主动、有效的学习活动方式。美国著名教育家杜威将反思看成是一个能动的、审慎的认知加工过程。他认为反思的价值在于:(1)思维能使合理的行动具有自觉的目的;(2)思维能预先进行有系统的准备;(3)思维能使事物的意义更充实。反思性学习可以认为是一种活动中的反思、对活动的反思和为活动反思。[①]

反思性学习对于提高教师理论素养、教育教学能力和专业化水平具有不可替代的作用。因为反思性学习具有探究性、自主性、创造性、批判性等特征。探究性体现在教师在职培训和教学工作中,不是简单地对自己的学习和工作进行回顾,而是探究问题或经验发生的原因,通过反省、总结,从问题或现象的表象中总结出科学道理或理论依据,从而使理性思维得到发展。自主性体现在整个反思性学习过程是一个自主活动的过程,当教师主动地开展对问题的探究,而不是有组织、有目的地通过会议、项目、专题研究等形式来探究问题的症结所在,都可以体现他的自主性。只要学会思考,问题就能找到解决的方案,学习才会进步,知识才得以提升。反思性学习的创造性体现在学习是一种创造性的劳动,只要不照搬照抄别人的教案、教学设计、解决问题的方法,而能根据自己的理解,结合具体情况,在原有或别人的基础上进行更新、分析和思考,优化思维过程,揭示问题的本质,从而促进知识迁移,去分析、探究更新的发现。反思性学习也是一种批

[①]　田圣会:《试析反思性学习的目的、功能、特征与理论基础》,《教育与职业》2008 年第 13 期,第 62—63 页。

判性的学习活动,善于用批判的眼光来看待问题、分析问题,审视处理问题的手段、方法是否合理。平时教学中也经常提醒学生,学习的时候要多问几个为什么,为什么这么做,还有没有其他方法,答案为什么这样,还有没有其他解题思路,等等。同样,作为教师,也需要多问几个为什么,全面思考教学过程中的每一件事,尽可能让教学、问题求解获得最优化。也因为经常学会批判性的思考,才使得我们碰到一件事情,思维会变得更加缜密,更加合乎逻辑。

中小学教师的教育活动中,反思可以作为教师主动参与教学活动和取得良好的教学效果的一种手段,理解和改进自己的教学必须从反思自己的经验入手,培训时应该提倡和养成反思的习惯,因为反思是对教学实践中的问题进行思考、提炼和解决的过程,有助于达到从实践上升为理论的认知,使得理论在实践的基础上更富有内涵,从而影响到教学能力或专业能力,促进教学。

教师反思性学习的途径可以有多种,一种是在自主学习和正常教学中养成反思的习惯,学会反思,学会在反思中总结提高,这种情况没有外界提出必须反思,如学校、家长或同事等。另一种是通过培训的方式,培训成员在培训过程中,通过导师的引导,专家的点评、优秀教师的经验分享、同伴之间的合作等,针对学习内容、教学实践中的某些问题或者是经验交流进行讨论,在活动中反思自己的行为,找出自己与同伴之间的相同之处和不同点,分析原因所在,从而形成一个总结性的反思结果,再用习得的知识去指导教学实践。

第二节　合作的组织设计

一、体系结构

前面几个章节介绍了国内外的大学与中小学合作现状,可以认为,每一类型的合作都存在不完整性。没有地方政府参与的大学与中小学之间的合作,往往存在合作经费的困扰,没有长远合作规划,只为一次教育实习、一个课题、一次教学实践、一项培训等而合作;没有网络支持的合作,资源共享与信息交流没能得到很好的利用,也缺乏现代管理意识和信息意识,与现代信息化教育不相符,没能充分利用网络给合作带来的便利与高效；网络环境下的合作，却只强调以学习与培训为主，缺少教师之间的科研氛围，忽视信息获取、加工、处理工具应用的多样化，也缺少传统合作中的现场教学与交流所带来的直观感受。

鉴于此，综合以往的合作经验，充分考虑信息化和网络因素，构建大学与中小学合作体系，如图 3-1 所示。从合作对象、合作平台、合作内容和合作保障四个方面构建了一个合作模式。

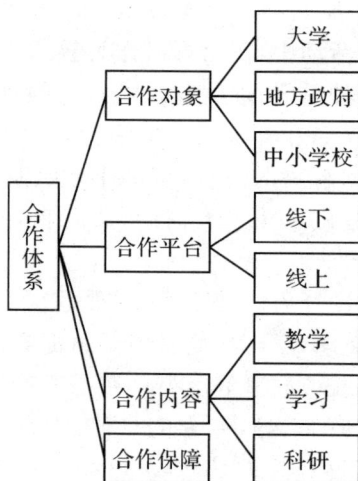

图 3-1　大学与中小学合作体系结构

合作对象主要由大学、中小学和地方政府三方构成，强调地方政府监督、管理、评价、财政、政策等方面的支持，确保合作有序、顺利开展，同时通过合作起到区域的辐射作用。大学在地方政府的支持下，与中小学之间的合作关系更融洽，可以开展层次多样、形式丰富、内容广泛的长远合作。中小学在地方政府的支持下，以配角的身份配合大学的合作，以主角的身份主动提出要求与目标开展合作，以榜样的身份为区域教育发展全身心的投入，以主人翁的身份尽心尽力为发展中小学而努力合作。所以三方参与的合作是最理想的选择，要积极鼓励地方政府参与到合作中来。

《教育信息化十年发展规划（2011—2020）》将"加快教育信息化进程"单列一章作为我国教育信息化建设中长期发展的指导性文件，这是教育信息化发展的重要思想指引。"三通两平台"即宽带网络校校通，优质资源班班通，网络学习空间人人通以及教育资源公共服务平台和教育管理公共服务平台是我国"十二五"期间教育信息化的重要任务。到目前为止，浙江省的中小学已基本实现了"三通"，校园网、校讯通等已经成熟。所以充分利用现有平台,改变原有一直以来的以面对面的合作交流为主,以 QQ、微信等社交平台交流为辅的合作形式,将网络合作专有平台、社交平台、教学研究公用平台、教学平台以及数字化网络校园资源平台与传统合作模式相结合,形成线上和线下的灵活合作。

合作的内容应该是全方位的,既要考虑教师的教学、学习和科研专业水平的发展,也要考虑中小学校的教学、学习、科研的环境发展。21 世纪对教师的专业要求,已不仅仅局限于懂得教育理论,具备不断积累的教学经验,而且需要有与时俱进的学习能力,适应教育新环境的教学能力和改革创新教育教学的研究能力。特别是信息化环境下的教学,任何一个学科的教师,都应该具备信息通信技术、学科内容、教学法三种知识,这是教师专业化过程中对教师知识提出的新要求。网络教研是提升教师信息技术应用能力的有效手段,是信息技术与教师教育融合催生的新型教研形式。基于网络视频互动的远程教研创设了更为有效的异地协同互助,使分散于各地的教师形成教师共同体,促进教师专业的协同发展。创设中小学校的教学环境与人文环境,是中小学向高层次、高水平发展的一条有效途径。

建立健全合作的评价制度和工作机制,制定和完善各类合作的质量标准,全方位建设合作质量的保障体系,加强合作过程的监管和执行力度,在确保合作的协议能够顺利完成之外,还应该保质保量地完成每一项合作内容。这既为合作双方负责,也为教师专业发展负责,同时也是教育人的责任心和使命感。

二、培训功能设置

任何一种合作模式,都应该具备合作资源的共享和多样化,能够为教师提供个性化、专业化服务,能够方便地开展交流与合作,能够完成多样化的培训任务,并拥有完成培训任务的各种保障。

合作资源是教师进行教学、学习和科研的基础,大学与中小学合作必须为教师专业化发展提供充足的资源,使得教师在参与合作过程中能够找到所需要的资源。首先要保证资源的优质性,只有优质的学习资源才能让教师在学习中有所收获,开阔视野;其次是优质的资源来源要丰富,可以来自中小学教师的教学实践,可以是网络上提供的精品课件,也可以是大学教师的研究成果等,丰富的教学资源胜过"万卷书",让教师既可以在短时间内获得知识和经验,又可以学得新知识、新理论,还可以让教师根据自己的喜好有选择地学习;最后,优质的资源也需要以各种载体来表示,不同的载体形式，会起到活跃思维、增加兴趣的作用，对于教师培训，最多的资源形式就是教科书和多媒体课件，而视频教学资源（如微课件、课堂教学录像）、教学作品、科研成果作品、移动学习微资源等都是很好的学习资源，用不同的形式表达不同类型的学习资源，对于个性化学习和群体协作学习都是有益的。

交流与沟通是每一位参与合作的教师都非常渴望的一件事。比如，大学与中小学的培训合作，以往班级制的课堂培训，多数是专家或者骨干教师进行总结、点评或介绍个人优秀的教学经验，其他普通教师只能作为听众，缺少话语权，没有交流，培训结束后还不知道同班的教师来自哪个学校哪个专业。所以很多教师都希望借着培训的机会，了解同行们的教学、工作、学校要求等，交流教学工作过程中的疑难杂症，以求得实际问题的解决。因此，合作模式应该提供良好的交流与沟通环境，为那些目标一致、经历相似，能从彼此身上找到需求点的群体之间，搭建沟通的桥梁，实现学习共同体的群体发展。

此外，还需考虑合作形式的多样化，能够让教师在教学理论、实践经验、教学技能、教学研究等各方面都得到提升；还需要提供组织保障机制，使得培训有序和顺利开展。鉴于以上分析，设计了综合性合作所具备的功能，如图 3-2 所示。这些功能设置以传统合作与网络合作相结合为基础，充分发挥大学与中小学的优势与特长，开展各类教学研活动。

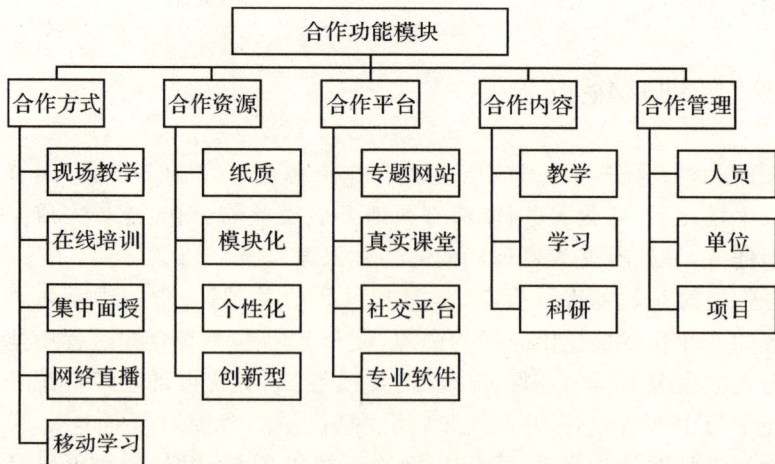

图 3-2　促进教师专业发展的合作功能设置

对于合作方式，可以采用现场教学、在线培训、集中面授、网络直播和移动学习五种类型,现场教学适合课程教学和课堂观摩,通过听课和课堂观察,获得教学知识、教学设计、教学策略、课堂管理、教师技能等的直观认知和感受,有利于教学研讨和教学研究。在线培训适合系列课程的培训,以自主学习为主,灵活安排时间、地点、学习进度、学习内容等,结合交流讨论,获得理论知识和实践经验。网络直播适合异地实时或非实时的课堂教学和课堂观摩,达到现场教学一样的效果,但比现场教学突出的优势是可以反复浏览视频内容,便于开展后续教学和研究。移动学习适合自主学习,利用碎片化的时间学习知识或交流,但不适合短期集中式的培训项目要求。

对于合作资源,根据开展合作的方式来提供相应的教学资源。课程资源分为纸质资源、模块化资源、个性化定制资源和创新型课程资源等类型。纸质资源是学习新知识、开展培训所必需的,也是最常用的,纸质资料可以是现成的公开出版的教科书,也可以是根据培训项目需要编制的教学资料。教学资料最具有针对性,也是教师对学科知识的精练和总结,更适合中小学教师继续教育的特点,他们需要在原有知识的基础上,学习更新的、更深的、更综合的知识。模块化资源是针对每一门课提供多媒体课件、课程录像、微课件等电子课件,可以是一个研究主题或项目的电子材料,也可以是自主学习的课件等。这些资源既可以是根据合作要求来临时制作,也可以是专业课程的完整课件,教师可以根据自己的喜好利用这些资源学习,可以反复播放地精学,达到进阶学习和全面学习。个性化定制资源是为了扩大教师的知识面,或者补充学习基础知识而制作的课件,由教师自主选择其中的内容,作为一种额外培训资源来学习。创新型课程资源是由大学与中小学教师一起开发的课件,如校本课程、新技术应用课程、新课改要求的选修课程等,为方便教师的学习和教学应用来提供。

为了减少仅采用面对面或网络平台合作模式的不足,使用线上和线下相结合的形式开展培训,将专题网站、真实课堂、社交网站和专业软件相结合,使得合作更具有灵活性,根据教师对象、区域范围、条件等因素,采用一种或几种平台的结合,选择合适方式和资源,达到合作效果的最大化。

合作管理主要为了让合作顺利开展,需要人员管理、项目管理和单位管理。人员管理主要是中小学培训教师、大学指导教师、管理员的管理,比如,合作培训中教师的报到注册、成绩管理、课程作业以及考核管理,大学教师的资格审查、参与程度、工作量计算等,管理员的参与、人员配备以及管理工作表现等。项目管理主要是项目的通知、实施计划、数据统计、进度管理、执行总结等,使每个项目有序进行。单位管理主要是大学与中小学的进度安排、职责分工、制度制定、经费保障等,使项目有序开展并有保障。

所以,该合作模式的功能设置可以自由组合合作的方式、资源、平台、内容和管理等,形成有特色的符合具体合作情况的合作模式,为顺利开展合作奠定基础。

三、合作模式特点

合作模式的主题是为了促进教师专业发展。通过该模式的运作,达到教师在教学、学习、研究三方面的全面提高。大学教师基于学校进行研究课题,能够在实践中研究、反思和检验自己的教育研究结论应用于培训。中小学教师在与大学专家学者交流合作中获得了教育教学及科研方面的帮助和指导,使自身的教育信念、教学水平、教学方法等不断受到挑战,促使他们通过自我反思、自我批判和自主学习来提高自身的专业水平。该模式的主要特点可以体现以下几方面:

1.合作方式的立体化。从场景看,可以是教室、视频场景、网络平台、移动学习平台,创设不同的教学情境,实现不同的合作目标。如果开展大学与中小学的"教学研"培训,从培训组织上,可以"一对一"培训,可以一对多培训,还可以多对多培训,根据个人的学习情况,开展有针对性、个性化的培训。从培训时间上,教师可以集中面授,在同一时间内开展教学,可以利用业余时间开展移动学习,可以异步学习教学视频,可以同步在网上交流,等等,只要根据教师的时间安排和培训要求,充分展现培训时间的灵活性。如果开展双方的教学研交流讨论,同样可以在上述几个平台中开展面对面或非面对面的交流,根据教师的具体情况来选择。

2.合作资源的多样化。任何一种合作方式,都可以选择一种或多种资源的支持。每一种资源的不同形式,都是对这种资源的合适描述,教师在编写资源、制作课件的过程中,既能得到技能和文字表达的锻炼,同时也是思维逻辑的训练,是对知识的总结和梳理。以课堂教学为主的培训方式,纸质教材作为主要的课堂资源,而电子类的课件和资源可以作为课后的补充资源,扩大知识面。以网络平台为主的研讨方式,电子类的资源作为主要形式,纸质教材可以作为细读、精读的学习资源,使得学习更具系统化和全面性。

3.教师之间合作机会的多重性。在整个合作的各个环节中,提供了大学教师与中小学教师的多方位的合作。合作资源的提供方面,大学专家提供研究成果,中小学教师提供课件和教学经验。多媒体课件或视频教学资源的提供,大学教师可以提供技术支持和理论指导,中小学教师可以提供素材,双方可以一起探讨资源的制作与课程整合。网络平台的开发方面,一般以大学为主,但可以邀请中小学教师一起交流,提出更佳的开发方案。在培训教学过程中,大学教师与中小学教师必须密切配合,安排好听课、评课、交流、作业等各方面,培训才能得以顺利进行。培训课后,教师双方建立学习共同体,继续为教师专业发展保持联系,相互之间开展同步或异步的交流与指导。教师之间进行"一对一"、一对多、多对多的交流,他们拥有均等的发言机会,平等的话语权,更能有效地缩小教师之间的心理距离,真正实现专家引领,同行互助的教师专业化发展模式。

4.合作平台的技术融合性。建构主义理论认为学习不仅是对新知识的建构,也是对旧知识的重组,强调情境化教学有助于知识建构的完整性和发挥学习者的主动性,同时也强调教学过程中的社会相互作用。以多媒体技术为基础的网络教学能够有效提供各种教学环境,便于学习者知识的建构。平台可以是真实的课堂教学情境,也可以是专门为合作开发的网络平台,还可以是专门的应用软件或社会交流平台,这些平台的有机组织,方便开展各种教学活动,有利于学习者的知识掌握和交流。创建合作学习情境,有利于学习者不断反思自己的思考过程,使学习共同体的成员能够理解彼此的观点,对各种观念加以组织实现学习的广泛迁移。

5.评价多元化。教学评价是教学工作的重要组成部分,广泛存在于各种实际教学活动中。合作效果如何,主要评价参与教师专业提高程度。随着教学改革的发展和推进,评价方式和评价手段也相应发生了改变,不仅对学习结果进行判断,更注重学习者的发展过程。所以虽然形式有多种,培训对象不固定,内容无系统性,但对教师的评价可以是一样,既关注其最终成绩,也关注其参与过程是否积极,是否按时到课,及时完成作业,主动参与讨论等。特别是对于科研方面的考核,很难在短时间内看出教师的科研成果,完成一个项目或发表一篇论文,职称提高一级或评为骨干教师、特级教师、学科带头人等,所以合作的考核主要还是通过合作过程的接受能力和参与度。所以合作评价应该结合过程考核和结束考核,也就是过程性评价与总结性评价相结合,在考核内容上,实行定性和定量相结合,并且以定性为主,因为教师不同于学生,需要更多地考查合作过程中的描述性作业或参与程度,只有这样,才能从各个方面来合理地评价教师的进步。

6.合作管理的三位一体。中小学教师管理工作的顺利开展是保证合作质量的前提。要保证合作质量,就需要建立合作质量管理监控机制,使中小学教师向细节化、实用化和社会化靠拢,及时解决教学过程中出现的问题，同时要有创新意识和创新手段，实现对中小学教师的管理理念转变，做到科学管理、规范管理和人文管理。因此，在合作中对参与项目的所有人员管理，建立教师合作档案袋，及时更新数据，为项目的评估和教师考核打好基础。合作中的大学与中小学校必须分工明确，职责分明，便于合作中承担相应的责任。项目管理是整个培训活动最重要的部分，必须有相应的项目管理制度、保障制度和运行制度，只有这样，项目才得以有序开展。所以，模式中的人员管理、单位管理和项目管理形成管理体系的三位一体。

第三节 "教学研"合作活动

作为教师，必须具备专业知识和教育理论，并把自己掌握的知识传授给学生，不断积累教学经验，还需要与时俱进，研究教学现象和教育创新，所以知识、经验和研究是构成每一位教师的基本职业要求。利用前面建构的合作模型，从大学与中小学"协同合伙"层面，提出实现大学与中小学教师开展教师专业化教学研合作活动的互动理论模型：组建教师授课自动录播系统，通过网络直播和点播平台，开展本地和远程双重观摩活动，如图3-3所示。其中教学研合作活动理论模型中的"教"指教师的教育教学实践；"学"指教师的理论知识水平和专业技能；"研"指教师的教学和教育研究。

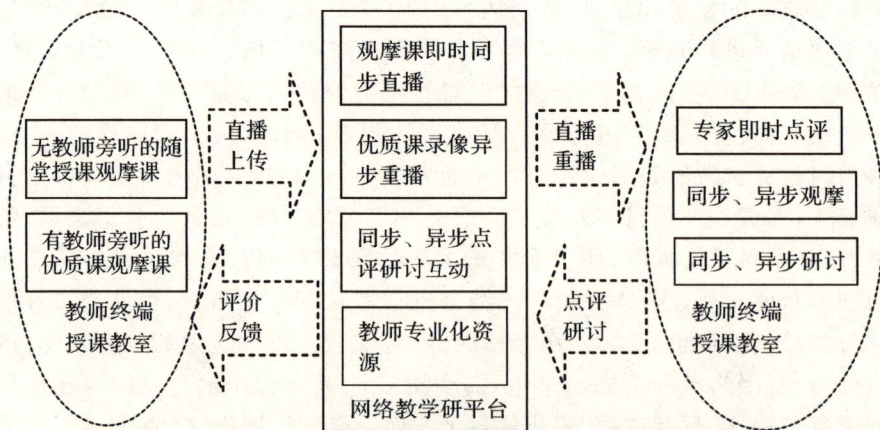

图3-3　大学与中小学教学研合作活动理论模型

本模型主要由"授课教室""网络教学研平台""教师终端"三部分构成。

"授课教室"的课堂教学过程是"教学研"活动中观摩、研讨的对象。活动的主体是中小学教师和大学教师，专家主要负责组织、引领教学研活动。教师可以在现场参与活动，也可以在家中或办公室参与活动。活动的实施过程是：利用会议点播录制系统将课堂观摩、教研活动的场景录制下来，一方面同步发送到各个教学研活动会场或教师终端，身处不同地理位置的中小学教师可以同步观摩课堂教学，并听取专家即时解说、答疑和点评；另一方面通过网络教学研平台将这些课堂观摩课视频、优质课视频、教学研活动视频及相关资源发布到网络教学研平台，参与异步观摩的教师就可以登录平台，通过观看教学研活动录像，并在平台上发表观点和点评。在网络教学研平台，还有教师专业化资源，专家可以对这些资源做点评和指导，与中小学教师一起参与同步或异步讨论，如果是教师上传的教学课件、教学研究成果等资源，可以通过互动工具将评论结果反馈给教师。

大学与中小学教学研活动合作理论模型也可以让部分观摩教师走进课堂实地观摩，在不打扰授课教师、学生的情况下开展常规观摩课活动，保留了传统"教学研"的集体、团队特性，同时也包含自主学习的个性化需求。

一、教师的"教"

教师的"教"可以分为三个环节，即课前的备课准备、课中的授课过程和课后的整理总结。每一个环节都非常重要，备课不充分，会影响上课过程；上课过程不精彩，会影响教学效果；课后不总结，教师的专业技能不会提高。"教学研"平台对教师的"教"主要体现几个方面，如图3-4所示。

教师的课前备课环节，以往都是教师根据已有的经验，通过分析教材、收集教学资源、教学设计和编写教案来完成。有了教学研平台后，教师除了沿用以往的备课方法外，还可以借助网络平台，利用平台资源进行独自备课，然后将备课结果上传平台，征求专家或同行的意见，听取意见后修改教案，形成备课终稿。也可以与同行教师一起在平台上组建备课小组，协作备课，体现集体智慧的结晶。在交流过程中，可以实时与同行、专家交流，也可以非实时地留言请教同行，这样比起一个人单独备课，既有思想上的交流，又有成果的共享，共同推进教师专业发展。

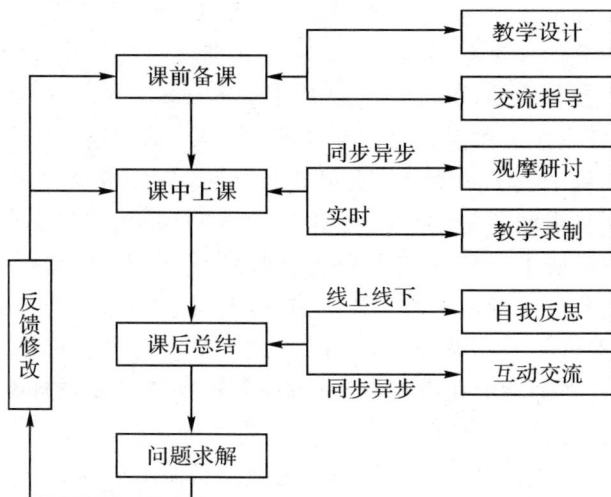

图 3-4　教学研合作活动中"教"的活动流程

　　教师上课过程的交流，除非专门组织开展公开课或观摩课，很难做到同行都在上课教室里听课。视频会议系统解决了时空上的听课难题。通过视频会议系统录制的课堂教学视频，可以进行同步或异步交流。当专家或同行不能亲临授课教室时，利用视频会议系统，就可以让身处不同地理位置的大学教师、中小学教师异地同步地观摩课堂教学视频，并针对教师教学过程边观看边进行点评和解说，实现实时的有效交流。当专家或同行不能同时进行教学视频观摩并对教学提出意见时，可以开展异步研讨，将对教学视频的评论提交到社交平台，通过留言的方式提出自己的观点或修改意见，同行或专家借助交流平台来互动，最终达成对教学的一致共识。

　　授课教师在教室里开展教学，当时无法与同行和专家参与讨论，主要是通过课后听取他们的意见，观看他们对本堂课的点评，查看他们对教学的留言，或者通过观看平台上保留的教学视频，来分析与评价自己的教学。

　　课后，授课教师在听取专家和同行的意见的同时，反思自己的教学过程，当教师发现自己的教学问题后，进行全面的分析与总结，提取出适合自己教学的改进意见，或者在平台的教学资源库中去寻求解决的办法，如观摩同行授课、查看其他相关资源，寻找与自己相似的教学视频或教学案例，找出可行的教学手段和方法来改进自己的教学不足，再将反思修改和完善以后的教学方法与教案重新上传到平台，邀请专家同行查看，并在网络平台上实时地与专家和同行在线互动，或者查看专家和同行的留言、评论，以便得到更多的支持和帮助。

大学与中小学教学研合作活动理论模型中的"教"既保留了传统教学的集体备课、研讨的特性，面对面地讨论与交流，又增添了网上异地同步、异地异步的集体备课与交流的功能，实现多样化的教学评价与教学交流，这样的过程，不仅仅是一个教案的修改、一堂课的改进，而是体现集体的思想交流，收获的是一个教师、同行们和专家对教学知识的理解和对教学过程的优化，实现个体与群体的教师专业的共同进步。

二、教师的"学"

任何一个网络平台，最突出的就是资源的共享，在平台上呈现的资源、用户上传的资源、超链接的资源等，构成了平台不断增加、不断更新的资源总体，这些资源为教师利用平台开展学习奠定了基础。这是所有平台都具备的功能，是平台学习的共性。除此以外，不同的平台会提供特色的资源内容，教师在平台上的活动也体现出不同的资源特性。所以平台的"学"功能也是所有平台最基本的功能。

通过平台提供的资源，如教学视频、多媒体课件、教育理论、研究动向、读书札记等为教师提供了教育理论知识和专业技能的学习功能。教师在平台里观看教学视频后，应用到自己的教学实践中，整合教案、课件等相关资料成为完整的教学资源，可供自己学习，或发布至网络教学平台，与大家交流。这体现了教师的自主学习。在开展同步或异步观摩研讨活动中，为教师创造了学习、交流、反思的机会，通过专家的点评、大家的讨论，在交流互动中实现了反思学习。教师在平台中浏览最新的科研信息，结合自己的教学找到研究的主题；在分析研究的可行性基础上，找到研究方法；在实施研究的过程中，教师学会甄别资源、利用资源来为自己的研究提供帮助；教师整理自己的研究内容、研究方法开展主题研究，并得出研究结果，等等。这些体现了教师的研究性学习。

教师通过"学"，实现了隐性知识外化为显性知识，显性知识又内化为隐性知识，从而获得了认知的提高。隐性知识主要包括主观的理解、直觉和预感，如果把隐性知识总结成书面形式，就实现了隐性向显性的转化。教师之间的协作交流、评论或经验总结，就是隐性知识的外化表现，通过讨论可以发掘和研究更深层次的知识，能发现彼此的隐性知识，因此，讨论区、即时通信等大大提高了共享和利用隐性知识的效率。当平台上的学习群体将各自的学习资源、经验总结、学习知识共享于平台中时，群体中的任何一个人都会获得新知识，如果能把新知识应用于教学工作中，就已经实现了知识转化为个人的实际能力。

由此，利用网络教学研平台开展的中小学教师异步观摩研讨活动符合中小学教师的学习、交流需要，是对同步观摩研讨活动的有力补充，可以实现教学、教学资源的整合、利用、丰富、再利用的良性循环，实现教师隐性知识的升华；同时，为没能够参与同步教学活动的中小学教师创造了共同学习、研讨的机会，使他们在异步时空中获得的隐性知识，不断更新的学习内容将为其他教师带来更多的知识或思路，或引发新一轮的思考与学习。

三、教师的"研"

由于中小学教师存在严重的工学矛盾，教学任务繁重，没有很多精力去开展教学研究，而且前沿的教育理论基础和技能掌握不够，导致中小学教师的科研能力没有得到很好的提高。所以中小学教师在培训过程中最希望的不是教学经验的交流，而是教育理论对现实教育的创新研究和科研能力的提高。为此，建立网络教学研平台，为大学教师和中小学教师提供了良好的交流与合作平台，双方可以形成科研共同体，在理论与实践方面得到互补。

按照科研活动的一般步骤，包含确立主题、确定研究方法和技术路线、开展研究、展示成果等几个环节，每个环节，教师们都可以积极参与，充分利用合作平台，开展教育和教学研究。

（1）研究主题的确立。在教学与交流的过程中，教师们都应该对日常工作中的问题、教学技巧、教学经验等有所积累，所以可以选择自己关注的事项作为主题。在平台交流过程中，可以产生出研究主题，如观看教学视频后，对视频的编辑技巧、视频教学的有效应用，利用视频开展课堂观察等，特别是现在教育创新中的翻转课堂的研究、微课、微视频的制作等，与大学教师讨论后确立研究主题，就可以开展研究。主题还可以来源于互动交流，探讨某个教学现象时，可以引申出研究的焦点。也可以将自己学校的校本研究作为主题，与大家交流，确定研究的方向。通过平台中的教师群体，集思广益，会产生很多值得研究的主题，从广义上理解，要实现教育创新，提高教学质量，改变教学现状，那么教学的任何一个环节都可以考虑作为研究的主题。

（2）研究方法与技术路线的选择。在这个环节中，大学教师应该起主要的指导作用，可以采用社交平台交流，可以通过留言方式作个别指导，也可以利用视频会议系统召集中小学教师进行视频会议，指导他们研究方法的选择和研究路线的规划,还可以写成文稿或搜集相关资料上传到平台,等等。利用平台的资源共享和交流的便利性,开展实时或非实时研讨,比较现场的集中讨论方式,更加快速、方便、有效。

(3)开展研究。在平台上建立科研协作小组,把研究主题分解后分工合作,协同完成。活动平台突出的优势在于,一方面资源共享,把所有的研究相关的文件、素材、工具等都上传到平台上,所有研究者都可以随时查看;另一方面每个人在进行过程中遇到的困难或完成情况,都可以在平台上得到及时的交流与探讨,以便少走弯路,提高效率;还有如果需要多个参与者共同配合的研究内容,如发放调查问卷,在平台上也是非常便利的,免去了纸质问卷的发放和收回所带来的麻烦。所以协作团体的每个成员虽身处异地,是在各自的工作场所完成任务,实则如同在一个研究场所,现场办公一样。如果是一个人独自搞研究,同样可以利用平台,向教师群体和专家发出请求信息,求得帮助。

(4)展示研究成果。研究成果的展示比现场展示具有更多的特色。如果是一篇论文,以电子稿的形式展示,在平台上浏览也特别方便,求得同行教师的意见后,可以随时修改,无须打印。如果是像课件、平台、动画等一类的作品,那是纸质所无法展示的,而在平台上可以轻松打开,同行们可以重复播放作品,不仅能够评价作品的整体设计,对非常细微的小错误都能指出。所以,平台不仅提供了展示研究成果的良好空间,而且能够得到教师群体的及时评价和修正意见。

总之,在"教学研"活动过程中,双方教师通过平等交流来共同学习和解决问题。大学教师具备丰富的教育理论基础和获取新知识及新技术的优越条件,能立足一定的思想高度全面审视问题,拥有分析问题的能力,能够在合作过程中敏锐地发现问题以及运用相应理论解决相关问题,及时把握相关问题主题的能力。因而,能给予中小学新的教学思想理论、新的学科知识、新的教学技能、新的媒体技术、新的发展思路和研究问题的策略及方法等。中小学教师也能通过与大学教师的合作,在实践中学会用科学的、理论的系统方法来解决问题,学会筛选和审视不同的学术和教学观点,激发自己的创新精神。依靠大学与中小学教师的集体智慧,通过网络教学研平台互动合作,取长补短,促进教师专业的全面发展。

四、模型的优势

网络"教学研"平台将理论提升、反思总结、同伴互助和专业引领有机结合在一起,充分发挥了现代信息技术与网络的优势,可以实现中小学教师、大学教师、专家共同参与活动,促进中小学教师教学研互动,实现中小学教师协同发展。

1.提供同步与异步的交流空间,扩大交流的机会。基于网络"教学研"平台的"教学研"活动,不再受地理位置的限制和时间的约束,开展异地同步观摩和点评、异地异步研讨和交流,实现教师群体开展无处不在的泛在学习。在不影响正常教学的前提下,实现同行和专家的异地同步点评。现场听课,往往会让教师紧张,使学生拘谨,影响正常教学活动,这是传统教学研活动难以克服的弊端。而利用网络教学研平台就可以实现课堂教学同教师观摩活动在空间上相分离。在授课教室里,会议录播系统可以在获取教室全景图像的同时,自动跟踪主讲教师及发言学生。这样,在授课教室内,避免了因为现场听课教师引起的主讲教师注意力分散的情况,学生更可在不知情的情况下自然学习;而听课教师利用个人电脑接入网络教学研平台,只需要利用文字或借助普通的摄像头和麦克风就可参与交流互动,不会因为地理位置偏远或是时间有限而耽误了听课。同时,同行教师、专家可进行同步解说、点评,及时就相关问题与同伴、专家进行交流、询问。这样的观摩课活动,不仅减轻了主讲教师与学生的心理负担,保障了正常的教学效果,而且专家点评更加具体到位,让观摩教师不受拘束地交流。同样,利用教学研平台开展同步和异步的学习与科研活动,有利于扩大交互的机会,提高活动的有效性。

2.组成"教学研"共同体,实现教师之间的平等交流。基于大学与中小学合作的"教学研"活动模型实现了理论主体与实践主体的合作与对话,使得中小学教师、大学教师以及专家可以在教学研活动的各个阶段,进行"一对一"、一对多、多对多的交流,他们拥有均等的发言机会,平等的话语权。在协同合作过程中,强调大学与中小学教师在相互依存、相互尊重、相互影响的平等地位上共同探索、共同创新、共同发展。而且比起面对面的交流,更有效地缩小了教师之间的心理距离,从真正意义上实现教师之间的平等交流互动,促进中小学教师和大学教师的共同发展。因此,大学教师与中小学教师的合作关系具有更强的平等性、紧密性、互依性,从而超越了大学文化与中小学文化自身的局限,形成彼此之间的全身心的合作,极大地推动了大学与中小学合作深入发展。[①]

---

①   吴艺:《教师教育改革中 U-S 合作的发展、问题与对策》,《河北广播电视大学学报》2013 年第 1 期,第 95—96 页。

第四节　信息化工具的应用

一、信息检索工具

信息检索工具的使用是人们掌握信息获取的基本技能,可以方便、快捷地查找和获取所需要的信息资源。人们常用的信息检索工具有 Google、Baidu、有道等,在检索信息资源时,只需要把需要查找的内容的关键字或部分文字输入进行查找,网络就会将相关的内容展现在网页上,并且按照关键字或部分文字的相关程度排列,相关性越大,信息资源越排在前面。

信息检索的方法和技巧直接影响信息检索的效率。学习检索工具的技术和操作方法,如多关键词的搜索、检索条件的高级设置、检索到的信息的下载与保存、不同类型的文件格式的转换与识别等,对每位教师都是非常必要的。特别是教师要开展教育研究,就需要阅读大量的参考文献,如果检索外文文献,则可以使用国际上著名的三大科技文献检索系统:SCI(科学引文索引)、EI(工程索引)和 ISTP(科技会议录索引)。它们是国际公认的进行科学统计与科学评价的主要检索工具,其中以 SCI 最为重要。如果检索中文期刊,则可以使用中国知网和万方数据库两大检索工具。为此,教师应该掌握目录型、题录型、文摘型检索工具的使用方法,才能快速高效地查找到所需的文献。

二、交流工具

交流工具的使用非常普遍,人们利用交流工具可以随时随地聊天,彼此交流,为人们的沟通提供极大的便利。通过交流工具聊天或讨论,一方面能使人们交流无障碍,就和平时面对面讲话一样,甚至可以做到交流面对面无法表达的内容,另一方面能够记录下交流过程,就像记事本一样,记录下交流活动的一点一滴,以便事后随时查看、反思和总结。

常用的交流工具有博客、BBS、QQ、MSN、微信、微博、E-mail、Wiki 等。QQ、MSN 和微信是网络即时通信工具,它们功能差不多,支持语音视频聊天和传送文件,支持群组功能,可以使用群组功能建立工作小组或专题学习小组,可以添加表情和动画加深情感,可以利用个人空间作为知识资源库。即时通信工具最大的优点是交流双方可以实时、同步地传输信息，进行沟通。现在这些工具既有电脑版，也有手机版，功能越来越强大，方便交流与沟通。

E-mail 即电子邮件，它不同于即时交流工具，是一种非实时的、异步的网络交流工具，是人们最基本的网络交流方式。E-mail 可以通过网络将文本、视频、音频等多种形式的文件以电子的格式发送给收信人，实现信息的交流与传递。收信人可以随时随地读取，也可以长期保存在信箱中，以便随时随地查看阅读。

BBS 即电子公告牌，和博客、微博功能基本相似，都是一种网络交流工具，以网页的形式构建，人们通过发帖和回帖的方式进行交流互动。它们都是由一定的空间、相应的组织制度、一定规模数量的人群、一些相同的兴趣、共同的认同心理、特定的文化和归属感等要素构成，因此又称为虚拟社区。利用它们可以构建虚拟学习社区，为师生提供一个实时的或非实时的交流平台，开展课堂讨论、在线答疑、网络写作、资料共享等教学活动。微博与博客相比，由于发表内容不超过 140 字左右，而且随时随地可以通过手机发布，所以比博客更具有传速输速度快、方便灵活的特点。博客与BBS 的主要区别在于博客是有主题的、有组织地发表评论，可以成为博主的知识库，关心主题的人可以参与讨论和评价，而 BBS 主要以讨论为主，内容组织相对比较随意。

Wiki 是一个开放的协作交流平台，以文字描述为主，它的最大特点是协作性，参与协作的每个用户都是平等的、自由的，平台中的资源也是所有参与者的共有资源，可以形成一个活跃和积极的教学活动氛围。利用平台可以开展协作备课、协作学习，教师可以大胆发表自己的想法和见解，充分挖掘潜力，可以通过浏览和比较协作过程中的资源信息来分析和分享协作成果。

除了上述的几种交流工具，还有聊天室、邮件列表、Gmail 等交流工具。在实际应用中，选择交流工具时要依据具体的活动内容，还要考虑工具的通用性、适用性和易用性。

三、网络教学平台

在前面章节中已经介绍了专题网络平台，主要特点是网站功能比较明确，资源丰富，适合一些较大型的、系统的培训学习。除此之外，还有一些网络学习平台，如 WebCT、Moodle、3jworld 等，这些平台适合课程学习，通过开发课程资源，开展在线教学。

WebCT(Web Course Tools)是一个简单、易用、异步的网络课程平台，它包括一系列可以自动与课程内容紧密集成的强大的学习工具，用于开发完全联机的课程，也可以用于将现有的课程内容在网上发布。它的特点主要是教学跟踪功能和选择性发布功能，可以为非计算机专业的教师和学生提供丰富的模板和向导机制，建构一个较为完整的网络学习环境，具有强大的师生、学生之间的交互性。

Moodle 是一个免费的开放源代码的软件，是一个用来建设基于 Internet 的课程和网站的软件包。它的特点是界面简单、精巧，使用者可以根据需要随时调整界面，增减内容，Moodle 平台的主要目的是推广社会构建主义的教学思想，在教学活动中，教师和学生都是平等的主体，他们相互协作，并根据自己已有的经验共同建构知识。

3jworld 是三维网络教学平台，其主要特征是多感知性、浸没感、交互性和构想性。它支持在单个应用程序实例中创建多个平台；支持多种客户端和多种协议；支持多角度装扮人物角色；支持实时物理模拟系统；支持利用平台自带的建模工具在网络世界里进行实时建模，完全符合所见即所得的要求。3jworld 教学平台不仅能够提供 PPT、视频、音频等传统教学模式，还可以为学习者提供一个动态的网络学习生活空间，可以在三维环境下从事创造、分享、社交和交流，有利于提升学习者的学习乐趣、增强学习效果、激发学习潜力。用户可以借助脚本语言系统制定自己的逻辑规则，创造新的动作、新的现实特效、新的游戏规则等。但对于开发者来说，需要掌握三维建模和平台构建的技能，不具有普遍性。[①] 网络教学平台的应用，可以开展随时随地的学习。教师根据教学的实际需要，利用平台教学的优势开展网上教学，促进教学效果达到最佳。大学和中小学之间可以开展合作，共同开发教学平台，相互传授技能和知识，提高专业理论水平和实践技能。

四、网络记录工具

一个人在成长和学习过程中，通常会用文字、声音、图片、视频等形式来记录值得回忆的内容，教师的成长也是如此，记录教学的经验、保存信息

---

① 李鸣华:《资源重组与共享网络环境下教师教育的新思想》,科学出版社 2009 年版,第 143—152 页。

资源、管理知识和学习等，除了使用往常的工具外，还需要学习和使用网络记录工具。网络记录工具具有存储容量大，内容丰富，保存方便等特点。

博客是十分常见的网络记录工具，能及时记录个人的行为、观点和经验等，没有内容主题的要求，没有束缚，也没有文体限制和写作要求，用户完全可以凭借个人的思想、个人的角度或个人的爱好设计它。博客中的信息是按照时间顺序以倒序的方式排列，网页内容经常更新、不断积累，因此不仅可以记录个人真实生活，也可以专注于学术研究，把所需的资源、研究的过程、研究的结果、研究的心得都整理记录在这个空间中。可以记录教学工作的心得，积累优秀的教学资源，成功的教学设计，恰当的教学策略，等。

电子档案袋是记录学生学习过程、发展过程以及成长过程的一个网络工具，是用来存储有关学习目的、学习表现、学习成果、学习作品、学业进步、学习付出以及对学习过程和学习结果进行反思的相关信息材料，将学习过程相关的材料进行整理，从而使这些材料得以记录保存下来。

一般情况下，电子档案袋包含七个要素：学习目标、材料选择的原则和量规、教师和学生共同选择的作品范例、教师反馈与指导、学生自我反思、作品评价标准和好作品的范例。电子档案袋的使用不仅可以辅助教师的教学，促进教师和学生的交流互动，进而有效地激发学生的学习积极性，提供学生的学习效果。而且教师也可以使用电子档案袋，将自己教学和学习过程相关的资源、材料记录下来，教师可以随时随地地查看电子档案袋里的内容，帮助自己对教学和学习的过程进行反思，改善教学的策略和学习的方法，促进教师专业的发展。[①]

五、语义网络工具

语义网络是人类联想记忆的一种显式心理模型，是一种用来描述人对事物的认识的工具。语义网络最主要的特点是它的结构性，它能将概念的属性以及概念之间的各种语义联系更加明显地表示出来。[②] 语义网络工具可以将很多相关的概念画成一个联系网，联系网的产生式规则及框架比较灵活，表达能力也较强，也更接近于人的思维习惯，有利于人们更好地理解概念之间的关系和意义。

---

① 韩晓研：《中小学信息化学习评价工具应用研究》，曲阜师范大学硕士论文，2012 年。
② 周跃良：《信息化环境中的教师专业发展》，科学出版社 2008 年版，第 80 页。

概念图(Concept Map)是常用的一种可视化的语义网络工具,它是知识的组织和表征的一种工具。概念图的理论依据是认知心理学中有意义学习理论,强调学习是新旧知识的连接。[①] 也就是说,知识的建构是通过已有的概念对事物的观察和认识开始的,学习就是建立一个概念网络,不断地向网络增添新内容。概念图是将某一主题的有关概念置于圆圈或方框中,用连线将相关概念和命题连接,连线上标明两个概念之间的意义关系。通过图示化的方式突出概念和概念之间的关系以及概念之间的层次。

利用概念图工具,教师可以方便地把头脑中概念的层级式空间表征及其相互关系用节点和链接绘制出直观的概念图,可以帮助学生在新、旧知识之间建立联系,有利于学生按阶段进行学习,也便于教师自身的知识理解与反思总结。这种策略有助于教师把自己的各种经历与体验(或知识)以概念形式加以联系,标志诸多概念间的关系,以及描述概念之间关系的本质。因此,概念图是一种教学工具,使教师的隐性知识显性化,有利于提高学习效率,也是一种教学策略,能有效改变认知方式,从整体上把握知识,还是一种评价工具,查看概念图可以发现对概念理解的不完全之处或者缺陷,便于诊断学习效果。构建概念图,要求教师分析其知识的结构化关系,并对头脑中概念的结构化关系进行重新组织。通过比较在不同时间先后建立的几个概念图,教师可以评价自身思维的变化,因此,概念图工具是一种促进教师发展的评价工具。[②]

Mindomo 是一款在线创建思维导图的应用程序。思维导图又称脑图、心智地图、脑力激荡图、思维导图、灵感触发图、概念地图、树状图、树枝图或思维地图,是一种图像式思维的工具以及一种利用图像式思考辅助工具来表达思维的工具。思维导图是使用一个中央关键词或想法引起形象化的构造和分类的想法;它用一个中央关键词或想法以辐射线形连接所有的代表字词、想法、任务或其他关联项目的图解方式。

思维导图是对发散性思维的一种表达,其理论依据是神经心理学,认为思维是神经元及神经元之间的连接。思维导图比较注重颜色、线条、想象、联想,反映的是人们主观的想法和想象的事物之间的各种关系。思维导图能够帮助人们更好地组织想法和工作、明确目标、计划和追踪项目、解决日常问题、管理任务以及进行可视化教与学,可以说是为促进人们的思

---

① 赵国庆:《概念图、思维导图教学应用若干重要问题的探讨》,《电化教育研究》2012 年第 5 期,第 78—83 页。

② 周跃良:《信息化环境中的教师专业发展》,科学出版社 2008 年版,第 80 页。

维激发、整理的可视化思维工具。①②

运用思维导图，可以改善学习者的学习能力，培养清晰的思维方式，可以使学习者更快地学习新知识与复习旧知识，可以激发学习者的联想与创意，将各种零散的智慧、资源等融会贯通成为一个系统，提高学习速度和效率，所以思维导图被广泛应用于快速记笔记、考试、轻松地表达沟通、演讲、写作、管理等方面。因此，教师可以利用思维导图开展教学、学习整理等活动，便于总结与反思，便于交流与沟通。

语义网络工具的应用，有利于教师和学生对学习资料的理解和应用。教师可以将平时进行的教学实践活动和上课的相关知识创建成概念图或思维导图，既有利于教师教学活动的实施，也有利于学生对学习知识的理解，从而提高教学效果。教师使用概念图或思维导图将自己的教学经验表达出来，可以很好地帮助教师进行反思，发现教学和学习中的不足，从而进行改善，促进教师专业发展。

第五节　促进教师专业发展的合作模式应用策略

要使大学与中小学合作能够长期开展，必须使网络平台富有活力。以往的很多合作，都是基于项目开展，项目完成后，合作也就基本结束了，大学与中小学之间的联系就比较少，这在短时间内可以促进双方的教师专业发展，但不是长期有效。所以，制定一系列的应用策略和长效机制，可以让大学与中小学的合作形成常态化，不以项目要求为纽带，使教师们自然地组织成学习共同体，长期地开展合作，共同促进教师专业群体发展。

一、完善平台功能，增添活动生机

教师在网络平台中利用平台的教学资源和学习资源，完成自主学习和协作学习。利用平台中的互动工具，实现教师之间的交流与研讨。所以完善平台功能，方便学习与交流，不断增加新的资源，提供教师关注的有吸引力的主题，以提高平台中教师的学习兴趣和学习动力，是非常有必要的。

---

① 赵国庆：《概念图、思维导图教学应用若干重要问题的探讨》，《电化教育研究》2012 年第 5 期，第 78—83 页。

② 陈丹、祝智庭：《"数字布鲁姆"中国版的建构》，《中国电化教育》2011 年第 1 期，第 71—77 页。

1. 提供多种形式的"教学研"资源

学习资源是教师进行网络学习的主体,教学资源的丰富程度是影响教师网络学习的一个主要因素。对资源进行归类,可以分为学科资源、整合资源、科研资源和课外资源四大类。学科资源除了教师上课自动录制的教学视频资源外,加入名师的授课视频、教学设计、教学随想、学科成果等与某学科相关的教学资源。实现该学科的文本资源、视音频资料、多媒体素材资源等的集合体。整合资源主要考虑到不同学科的教师加入到合作平台中,需要提供各学科共性的教学资源,如教学设计的理论与模式、教学理论指导、课堂管理经验交流、课件制作技巧、经典教学案例等,不同学科的教师都会从自己的学科角度去理解和学习,也可以从自己的角度去理解其他学科的知识或问题,如中学里的科学课程,除了科学本身的知识理解外,还可以从人文角度、社会学角度、管理角度等来看问题,从而达到多学科的知识融合,促使教师思考问题拓宽视角,全方位地去理解知识和应用知识。

科研资源往往是中小学教师最缺少的资源,由于平时在科研方面锻炼比较少,需要掌握科研的很多基础知识和科研资源。比如说,写一篇学术论文,需要知道题目如何取最引人注意,摘要怎么写,论文的内容主体包含几个方面。这些都需要指导,可以将视频资源或文本资源提供给教师参考。对于查找文献,很多网站的资源下载都需要注册、积分、财富值等,给教师获取资源增加了难度,而对于大学教师,高校都会提供大型数据库,为大学教师的科研工作提供大量国内和国际的资源,所以大学教师可以为中小学检索各类科研资源上传到网站,为他们的科研提供帮助。此外,大学教师还可以提供一些有助于发表论文、申请项目的帮助文稿,如期刊杂志的论文要求、格式规范、期刊等级等,项目申请的申报书范例、书写要求、选题技巧等,这些都是中小学教师所缺乏的资源。

课外资源主要是为扩大平台资源范围,提供教师业余知识的资源。如各类平台的超链接,包括学科专题网站、教育行政机构网站、信息交流网站、资源检索网站等,方便教师直接通过在合作平台上操作,即可实现其他平台的搜索与浏览,节省大量的检索时间。可以提供一些活跃平台氛围的资源,如生活琐事漫谈、社会趣事、国内外新闻、旅游天地等,利用学习的空余时间来欣赏学习,既丰富了教师的阅读内容,又陶冶了教师的性情,还增添了平台的吸引力。

大量丰富的"教学研"资源,使任何一位教师的各项学习和研究都能找到所需要的资源,这样的平台才有生命力,才是教师持续学习和研究的良好场所。

2. 激发教师的资源共享动力

网络平台的最大特点就是资源共享，而资源的来源绝大部分由管理部门负责认定和提供，由平台管理员组织和上传。为了扩大资源的来源，而且使资源更适合教师的学习与参与，必须调动广大教师的智慧和积极性，不断提供有用资源和创新资源，为资源的组建注入新鲜血液。

首先要提供方便的资源上传和下载接口，无论何种类型的资源以及资源的文件量大小，都能轻松上传，也方便下载保存。所以在平台上的上传与下载位置应该醒目、操作简单。很多网站的软件下载页面，链接了各种广告地址、插件地址和其他链接地址，在执行下载操作时经常会误操作到其他内容的下载链接按钮，影响操作速度。有的文本链接下载的内容，下载时也会跳出转接页面，给下载带来不便。既影响了操作效率，也影响了操作心情。

其次是激发教师自主共享意识。理论性较强的资源基本上从其他网上搜索到，只要是网络上有的，都能找到。但是，作为合作平台，还是希望有更多的资源来源于教师本身，因为教师自己的资源都是原创性、创新性和总结性的资源，对其他教师的借鉴和模仿作用更大。比如一个课件，老教师的课件包含了自身的多年经验知识，而同样的内容，对于新教师可能就是课本的电子稿而已，对课件的内容组织、内容的重点把握度以及教学效果等都无法估量，如果网络平台上有了老教师的课件，可以帮助新教师做好课件，还有助于新教师分析课件，吸取老教师的一些经验，加快他的教师专业成长。对于老教师来说，课件中包含了他的经验总结，也许是他的长期研究的成果，所以要提高他们自主共享的意识，让其他教师分享他的成果，让他感受到分享的快乐，只有这样，资源的内容才更有参考的价值，这是教师们的智慧结晶。为此，平台可以制定一些激励机制，如提供资源积分，根据下载或转载次数给予好的评价，给予虚拟奖励或实质性鼓励等，鼓励他们不断提供优质资源，也同时激励其他教师提供优质资源。

3. 丰富平台交互功能

交互是教学过程中不可或缺的环节，比起传统课堂，网络平台的非面对面交流与学习，交互显得更为重要。网络平台的交互包括人与人之间、人与环境之间的交互，人与人之间的交互又可以分为操作交互、信息交互和概念交互。丰富平台的交互功能，就是为了方便实现这些交互，使得交互简单而有效。

人与环境的交互要求平台的界面设计简单，栏目分类明了，色彩大方有艺术感，操作方便等，让该平台对使用过的人有一种无形的诱惑，使其持续不断地使用该平台。如在资源内容的组织上,可以利用知识管理工具,如概念图、知识地图、思维导图等组织内容,以研究和教学的模块化形式来组织。人与人之间的操作交互主要是交流工具的使用和交流界面的显示,QQ 和微信是互联网最流行的两大交流平台,它们的交流界面非常简单,即使初次使用也不会出现很多的错误,而且文字、语音、视频等多种形式的交流方式,几乎适合所有人的交流。所以为了使教师们共享资源、分享经验和讨论交流,平台应该提供资源共享区域、讨论区、留言板等多种形式。同时,在平台中为教师们提供"一对一"、一对多以及团体交互的功能,如站内信、邮件等实现个人与个人、个人与团体的信息交流,提供信息的上传、下载和转发功能,方便信息的交流。人与人之间的概念交互是所有交互的最终目的,达到新知识的获得和旧知识的重组,最终实现个人知识的建构。为此,平台应该提供专题类学习栏目和交流讨论区,方便教师有目的的学习和研究。

二、加强平台管理,提供活动保障

大学与中小学开展合作研究是推动我国教师专业发展及实现教师教育新突破的重要途径,合作活动开展地是否有成效,需要注意的是以下几方面:一是合作内容要符合中小学教育教学改革的需求,二是合作项目要做合理的规划与统筹,三是合作管理要规范和健全,有效的管理可以达到事半功倍的效果。加强平台管理,就是为了保障合作活动的正常、有序开展。

1.发挥职能部门的作用

大学与中小学合作首先需要政府给予高度重视和大力支持,鼓励并组织开展相关的理论和实践研究,制定并颁布相应的政策和制度推进大学与中小学的合作研究向着制度化、规范化的层面迈进。我国政府主管部门已经出台了很多相关政策和要求,这在前面几章节都已分析,起到了引领和导向作用。地方政府的各级教育部门为了响应国家的策略,为了提高地方的教育质量也相应地出台了中小学教师继续教育和培训项目的有关规定,提倡加强大学与中小学合作的研究。只要上网搜索一下,就会发现全国各地都在开展各种类型的中小学教师培训,目的就是为了全面提高中小学教师的专业素质。

作为合作学校双方的职能部门,直接负责合作项目的执行,具有组织和协商合作的顺利开展,调动教师的积极性能力,监督合作的执行过程的功能。建立网络培训平台，大学负责与中小学协商平台的功能与设计，负责平台的开发，负责解决培训过程中的技术问题，负责安排优秀教师和专家参与合作，切实发挥专业引领作用，就中小学校、教师实践中的实际困惑进行多学科、多层次的帮助，为教育教学实践具体问题的解决提供强有力的研究支撑和专业引导。同时还要尊重中小学教师原有的文化背景，以辅助者的角色出发，引导中小学教师自己的教师专业化发展。中小学校主要负责教师培训的时间、进度等，处理好工作与学习矛盾和日常事务，做好教师的思想工作，指导中小学教师要学会更加主动地反思、学习，不能过分依赖于大学专业研究人员的专业引领和推动，要主动对自己的教学研究进行思考，主动寻求需求发展的机会，为学校发展和教育创新打下基础。

充足的资金也是大学与中小学合作成功的保证。由于合作项目的来源不同，经费支持的力度也不一样。调查发现，国家对大学理工科的研究投入经费比较多，对从事教育研究的投入则比较少，对于中小学教师的在职发展投入、在职教师科研经费投入相对来说也比较少。虽然地方政府也会有相应配套资金支持中小学教师的继续教育，但是由于经费不足，导致很多好的研究方案、研究途径都因为经费的不足而搁置。加大对教师专业化发展的经费投入，给予大学与中小学经费保障，是大学与中小学合作顺利开展的前提。

2.完善管理制度

要想合作活动取得预期效果，除了职能部门、参与合作的教师尽心尽力以外，必须在制度上给予保障。首先是合作目标的制定，要根据教师和学校的实际需求和各方面的具体情况制定长期、中期、短期的教师合作目标，同时还要根据实际运作情况做及时的更新和完善。调查发现，我国大学与中小学合作常常处于无序、松散或停滞的状态，归根到底是因为行政干预力度不够、规章制度不健全，导致合作无章可循，无章可依。同时，合作目标针对不同的对象应该分层次、分阶段、分类型地制定目标。其次是制定激励评价机制，提高教师各方面的积极性。教师参加培训和科研合作需要面临工作与学习矛盾问题，很多的教师在繁重的教学任务以及家庭琐事中往往无法完成自己的专业化发展计划。所以要建立完善的教师专业化发展机制，以激发教师内在发展的动力。如学校和政府可以建立专项的教科研资助制度，或者给予参加的教师优先职称评定的政策来激发教师的专业化发展动力。在培训考核中，可以构建科学合理的评价机制，采用不同的评价方式，激发参与者的热情和积极性，以求最大限度提高研究的成效性。例如，平台可以设计积分机制，对教师进入平台、参与互动交流、共享学习资源、完成任务、完成科研成果等都给予一定的积分,教师们凭借有效积分可以参与专项经费等申请,获取物质奖励。再如实行电子档案袋评价,在教师整个活动过程中,建立教师专业化发展档案袋,实行互评、自评和他评相结合的评价方式来综合评价教师。

此外,还可以引入竞争机制,充分调动教师和学校的积极性和主动性。例如,大学与中小学的合作培训,让参加培训的教师有自主选择权,根据自己的需求选择不同的高校、不同的课程参加培训,这样,促使大学去做培训需求分析,制定符合中小学教师需求的培训服务,来赢得教师的青睐。浙江省的 35 万教师从 2011 年开始就已通过"浙江省中小学教师专业发展培训网络管理平台"来自主选择培训项目,想要参与浙江省教师培训的机构(主要是高校)都要通过该平台申报,培训机构提供的培训项目也要通过该平台发布。[①] 培训管理方式的变革会使得培训机构各部分运行更加灵活,适当地把市场竞争机制引入教育培训,极大地提高了培训机构的积极性,也符合中小学校和教师的需求。

无论是开展继续教育培训,还是开展教学研活动,大学与中小学有效伙伴合作关系的建立需要双方长期的交流与协商,共同设定合作的目标、拟定解决问题的方案以及确定双方合作时间和人力、财力等。一方面政府应提供更多的合作渠道和合作经费,为合作双方提供机会和监督管理,相关的领导要制定有关的制度以及起着协调和管理作用,共同保证教师专业化发展的顺利进行。另一方面合作双方需要建立和完善合作的研究机制和制度,保证合作的质量和效果。大学与中小学合作是一个持续发展的动态过程,必须经常反思与改进,从多方面入手来提高大学与中小学的合作效果。

---

① 吴惠青:《浙江省基础教育改革与发展年度报告》,浙江大学出版社 2011 年版,第 70 页。

第四章 教育创新——合作的学习价值

随着物联网、无线网以及云计算等的信息技术发展，不断涌现出新的学习方式，如微型学习、移动学习、泛在学习、智慧学习等，同时也为教学模式创新注入无限生机，如慕课、翻转课堂、微课等。这些与教育有关的新词快速涌现，可谓令人"目不暇接"，一个新词还没有理解，另一个新词又出现了，更不用说理解后去应用它。新词的背后，隐藏着教育创新的信号，蕴含着教育专业知识与技能的更新。既对教育教学系统的变革产生了巨大的推动力，也为创新教学的产生提供了无所不在、方便快捷的技术保障。作为教师，必须顺应教育的发展，树立终身学习的意识，不断学习，才不会"落伍"。

本章以翻转课堂、移动学习和微课为例，阐述它们的基本概念与特征，分析国内外的应用现状，以此总结出它们的出现给教师所带来的要求和挑战，对促进教师专业发展，开展大学与中小学的培训合作或继续教育合作，学习新知识和新技能，具有重要的现实指导意、义。

第一节 翻转课堂

翻转课堂（Flipping Classroom，或译作颠倒课堂）近年来成为全球教育界关注的热点。翻转课堂的起源是美国科罗拉多州落基山林地公园高中的两位化学教师为了帮助课堂缺席的学生进行补课而采用了课外观看教学视频来达到学习目的。后来由于"可汗学院"免费提供优质教学视频，克服了实施翻转课堂的重要障碍，从而推动了翻转课堂的普及，使之进入北美乃至全球教育工作者的视野，并受到热捧。2011 年还被加拿大《环球邮报》评为"影响课堂教学的重大技术变革"。从此，翻转课堂成为教育领域的理论、实践研究的热点。[①]

　　关于翻转课堂的理论与实践方面的研究已有很多成果,如有学者提出以自主探究学习和协作学习为主的实验课翻转课堂模式,[②]有将翻转课堂的理念、中国传统文化中的太极思想和 Bloom 认知领域教学目标分类理论进行融合,构成太极环式翻转课堂教学模型,[③]有学者结合游戏化学习理论,提出采用游戏化闯关、升级等学习方式的翻转课堂教学模型。[④] 这些研究在一定程度上体现出学者们对翻转课堂的新教学模式的兴趣,并尝试运用新教学模式来开展教学,总结与反思新教学模式对现有的教学的作用与效果。

一、概念及其性质

(一)定义

　　关于翻转课堂,不同的学者根据研究领域不同,从不同角度进行了定义,虽表述上不尽相同,但所表达的意思基本一致。

　　马秀麟认为翻转课堂是把传统的学习过程翻转过来,让学生在课外时间完成针对知识点和概念的自主学习,课堂成为师生之间互动的场合,如进行答疑解惑,开展交流讨论,以达到满意的教学效果。[⑤] 他强调的是课前学习和课堂中的互动;Tina Barseghian 强调翻转教学(或翻转教室)是一种混合式学习;[⑥]李燕等人认为翻转课堂是在课下完成知识传递的过程,学生充分发挥各自特长,选取适合自己的方法学习新内容,在课上实现知识内化,如通过小组讨论解决课前学习遇到的困难,使学习更具有驱动力。[⑦] 张

---

　　① 何克抗:《从"翻转课堂"的本质,看"翻转课堂"在我国的未来发展》,《电化教育研究》2014年第 7 期,第 5—16 页。

　　② 杨九民等:《基于微视频资源的翻转课堂在实验教学中的应用研究——以"现代教育技术"实验课程为例》,《现代教育技术》2013 年第 10 期,第 36—40 页。

　　③ 钟晓流等:《信息化环境中基于翻转课堂理念的教学设计研究》,《开放教育研究》2013 年第 1 期,第 58—64 页。

　　④ 张金磊、张宝辉:《游戏化学习理念在翻转课堂教学中的应用研究》,《远程教育杂志》2013年第 1 期,第 73—78 页。

　　⑤ 马秀麟、赵国庆、邬彤:《大学信息技术公共课翻转课堂教学的实证研究》,《远程教育杂志》2013 年版第 1 期,第 79—85 页。

　　⑥ Tina Barseghian. Three Trends That Define the Future of Teaching and Learning[J]. KQED,2011(2):5—6.

　　⑦ 李燕、董秀亚:《电子书包支持颠倒教室的实现》,《中小学电教》2012 年第 2 期,第 29—30 页。

新明等人认为翻转课堂的"课前传授＋课上内化"的教学形式与传统教学过程正好相反，但翻转课堂强调了两点，即一是课外真正发生了深入的学习，二是高效利用课堂时间进行学习经验的交流与观点的相互碰撞能够深化学生的认知。[①]

可见，国内外的大多数学者都认为翻转课堂是这样"一种混合式学习方式，它包括了课前的在线学习和课堂的面对面学习两部分"[②]"在本质上是一种将面对面的、传统的课堂教学与在线教学结合起来的混合学习模式，它是家、校分别在学生学习中（扮演的）角色与功能上的调整。"[③]就是学生在课下对以教学视频为主的教学材料进行自主学习，课上则在教师的指导下完成作业、提问，或开展项目实践、应用实验、协作学习和深度研讨等活动的学习方式。在形式上，翻转学习是对传统课堂教学的逆转，而在本质上，翻转学习真正实现了从以教师为中心向以学生为中心的课堂范式的转变。[④]

（二）特征

从翻转课堂的定义可以看出，与传统课堂教学相比，它体现出独有的特征：

第一个突出的特征是"混合式学习"。翻转课堂不仅仅是能增加学生与教师之间的互动以及学生个性化学习时间的一种手段。它更是一种全新的"混合式学习"。翻转课堂颠倒了"教师先教＋学生后学"的传统教学方式，而且使课堂的时间得以重新分配。翻转课堂在课下通过学"视频"实现知识传递，学生完成对课程知识的接受和自主建构；在课堂上强调知识内化，如学生的作业指导、小组的探究协作任务和师生之间的互动交流等，借助学习活动强化学生对知识的深层次理解。所以实现了课前学习知识和课上解答问题的学习方式的混合，以及课前网上学习与课上的课堂学习的学习环境的混合。

第二个特征就是师生角度发生了变化。传统的面对面教学过程中，不管是教师讲授还是与学生交流，都是"以教师为中心"的一对多的形式，教

---

① 张新民、何文涛：《支持翻转课堂的网络教学系统模型研究》，《现代教育技术》2013 年第 8 期，第 21—25 页。

② 何世忠、张渝江：《再谈"可汗学院"》，《中小学信息技术教育》2014 年第 2 期，第 24—26 页。

③ 焦建利：《慕课给基础教育带来的影响与启示》，《中小学信息技术教育》2014 年第 2 期，第 10—12 页。

④ 秦炜炜：《翻转学习：课堂教学改革的新范式》，《电化教育研究》2013 年版第 8 期，第 84—90 页。

师是知识的拥有者与传授者,学生是知识的被动接受者。而翻转课堂则完全改变了这种形式,不管是学生在家观看教学视频,还是在课堂上师生面对面地互动交流,都是"以学生为中心"展开。学生可以控制自己看教学视频的进度和时间,可以完成自主学习,如果有问题或有想法,再与教师或同伴在课上交流,从而获得了学习上的主动权。因此,教师的角色转变成为学习的促进者和指导者,为学生解决实际问题提供指导,促进学生知识的掌握。学生则转变为学习活动中积极主动的参与者,按照自身情况安排学习进程,个性化和协作式学习的需求得到满足。

第三个特征是体现了教学资源的多样化。翻转课堂的课下学习资源不是以教材为主,而是以教学视频为主,这是学习资源中的重要组成部分。而对教学视频的要求又不同以往的教学录像,其中有很多冗余的、无用的视频信息。教学视频一方面显示"微",即要求以一节课为单位时间,以一节课中的知识点为单位进行录制;另一方面显示"精",即要求教学视频用文本、图像、声音等形式精炼地表达出来,而且时间大约为 5～10 分钟。如果学生在自学过程中,需要加深对知识的理解,可以通过网络搜索获得其他资源,丰富阅读。所以,学生的学习资源可以来源于教材、教学视频和网络资源等多种形式。

第四个特征是增加了课堂教学的灵活性。翻转课堂的课堂教学重心发生了转移,不再是以教师讲授知识为主,而是以"解惑"为主,所以课堂的组织形式可以是"一对一"的交流方式,也可以是一对多的小组交流方式,增加了教师与学生的交流时间,也增加了学生与学生之间的交流,这不仅是知识的交流、思想上的碰撞,也是一种情感的交流。改变课堂教学方式,相对应的教学评价也随之变化。教师可以从多种角度、以多种评价方式对学生的多元能力进行评价。利用评价技术跟踪、收集学生课前的学习信息,关注学生课堂上交流互动的表现等,因此,多元的评价方式更能体现学生多方面的特征,发现学生的个性特征和优势。所以,翻转课堂也是实现个性化教育的一种很好的教学模式。

二、翻转课堂教学模式

教学模式被界定为教学理论指导下所建立的、较稳定的教学活动流程。随着对翻转课堂的教学实践,人们摸索出一些翻转课堂的教学活动规律,通过文献研究,总结出一些较典型的翻转课堂教学模式进行归类,主要有:课前—课中模式、课前—课中—课后模式、环形模式。

（一）课前—课中模式

美国富兰克林学院教授 Robert Talbert（2011），总结出翻转课堂实施的主要环节，据此提出了翻转课堂结构，[①]包括课前观看视频和预习、课中测评、问题解决和总结反馈，如图 4-1 所示。

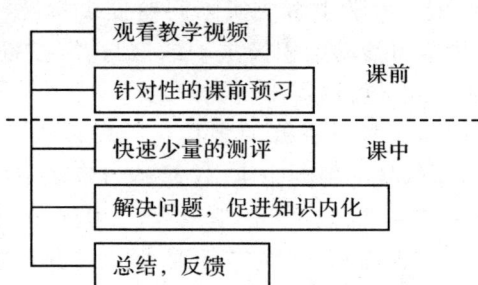

观看教学视频

针对性的课前预习 —— 课前

- -

快速少量的测评 —— 课中

解决问题，促进知识内化

总结，反馈

图 4-1　Robert Talbert 的翻转课堂结构

Talbert 模型描述了在实施过程中课前和课中学生活动流程的主要环节，课前学生主要观看教学视频和进行针对性课前预习，通过这两方面的学习，学生了解了学习的重点，掌握了部分或全部的知识，总结出学习中的疑点。课中环节主要是快速少量的测评，解决问题、促进知识内化和总结反馈三个部分。从中也看出课堂时间的管理，通过测评，教师先了解学生"预习"的情况，了解学生掌握知识的程度以及存在的问题，然后对有针对性的问题进行解答，帮助学生理解和掌握，最后教师总结或学生自我总结，反映整堂课知识的掌握情况。这个模式显示了教学的两个主要阶段以主要活动，但没有显示更多的对学生的评价要求，师生之间的交流讨论，反馈也没有说明用什么样的形式来反映以及反映哪些方面的内容。

（二）课前—课中—课后模式

王彩霞（2013）根据建构主义理论、教学设计理论以及中等职业学校的教学特征，通过实践提出了翻转课堂教学结构，巧妙连接了课前的知识传递、课中的知识应用以及课后的知识补救，为学生有效建立了自主学习环境，如图 4-2 所示。[②]

---

① Robert Talbert. Inverting the Linear Algebra Classroom[EB/OL].〔2013－8－12〕. http://prezi.com/dz0rbkpy6tam/inverting-the-linear-algebra-classroom/. html.

② 王彩霞、刘光然：《翻转课堂优化中职课堂教学探析》，《职教论坛》2013 年第 6 期，第 41—44 页。

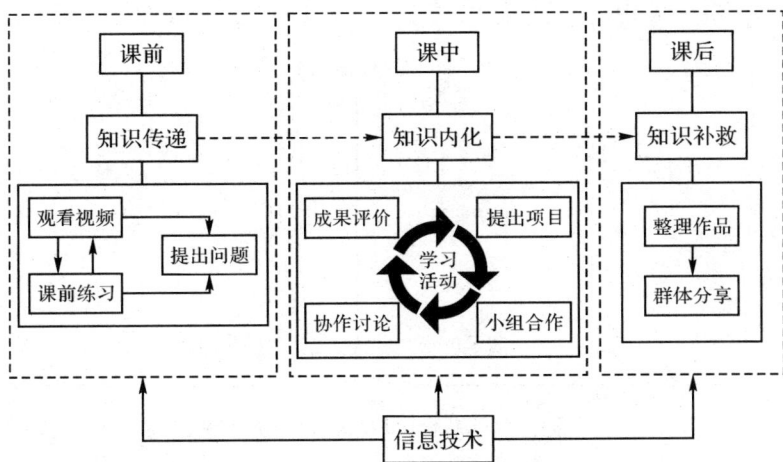

图 4-2　中职教学的翻转课堂教学结构

　　课前—课中—课后模式明确给出了课前"知识传递"、课中"知识内化"和课后"知识补救"三个教学环节。在课前"知识传递"环节,可以看出教师除了提供给学生教学视频外,还提供了课前作业,这样可以更好地确保学生进行自查,了解学生观看视频学习是否已掌握了要求掌握的知识。教师从课前练习的错题中也就发现了学生没有掌握的部分内容,所以在课前很好地实现了评价和得到了反馈信息。课中"知识内化"环节通过开展项目学习协作活动的方式,来巩固和提升知识。从中可以得知活动的开展以学生为中心,以小组为单位开展互动交流,最后对小组的成果进行评价,从这个课堂学习的结果,学生不仅可以巩固课前掌握的知识,而且可以获得全面综合的理解与运用。课后"知识补救"是深化知识与分享学习成果的环节,这个环节中需要网络与信息技术的支撑,通过整理完善课堂上的学习成果后,再与同学们分享学习成果,从中可以感受到学习的成就感、集体荣誉感和自我效能感。

(三)环形模式

　　杰姬·格斯丁(Jackie Gerstein)提供了系列的基于体验式学习周期和麦克卡锡的 4MAT 教学模式的学习活动。他认为要为教师提供一个翻转课堂学习框架,来帮助教师很好地开展翻转课堂。该模型把翻转课堂分成体验参与、演示应用、意义建构以及概念探索四个活动,如图 4-3 所示。[①]

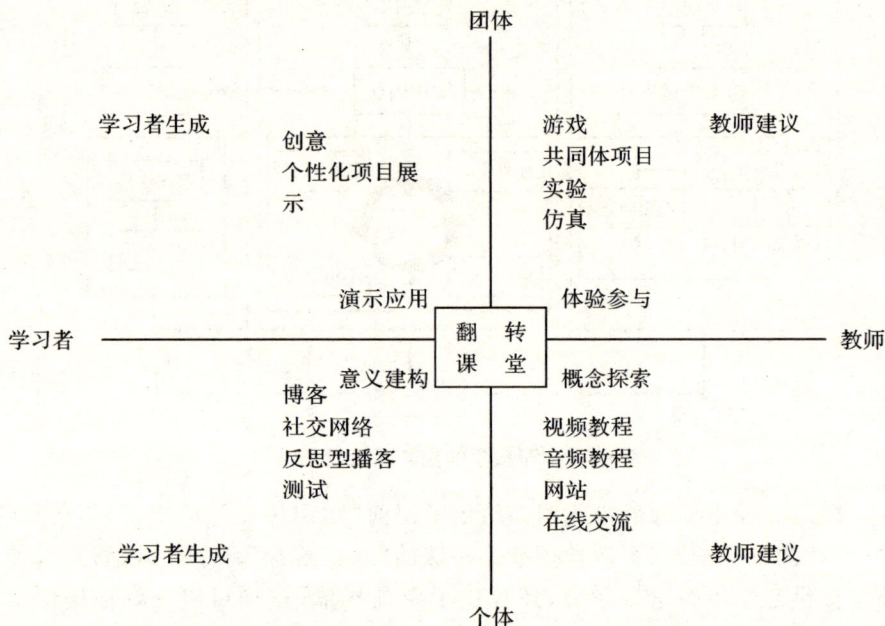

图 4-3　Jackie Gerstein 提出的翻转课堂教学模式

　　体验参与活动包括实验、仿真、游戏和共同体项目活动等。整个学习周期主要是在课堂中以小组协作形式进行的体验式训练。如果是在混合学习中,那这就是面对面教学中的同步活动,如果是在线网络课程,学习者会被要求参与社区活动,参观博物馆等。在本阶段主要引导学生进行一些真实的、动手的活动,最大程度吸引学生的注意力。演示应用活动主要是由教师提供创意性的个性化项目,并组织学生一起开展项目。学习者通过演示已经学到的内容,并且应用到实际项目中,使得所学内容变得有意义。在线课程中,学生可以做自己的项目并通过同步的、在线互动向他的同学和老师展示。在传统课堂中,学生和教师一起开展面对面的小组协作学习,增强学习者动力并提供更多的反馈。意义建构活动主要是学习者可以通过博客、社交网络、反思型播客、测试等方式表达和建构他们自己理解的内容。这类活动的前提是学生已经具备了一定的知识基础,可以在同学之间进行交流,通过交流反思来完善自己的知识建构。如果在网络环境下,

---

　　① 宋艳玲、孟昭鹏、闫雅娟:《从认知负荷视角探究翻转课堂——兼及翻转课堂的典型模式分析》,《远程教育杂志》2014 年第 1 期,第 105—112 页。

主要通过网络交流来开展活动,如果在课堂上,则主要是测试形式来完成。概念探索活动主要是学生利用网站资源、视频教程、音频教程、在线交流方式等进行自主学习。学习者可以自由选择学习的时间和方式,利用网络和多媒体视音频进行学习,学习过程中可以与教师交流,也可与同学交流,可以发展自己的观点和提出问题。在线课程中,活动比较灵活,在面对面教学中,学生主要是带着问题与教师、同学交流。

　　自 2011 年以来,全国很多专家学者们都纷纷投入到翻转课堂的理论与实践研究中,积极开展课堂教学改革探索。王长江[①]提出了有效实施"颠倒教室"的步骤,展示了"颠倒教室"的成功案例。李燕[②]为电子书包持下的翻转课堂教学模式提出了实施指南。张金磊[③]深刻剖析了基于游戏化学习理念的翻转课堂教学实践案例。焦玉海[④]利用 Moodle 平台开展翻转课堂的实践应用。将国内外现有成功经验应用到实际教学课堂,感受翻转课堂带来的教学创新,提出了很多与学校、与专业相适应的翻转课堂教学模式,从中获得了不同的理解和经验,对翻转课堂的有效应用起到了实践性指导作用。

第二节　移动学习

　　随着移动新技术的发展,以及移动设备价格适宜、应用要求低的特点的出现,无论是在车站等车、饭馆用餐、路上行走,还是坐车出行等,从幼儿到老人,随处可见"低头族"们利用移动设备实现通信、交流、学习等,人们可以深深感受到技术给生活、学习、工作所带来的方便,也可体会到技术的进步带给人们处事方式的意识和行为的改变。作为教育领域,校园网的使用、无线网络的联通,无疑也会改变学生的学习方式,从而催生了一种崭新的学习形式——移动学习。移动学习让学习者可以在教室甚至学校外随时学习,支持体验式、情景式学习,可以为课堂教学与生活搭建桥梁,为我

---

　　① 王长江、李卫东:《"颠倒的教室"美国教育新景象》,《上海教育科研》2012 年第 8 期,第54—59 页。

　　② 李燕、董秀亚:《电子书包支持颠倒教室的实现》,《中小学电教》2012 年第 2 期,第 29—30 页。

　　③ 张金磊、张宝辉:《游戏化学习理念在翻转课堂教学中的应用研究》,《远程教育杂志》2013年第 1 期,第 73—78 页。

　　④ 焦玉海、于方军:《Moodle 平台在英语"翻转课堂"中的应用》,《中国信息技术教育》2012 年第 11 期,第 92—93 页。

国创新人才培养的教学提供新方式，同时也为终身学习理念的贯彻提供支撑。①

一、概念及其特征

移动学习是移动技术与数字化学习技术发展相结合产生的一种新型数字化学习形式。欧洲和美国一般以 m-Learning 或 m-Education 来指称，而我国一般表述为移动学习或移动教育。

移动学习最早在国外备受关注，特别是在欧洲和北美部分经济发达国家。2000 年，美国加州大学伯克利分校（UC Berkeley）率先开展了一个名为"Mobile Education"的项目，提出了移动学习的概念，引起了全世界的极大关注。随后相继开展了"从数字化学习到移动学习"（From e-Learning to m-Learning）和"MOBILE Vlearn 行动"的移动学习研究项目，在一篇题为《Mobile Education-a glance at the future》的文章对 M-Learning 做了解释：他们认为移动学习是利用移动设备支持的能够在任何场所任何时期发生的有意识学习，移动学习所使用的移动计算设备必须能够有效地呈现学习内容并且提供教师与学习者之间的双向交流。国内最早的移动学习项目"移动教育理论与实践"是由北京大学现代教育技术中心承接的，开发出了基于 GSM 网络和移动设备的移动教育平台、基于 GPRS 的移动教育平台、教育资源制作发布与浏览平台以及教育语义网络平台。而最早的无线校园网建设属于上海中学，在 2002 年 2 月建成了覆盖整个校园的无线校园网。2006 年我国建成了第一个移动学习资讯网主题网站（http://www.mlearning.org.cn）。

移动学习从广义角度看，必须要有移动设备、无线移动网络和移动学习资源的支持，才能实现在任何有移动网络的地方利用移动设备开展移动资源的学习。不同的学者对于移动学习给出了不同的概念。

郭绍青等认为移动学习是指学习者利用无线移动通信网络技术以及无线移动通信设备获取教育信息、教育资源和教育服务，并在适当的情境下通过移动技术实现教与学的丰富交互，随时随地进行的数字化学习形

---

① 傅健、杨雪：《国内移动学习理论研究与实践十年瞰览》，《中国电化教育》2009 年第 7 期，第 36—41 页。

式。① 他对移动学习的概念更强调学习过程中的互动和情境创设。Pachler 和 Clark② 认为移动学习就是移动计算设备促成随时随地的学习过程,学习内容与数字化学习相同,只是信息与知识获取的方式借助于移动通信网络和移动通信设备。他们将移动学习概念与数字化学习相比较,突出"移动"的特征,认为移动学习是在移动互联网络的基础上,在数字化学习理论的指导下发展起来的,是对数字化学习方式的扩展和延伸。

可见,移动学习的各种定义都是丰富了移动学习的内涵,强调的是学习环境和学习特征,从中可以体现出移动学习与数字化学习、电子化学习、情境化学习等不同的地方。

根据移动学习的定义,可以总结出它的特征:

1.学习环境的移动性。在移动网络及相关协议和技术支持下,利用移动终端开展学习。体现了学习环境时空变化的随意性。只要有覆盖移动网络的地方(如 Wi-Fi、GPRS、WAP、3G、4G),手持移动终端如手机、PAD、PDA、Pocket PC、电子词典、数码学习机、MP4、MP3 等,就可以上网学习,没有时间、地点的制约。学习随时、随地、随需要而发生,学习者可以灵活支配时间,把握时空,在最需要的时候获取知识信息。同时,移动学习借助的是移动网络平台,从而大大地简化了教师配备、教育经费、教育物理环境等各种资源的需求,比起往常的传统教室、多媒体教室、网络机房的教学环境,更具有灵活性和便利性。

2.学习资源的多样性。移动学习资源的形式是多样的,资源的呈现必须短小精悍,内容简洁,适合学习者利用碎片化时间进行学习,而且呈现的内容大都以文本、微视频、图片来表示,方便阅读和记忆。移动学习资源的类型多样,利用移动设备除了通话以外,应用较多的是短信服务,所以利用短信推送服务来学习是一种较方便的方式。如英国 Westmister 大学建立了基于短信的英语学习系统,通过短信实现题目测试、测试反馈和学习内容预告。③ 上海电视大学外语系与上海蓝卓信息技术有限公司共同研制了"移动英语学习系统",通过每日一测的方式向学生发送英语短信试题,实现网上发送、网上测试、网上评价、网上辅导等功能。④ 方式获取、来源多

① 郭绍青、黄建军、袁庆飞:《国外移动学习应用发展综述》,《电化教育研究》2011 年第 5 期,第 105—109 页。

② 裴伟廷:《泛在学习后现代远程教育的崛起》,《当代教育论坛》2008 年第 10 期,第 35—37 页。

③ 余胜泉:《从知识传递到认知建构、再到情境认知三代移动学习的发展与展望》,《中国电化教育》2007 年第 6 期,第 7—18 页。

④ 陈明明:《移动学习资源的创设与评价探究》,《软件导刊》2010 年第 10 期,第 88—89 页。

样。可利用各种客户端，如网易公开课、沪江网校、优酷、腾讯等进行资源的浏览和互动。移动学习资源许多来源于 WAP 站点，学习者通过互联网的 WAP 协议访问网站上的教学服务器上的内容，这与普通互联网络资源的学习相类似。还有一类资源就是 APP 学习软件。自主开发移动设备的 APP 学习软件，开展针对性较强的内容学习。如百词斩 APP，是由"囧记单词"公司出品的一款专业的英语单词学习软件，适合各个阶段的英语考试的单词复习。

3.学习活动强调以自主学习为主的互动交流。移动学习更加突出自主学习，在合适的时间、合适的地点选择自己喜欢的内容进行自主学习，主要通过移动设备技术建立学习者与学习资源之间的交互，还可以实现学习者与学习者之间的交流。教师只能充当交流者的身份，QQ 和微信就是最常用的交流平台，以同步或异步的方式参与学习者的互动交流，从交流中指导学生，从而改变已往的师生角色关系。

4.学习对象的大众化和平民化。在移动通信的飞速发展和移动设备日趋价廉的前提下，知识的学习不再局限于学校内，而是从教室中、教材上、课堂中走出来，利用移动互联网开展大众化和平民化学习。众所周知的现象是，走在任何地方，随处可见的是几乎每人手里都拿着一部手机，不分学历、地位、年龄，不分场所、环境，利用手机通信、交流、网购、预订、学习等，显示出人们在生活、学习、工作中已离不开手机，离不开移动网络。据统计，2012 年，中国手机市场全年出货量 3.62 亿部，智能手机占 2.24 亿部。2013 年，中国仅智能手机出货量就超过 4 亿部。[①] 所以，移动学习是一种大众化学习、平民化学习，在信息化社会快速发展的时代，教育领域开展移动学习，也是一种必然的学习趋势。在校园中开展移动学习，既可以成为学生自学的环境，也可以作为辅助课堂的学习方式，使学习者无时无处不沉浸在学习情境中，这也体现了终身学习的理念。

二、移动学习的实践应用

移动技术和设备正在迅速发展，改变了人们学习、工作和生活的习惯，也改变了许多行业的传统运作方式。如网上购物、网上订票、网上支付等，给人们带来了极大的方便，同时，也影响和改变了教育教学。

① 《2014 年我国手机行业发展趋势分析》，〔2015—03—09〕. http://www.chinabgao.com/k/shouji/12844.html.

1. 创建移动学习硬件环境

随着无线通信技术的进步，结合原有的通信网络，全国各类学校的校园都紧跟无线网络应用的步伐，为学习者创造了无处不在的学习环境。对于学校内部来说，在计算机网络和电话网络的基础上，实现了有线网络到无线网络的转变。随着无线网络技术的飞速发展，又由 1G 到 3G 的全覆盖，现在很多高校和中小学已实现由 3G 到 4G 的全面升级。无线移动网络的快速发展，带给学习者的最直接感受就是上网速度快，浏览、处理、传递信息便捷。上海电视大学与上海蓝草信息技术公司合作创建了"移动校园"，上海电视大学在开放教育学院和松江分校设立了"移动校园"构建的试点，以短信互动形式实现移动学习和移动学习支持服务，学生使用手机可通过平台与连接互联网的教学服务器进行信息交换。

开展移动学习必须使用移动终端，由此移动通信的发展也带动了移动终端的快速更新。自从开展移动学习以来，出现了各类移动终端。如诺亚舟、名人、快译通、电子词典、数码学习机、PDA、智能手机等相继问世，而且产品更新异常快速。手机是最普遍的移动学习终端设备，现在的智能手机常伴有学习软件和应用软件，以软件服务带动硬件销售，手机厂商都会提供免费的应用 APP 软件包，供用户选择使用。如华为技术有限公司生产的手机除了为用户提供常用的应用 APP 以外，还推出云服务软件，它是一款集合个人数据同步、云相册、手机找回等多种基础云功能的 APK 软件，为消费者提供易用、快捷、安全的一站式个人数据管理系统。其他手机生产厂商也是如此，为了推广他们的产品，除了在硬件性能上创新之外，在客户服务方面，通过提供各种功能齐全的 APP 软件来吸引客户。

2. 开发移动学习软件平台

近十年来，我国开通了一批面向农民、政务人员、在校学生等不同人群的移动学习平台，提供了移动学习、办公等服务，达到了干部培训、移动办公、农业致富、职业教育等不同目的。这些平台都具有针对性强、学习效果好、绿色快捷的特点。[①] 例如，2006 年，上海电视大学创建了"移动校园"，该校的 8 万多名学生成为国内首批手机远程教育的受益者。主要实现两方面功能，一是发送各种通知，使班主任与学生保持联系，二是教学辅导功能，通过任课教师每天给学生发"每日一练"来帮助学生进行滚动式复习，以短信互动形式实现移动学习和移动学习支持服务。再如，2006 年，诺亚

---

① 傅健、杨雪：《国内移动学习理论研究与实践十年瞰览》，《中国电化教育》2009 年第 7 期，第 36—41 页。

舟和北京师范大学合作开展的手持式课题，共同开发的"掌上思维英语"平台融合了国际最新的 ESL 教学理念，将多种学习活动与诺亚舟学习机上的多媒体资源相结合，开展听音、说话、阅读、写作的训练，集多媒体交互式学习、移动学习和网络学习为一体，已在全国 30 余所中小学进行实验。研究显示，完成平台内的学习活动，对于学生全面掌握和灵活运用所学的英语知识能起到明显的作用。

除了利用手机终端开展移动学习外，还有将 PDA（Personal Digital Assistant，个人数字助理）应用到移动学习中。PDA 狭义上指的是记事本，功能较为单一，主要用于个人信息的管理；广义上的 PDA 是指掌上电脑，具有无线上网功能，可以灵活地存储和传递信息，可以作为教学中的手持技术教学工具。例如，在乔治·福克斯大学（George Fox University），Palm 教授学生使用 Handspring Visor PDA 手持技术加强教学活动装备，通过 PDA 安排课程，记录笔记，交互使用来检测评估 PDA 在教学中的应用。[①] 再如，2007 年，由上海市教育委员会联合推出"家校互动"信息平台，这是上海市政府实事项目之一。该平台覆盖上海市的中小学，就读在上海的学生及其家长都可以成为家校平台的互动用户。通过平台，可以了解任课教师、作业、考试成绩、课程表、成长记录、班校通知，可以通过朋友圈、学生和教师博客、即时通信、留言等方式进行家校联系与沟通。

3.开展移动学习的教学实践

移动学习可以随时、随地进行自由的学习，是数字化学习的优化和补充，是远程教育、网络教育的延伸和拓展。我国移动学习的研究与应用主要集中在高校大学生、网络学校学生和党政干部等群体，通过开发移动学习平台，开展教学与实践研究。

我国移动学习的实践研究主要集中在北京大学、清华大学等一流高校，具有代表性的移动学习实践案例有清华大学的"明德 e 学"智能移动学习平台、复旦大学的"i 复旦"网络教学平台移动版、西安交通大学的"Sky-Class"移动学习系统、西南交通大学的"青书 PAD"移动学习系统和上海交通大学的移动学习平台。[②]

在教育领域，成人教育往往以远程教育的形式开展培训类、学历类的学习。移动学习也非常适合成人教育。由于成人都配有移动设备、学习方

---

① 顾红璇：《PDA 及其在教育领域中的运用》，《科技信息》2007 年第 23 期，第 26,40 页。
② 朱学伟、杨伟、顾健辉：《国内外高校移动学习案例分析研究》，《中国教育信息化》2014 年第 21 期，第 9—11 页。

式相对自由、社会活动频繁、集中学习时间较少等特点,通过移动设备可以随时与学校和老师取得联系,询问与学习有关的各种问题,满足成人学习者继续学习的需求,这是传统有线连接的互联网所不能满足的,也是远程教育的一种。例如,上海交通大学继续教育学院研发的手机移动学习平台包括课程直播平台和信息查询平台,前者包括课程的手机直播、点播、下载播放视频课件等功能,与教室刷卡、PC 直播、点播具有同等效力。后者包括课表查询、上课考勤、考试安排、成绩等与学习相关的辅助功能,可以查看教师联系方式和各类公告,可以访问 Moodle 课程网站。

在中小学方面,有移动学习条件的中小学也有开展移动学习,例如中国台湾一所小学开展了一系列蝴蝶观察的移动学习。该小学首先开发了一个蝴蝶观察系统,这个系统利用一个无线 ad-hoc 网络环境,由教师机和学生机组成。教师机是作为本地服务器的有 Wifi 无线 LAN 卡的笔记本电脑,学生机是有 LAN 卡与小型 CCD 相机的 PDA。上课时,学生带着 PDA 去蝴蝶农场,拍下蝴蝶照片,并与事先建好的蝴蝶数据库中的蝴蝶样本数据进行信息对比,找出一种蝴蝶品种,并把选择的过程和结果记录到 PDA 中,并发送给教师,教师从获取的信息来判断学生的选择是否正确,并给予反馈。

第三节　微　课

微课的雏形是"60 秒有机化学课程",它是由美国北爱荷华大学(University of Northern Iowa)的有机化学教授 LeRoy A. McGrew 在 1993 年提出的,目的是让非科学专业人士在非正式的场合中也能了解化学知识。到 2008 年,美国新墨西哥州胡安学院(San Juan College)的高级教学设计师、学院在线服务经理戴维·彭罗斯(David Penrose)正式提出微课的概念,并运用于在线课程。[①] 从 2011 年以来,随着翻转课堂和可汗学院的微视频传播,这种录制教师上课的微视频和学生课前自主预习、课中教师辅导疑难的翻转课堂教学模式相结合的微课程开始在国内流行。但是,微课与翻转课堂、微视频三个概念之间存在必然的联系,但又有区别。翻转课堂需要提供的微视频是教学内容,作为学生课前自主学习的主要资源,因

---

① 张一川、钱扬义:《国内外"微课"资源建设与应用进展》,《远程教育杂志》2013 年第 6 期,第 26—33 页。

此微视频是翻转课堂教学的主要学习材料。微课是基于微视频的短时间课程，正如"60 秒有机化学课程"一样，学习者可以在很短的时间内学习一个知识点。随着移动学习的迅猛发展，微课显示出了它独有的魅力，学习者利用碎片化时间去学习碎片化的知识点，这些碎片化的知识点正需要微课来组织。在社会的各个领域，已经体现出微课的作用，电视广告、专题介绍、网上产品宣传等内容，都必须在很短的时间里，以图文并茂的形式展示内容。因此，微课为远程教育、在线教学、移动学习等提供了一种崭新的教学模式。

一、概念及其特征

微课（Microlecture），又名微课程，作为一种现代化的教育新形式，受到国内外教育者的广泛关注，在移动学习和在线学习等方面得到了广泛应用并取得了良好的教学效果。到目前为止，微课还没有一个相对统一的概念，不同的学者给出了不同的理解。

戴维·彭罗斯（David Penrose）[1]认为，微课是一种以建构主义为指导思想，以在线学习或移动学习为目的，基于某个简要明确的主题或关键概念为教学内容，通过声频或视频音像录制的 60 秒课程。

张一川等学者[2]认为微课是相对常规课来说的一种微小的课程，用以讲授单一知识点或突破某个教学问题。它通常由简短的微课视频及配套资源所组成，教师可在课堂上利用微课作为授课的素材，而学生可通过微课进行预习、复习等，实现自主学习，同时，简短的微课视频让学生更好地集中注意力，把握课程要点。

上海师范大学的黎加厚教授[3]认为"微课程"是指时间在 10 分钟以内，有明确的教学目标，内容短小，集中说明一个问题的小课程。从概念中可以看出，"微课程"是"微视频"与"课程"的总和，是指 10 分钟以内的"微视频"教学。这段"微视频"需要与学习目标、学习任务、学习活动等结合起来，才是一个完整的"微课程"；如果离开了学生的学习活动，仅仅是录制了一段教师上课的教学内容，其实质是课堂教学实况录像，只能作为一段学

---

①　张一川、钱扬义：《国内外"微课"资源建设与应用进展》，《远程教育杂志》2013 年第 6 期，第 26—33 页。

②　同上。

③　黎加厚：《微课的含义与发展》，《中小学信息技术教育》2013 年第 4 期，第 10—12 页。

习材料,一个动画式的教学资源,没有形成"微课程"的系统。

由于国内外微课资源的建设及在教学上的应用也具有明显差异,对于微课的概念上理解也有明显区别,但是,他们的共同点还是比较明确的,即课程内容短小精悍,课程时间少,而且远远小于传统课堂教学时间(一般为40～50分钟),需要视频教学资源的支持,需要完整课堂教学所要求的任务和目标,主要应用于在线教学、混合式教学、远程教学等,为学生提供自主学习的资源,并随时随地进行知识学习。

从微课的概念可以看出,它不同于传统课堂、网络课堂、多媒体课堂、机房等形式中的课程教学,有其独有的特征,具体可归为以下几点:

(一)"微"的特征

微课首先体现在"微",所谓"微",就是小,相对于常规课程,体现出它的教学时间短、内容少、容量小。

常规课程的教学时间是40～50分钟,而微课教学时间最长是5～10分钟,最短是1～2分钟。心理学研究表明,人的注意力是很难长时间集中的,人会因为外界环境的干扰而分散注意力,也会因为内心的情绪变化而注意力不集中。所以设置课程时间短,特别适合于远程教育和移动学习,时间太长,可能会造成视觉疲劳或没有时间完成学习。

教学内容的设置往往根据课程时间、教学计划来进行教学设计,如果是40分钟的教学时间,则教学内容的安排应该在40分钟时间内。微课时间短,相对应的教学内容也就少了,短时间内的教学内容必须突出内容中心,通过学习可以获得实质性的知识点。

微课的容量小是指在移动学习的过程中,考虑到移动设备的屏幕大小和传输速度,教学内容应该是"轻装上阵",适合学习、浏览、下载等操作,特别是声音、视频、图像类的教学资源,文件量一般都较大,所以要对这些教学资源做"微"处理。

(二)"课"的特征

微课作为课程教学的形式,应该体现"课"的基本属性,如课程体系、课程目标、课程活动、教学设计、课程评价等。所有的这些属性既要体现出"课"的特征,还必须符合"微"的要求。

对于课程体系,微课将不再以教科书的章节顺序来教学,而是以知识点为学习单元,学习者可以选择其中的任意一个知识点开展学习,所以课程体系的内容组合就是知识点的组织,知识点之间的关系是松散型的。

　　课程目标就是课程学习所要达到的程度,常规的课程目标往往按三维目标来设定,即知识与技能、过程与方法、情感态度与价值观。微课的教学目标同样可以设为这三个维度,要求学习者除了注重知识的掌握以外,还需注意学习方法和情感态度、道德意识的培养。

　　课程活动是常规课中必须要有的,40分钟的一堂课,可以选择教师讲授、学生自主学习、小组协作、项目探究、考练结合等多种形式,或者是几种形式的结合。教师可以进行课堂创新,开展丰富多彩的课堂活动。而微课在课堂活动这方面受到了很大的限制,以学生自主学习为主的微课教学,在以自我为中心的学习情境中,课程活动强调的是学习者与教师、学习者与学习者之间的互动交流,此外,几乎没有教师安排的课程活动,要体现课程活动,关键在于微课的资源组织或学习平台架构。

　　教学设计是每一位教师备课时所要考虑的,为了提高教学效果,都要精心设计好一堂课的教学过程。微课的教学设计主要体现在学习过程的跟踪与管理,跟踪学习者学了哪些知识点,学习了哪些必学的知识点,完成的程度如何,学习进度如何反映等,从这些信息中获得学生的学习情况。如果没有中间环节的管理,很难评价学习者的学习态度和学习过程。目前微课只作为常规课的一种辅助教学形式,学习者利用课外时间进行课程的预习、复习等辅助学习,所以教学设计也是需要考虑的一个因素。

　　教学评价是考核学习的成效,微课的学习同样需要考核环节,检查学习者自学效果,督促学习者自觉学习,培养学习者的学习兴趣,提高学习者的学习积极性,也对远程教育、移动学习、翻转课堂、终身学习等起到促进作用。

二、微课资源的制作

　　依据微课的概念和特征,了确了微课主要是以个人自主学习为主、适合移动设备为学习载体的随时随地的学习活动。微课的内容设计可以根据教学所需来安排,比如说课前的预习、课中的强化或课后的巩固。微课教学资源的类型以教学视频为主,结合其他的资源构成微课资源总体。所以,微课资源的制作具有以下共同特征:

　　1.教学视频

　　教学视频是微课的主要资源,微课视频的制作效果和呈现形式对微课的应用有着重要影响。制作视频时首先要确定制作的工具。一般地讲,视频制作工具主要有录屏软件(如 Camtasia Studio 软件)、电子白板的录屏功能、Office 2010 版的演示课件、动画制作软件（如 Flash 软件）、摄像器材录制（如摄像机、电脑的摄像功能、手机的摄像功能）等。利用这些工具可以直接生成音视频课件，或者生成视频课件后通过后期合成加入配音或字幕。

由于视频制作涉及环境噪声、摄像技术等问题，往往需要进行后期编辑，如视频的截取与合并、视频中插入图片、转场效果、添加画中画、局部放大或缩小、添加字幕、添加标记等。这些要求对于一位普通教师来说有一定的难度，也是微课能否吸引学习者持续学习的一个重要方面，所以可以采取多学科的教师来合作完成。

在视频制作时，要改变以往的"视频教学案例"观念，也就是说不能把微课视频制作成往常用的视频教学案例，把操作过程或内容讲解过程录制下来，这样必定会造成视频时间过长、重点不突出等问题。也许有人会想到一个捷径，就是将原先录制的视频案例进行"切割"，按照原先的教学顺序或操作步骤切成几个组成部分，以此来作为微课的教学视频。其实，这样的做法也不符合微课的特征。"切割"后的视频，存在着内容的相关性和连贯性，而且会有冗余的画面和多余的语音存在，不符合微课内容相对独立、小而精的特点。

2. 内容组织

微课的内容组织不同于常规的网络课程或多媒体课件，内容的粒度上尽可能的小，一般以一个知识点为基础来进行分割，而且内容描述要精细。课程的教材中往往会有学习者已知的知识，有了解知识背景的知识，还有需要掌握的新知识，从而形成一个体系。

微课内容的选择，可以从学科、主题、模块以及对象等出发，有针对性地选择新知识部分制作成微课的主要内容。从内容形式上，可以以概念型、实验型、练习型等多种形式来组织，方便知识的表达与理解。

从资源的文件格式上，考虑到网络传输速度，图像文件应该采用压缩文件，比如 JPEG、GIF 图像文件，声音采用 MP3、RM、WMA、ASF、AAC、Mp3Pro、VQF、MD 等文件格式，这些文件类型的声音文件量小，是网络传播中较常用的声音类型。视频类文件如 MPEG、AVI、WMV、RM、MOV、3gp、mp4 等，其中适合手机视频的视频文件是 3gp 格式，RM、MOV 是流媒体格式，适合网上在线播放。

如果建成微课资源平台，除了提供视频资源外，还需提供辅助资源，如知识向导、学习反馈记录、配套练习等，帮助学习者自主学习。此外，还需注意资源平台的内容分布，要导航清晰、浏览便捷、互动方便，比如在微课平台中适当位置提醒学生后续学习的活动或内容，便于学生浏览并转入相关的学习活动。

内容组织过程中，需要注意学习内容的情境设计和任务单，是"一对一"的教学还是一对多的教学，学习过程中可以设计一些提问策略，帮助学生思考和总结，每一个微课结束时要有一个简短的总结，概括要点，帮助学生梳理思路，强调重点。

三、微课的应用

随着微课的逐渐兴起，这一形式就被广泛地应用于教学实践中，通过实践来开展微课教育应用研究以及利用微课进行教学创新。国外已将微课应用于日常教学中，并得到了良好的教学效果，这得益于国外灵活的教学体制和组织形式以及较系统的微课资源平台。国内的微课应用也涉及教学、社会的各个领域，具体可以总结为教学应用、资源建设和微课竞赛三大类。

（一）网络教学

微课应用于教学中，目前还不是很普遍，涉及微课资源的制作、平台的开发、教学环境的许可等因素，但是随着翻转课堂、远程学习、移动学习的发展，微课也会随之成为新生事物并受到广大教育者的关注。根据文献调查，微课的应用可以归为两大类，一类即教师个人开展微课实践研究和理论探索，没有形成教学的一种必需应用。一类是以网站的形式开展微课学习，面向社会、受益面较广。

微课网是由北京微课创景教育科技公司设计的以盈利为目的的微课学习网站（http://www.vko.cn/）。从网站上的信息可以看出，微课学习主要是面向高中生和初中生的付费学习，学习内容分成基础课、专题课和套餐课三大类，每类又可以涵盖学科单科同步学习、多科组合套餐学习和应试中高考复习等。主讲教师是来自于高校和中学的知名教师或骨干，为网站提供了 5000 多节的优质微课，比较全面地覆盖了中高考知识点。通过该平台，学习者除了在电脑上开展远程微课学习外，还可以在手机上联网学习，增加了学习的灵活性。

2010 年，天津市启动了"开放大学堂"网络平台，其中包括面向普通高中选修课程"空中课堂"和面向小学一年级新生的"博学乐园"版块。"博学乐园"开设了《习字与书法》网络微课，共有 160 课时，每课时授课时长为 15

分钟,其内容结构主要是巩固旧知、导入新课、教授新知、小结与作业四个部分。这种网络微课不仅让更多的学生喜欢书法艺术,还提高了家长对书法的重视程度与鉴赏能力,形成了家校教育合力。

2012年12月,由凤凰卫视集团、华南师范大学、各大出版社集团及电视台协同创办的"凤凰微课"正式启动。在凤凰微课网(体验版)所发布的课程主要分为八大板块,即网络教育学院、凤凰教育、公开课、教师培训、职业教育、心理学、家庭教育及特殊教育,每门课程分为若干专题与知识模块,采用小学分、按模块计算,可累积、可分别选修,为此还构建了面向终身学习的"学分银行"系统,初步实现了职前教育与职后教育相衔接,学历教育与非学历培训相沟通。① 随着 Windows 8 客户端上架后,凤凰微课 APP Store 应用平台上线,使得有更多的人有机会、更便利地下载和体验凤凰微课,实现随时随地的学习。

教师对微课的研究,无论从理论还是实践角度,都有不少的研究成果。例如,苏小兵在分析国内外微课的应用现状基础上提出了微课教学的应用模式;② 余胜泉等设计了基于学习元的微课,包括微课设计、教学信息描述、微课聚合和开发模式,解决了微课小而散的问题;③ 吴慧慧专门提出了交互型微课的设计思路,并开发了个别指导型、游戏型、巩固练习型和实验型的微课案例;④ 李艳叶开展了微课教学实践研究,在英语教学中以故事教学法为主线,结合英语微课开展教学尝试。⑤ 通过对微课的理论与应用研究,推动了微课的发展,使得微课的理论更成熟,应用更合理、科学,虽然没有大规模的使用微课,但从微课的发展来看,已经显示出积极的促进作用。

(二)资源建设

2004年,英国教师电视网站(Teachers TV,TTV,http://www.teachers.tv)的微课视频资源建设完成,由政府出资开发的 3500 个精品微课视频受到众多教师、家长和学生的访问与应用,点击率曾一度超过了 586 万人次,经历了 7 年时间,由于经济问题于 2011 年 4 月被迫关闭。2008 年,

---

① 张一川、钱扬义:《国内外"微课"资源建设与应用进展》,《远程教育杂志》2013 年第 6 期,第 26—33 页。

② 苏小兵、管狂琪、钱冬明、祝智庭:《微课概念辨析及其教学应用研究》,《中国电化教育》2014 年第 7 期,第 94—99 页。

③ 余胜泉、陈敏:《基于学习元平台的微课设计》,《开放教育研究》2014 年第 1 期,第 100—111 页。

④ 吴慧慧:《交互型微课件的设计研究》首都师范大学硕士论文,2014 年。

⑤ 李艳叶:《基于故事教学法的中学英语微课设计》,《中国教育学刊》2015 年第 6 期,第 3—4 页。

由美国的乔·托马斯（Joe Thomas）博士带领的视频编辑团队创办了基于维基的中小学微课视频资源库"观看知道学习"（WatchKnowLearn，http://www.watchknowlearn.org/）。他们采用维基框架和理念，根据中小学的多样性推荐优质的视频，涵盖了中小学的所有教育主题，而且儿童观看绝对安全。2008 年，美国"英语中心"（EnglishCentral，简称 EC）视频网站创始人施瓦茨（Schwartz）创建了"英语中心"英语学习视频内容库，9000多个微课视频分专题分等级地提供给学生。[①] 以免费提供微视频制作著名的可汗学院，制作了包括数学、科学与经济学、计算机科学、人文学、测试准备（Test Prep）、医学、实验等学科的微课，其内容的呈现形式主要以电子黑板和教师旁白讲授相结合为主，并配有多国语言的讲授字幕，其中理科课程较为完整和系统。[②]

我国最具影响力的网站是"中国微课网"（http://www.cnweike.cn），它是国家教育部教育管理信息中心主办的网站平台，分为中国微课大赛、翻转课堂课题研究、翻转课堂教学平台、教师专业培训和互动交流社区五大版块。该平台已累积了十万余节微课，200 多万道练习题，2014 年 12月，教育管理信息化专业委员会又发出通知关于征集第二届全国中小学优秀微课的活动，今后平台的微课资源将更加丰富，质量也会更好。[③] 教师专业培训主要涉及微课设计与制作、翻转课堂教学法和教师信息技术应用技能等。该平台综合了与微课相关的教师专业发展的活动主题。

由浙江省教育技术中心主办的"浙江微课网"（http://wk.zjer.cn）是一个集微课作品、微课大赛、学做微课和微课交流的平台，截止到 2015 年 9月 6 日，已累计视频数 3515 个，访问量达到 2 168 675 人次。通过这个平台，可以学习如何做好微课，可以欣赏优秀微课作品，可以与微课作者交流技术与经验。

随着微课大赛与微课项目的推动，微课资源的内容、层次等级、专业分类等都将会越来越丰富，为翻转课堂提供资源，也为移动学习和远程教育提供资源。

----

①　吴秉健：《国外微课资源开发和应用案例剖析》，《中小学信息技术教育》2013 年第 4 期，第23—26 页。

②　张一川、钱扬义：《国内外"微课"资源建设与应用进展》，《远程教育杂志》2013 年第 6 期，第 26—33 页。

③　数据来源于网站显示，截止日期是 2015 年 9 月 6 日。

(三)微课竞赛

目前,促进我国微课发展的主要形式是微课竞赛。2012—2013 年,我国教育部教育管理信息中心举办了面向全国中小学教师的首届"中国微课大赛",这个赛事是全国中小学微课征集评选活动中参加人数最多、影响力最大的活动,第二届将在 2014—2015 年举行。

在全国微课大赛的促进下,各省市都会相应地举行微课选拔大赛,以选拔出优秀的作品参赛。例如,佛山市举办的首届中小学教师优秀微课作品大赛,共征集 1700 多件优质规范的微课参赛作品,作品类型包括讲授类、探究类、导入类、合作类、问答类、实验类、练习类、说课类等,其中以讲授类及探究类微课作品数量居多,分别达到了 23.7％和 22.3％。①

2012—2013 年,我国教育部全国高校教师网络培训中心主办了首届"全国高校微课教学比赛"(http://weike.enetedu.com),2014 年 3 月到2015 年 8 月,举行第二届大赛。大赛面向全国高校本科院校专任教师和高职高专院校专任教师,并分为文史、理工两大类,涉及哲学、教育学、理学、医学等 12 门学科。

通过微课大赛,推动教师专业发展和教学能力提升,促进信息技术与学科教学融合,更好地促进教师之间的教学经验交流和教学风采展示。

微课能使学生更好地满足对不同学科知识点的个性化学习,可以实现查漏补缺或强化巩固知识,是传统课堂学习的一种重要补充和拓展资源。能使教师改革传统的教学与教研方法,突破听评课模式,推动教师专业素质的发展。

第四节　教育创新对教师的新要求

信息技术的发展为教育创新提供了无限的可能性,如移动终端的发展,网络教学的应用等,为翻转课堂、移动学习等提供硬件环境支持。我国《基础教育课程改革指导纲要》中明确表示:教师需要更新教育观念,转变角色,重构课堂教学过程,体现课程理念,形成活动性的、协作反思性的学习风格,实现课程目标。这为翻转课堂和移动学习提供了政策支持。

---

① 张一川、钱扬义:《国内外"微课"资源建设与应用进展》,《远程教育杂志》2013 年第 6 期,第 26—33 页。

　　本章所提及的翻转课堂、移动学习、微课，以及未提及但也倍受关注的MOOC（慕课）、智慧教育等，都是作为新型的教学模式或教育理念存在的。这些新概念运用到教学实践中，体现了教育信息化，也突出了信息技术与课程整合、传统课堂与网络课堂相结合的思想。运用新技术、新理念开展教育创新，实现基础教育改革，是《基础教育课程改革指导纲要》的要求，也是教育发展的要求。与此同时，对一线教师也提出了更高要求。

一、教学资源的处理技术

　　翻转课堂的教学资源除了教材、纸质资料以外，还需要多媒体课件和教学视频。而课件和教学视频的好坏与质量高低直接决定了翻转课堂的效果。如果课件是教材的电子版，则课件将变成一种摆设，学生不会关注，如果教学视频冗长又没有重点，视频的学习将没有效果，而且会使学习者失去兴趣。

　　自从信息技术应用到教育教学中，教师们就开始接触和学习课件的制作，但是要将任意一门学科的内容与信息技术整合在一起，除了要学习课件制作工具的使用外，还需要学习很多知识，如课件的艺术性，让人百看不厌；课件的技术性，能将复杂抽象的内容具体化和形象化；课件的结构性，体现教学设计的创意等。我国有很多向社会免费开放的精品课程资源，但是精品课程网站上的资源存在可用率低、自主学习资源不足、导航系统不强、缺乏评价与反馈、缺乏教学活动设计等种种问题，且大部分网络课程仍强调"教"，不能充分体现"以学生为中心"的设计思想。[1]

　　教学视频的制作，可以说是教师的难点，自然也就成为翻转课堂教学的难点。一般的多媒体课件，如PPT课件，几乎所有教师都会，只是存在着技术水平高低而已，而对教学视频录制，涉及摄像技术、视频后期编辑技术、语音处理技术、字幕处理等，可以说绝大部分教师都不会。即使是最简单的屏幕录制，比如操作性类的教学内容，需要把操作过程录制下来，也需要懂得录屏的基本操作和后期修改。此外，翻转课堂的教学视频不同于网络共享的视频资源，需要按照教学设计，把教学内容分章节、知识点来制作，也就是微视频的制作，内容必须经过精心设计和组织，视频时间也不能太长。所以，录制教学视频的前期准备不充分、技术不熟练，将会大大增加

---

　　① 刘健智、王丹：《国内外关于翻转课堂的研究与实践评述》，《当代教育理论与实践》2014年第2期，第68—71页。

教师的工作量,由此对教师的多媒体课件制作技术和教学视频制作技术提出了很大的挑战。

在翻转课堂教学的基础上派生出微课教学,微课教学与翻转课堂相同之处在于都是以教学视频资源为主的教学方式,所以微课中的教学视频同样要求教师具备需要的技术。除此以外,微课的教学组织与翻转课堂不一样,其教学环境都是在联网的电脑上或在移动终端上,所以微课的教学活动中需要掌握活动的连接点,如插入问题、给出提醒、活动链接、字幕强化等细节,应像一个导航地图一样,使学生在学习中能不迷航,顺着设计好的路线自主学习。因此,学习界面的设计与内容的组织也是一种新的挑战。

移动学习不同于网络学习的地方就是移动终端的不一致性。常规手提电脑在无线网络的环境下运行,可以作为移动终端的一种,在这种条件下的移动学习与网络机房、家庭、办公室等有网络的环境下的学习几乎相同,其学习资源就是平时所熟悉的网页形式,在资源组织与技术上都已没有问题。除此以外,像手机、PAD 等移动终端,有着屏幕尺寸小、操作系统不统一的特点,一个屏幕页的内容显示不了很多的内容,而且不同的操作系统平台有着不同的文件要求和显示格式,所以考虑学习资源呈现时,必须根据具体学习环境来具体设计。因此,移动学习要求教师要了解不同的操作系统对学习平台的可操作性规范,要求教师掌握小屏幕页面的界面设计特点。目前很流行的手机 APP 软件"百词斩",能够将英语单词、句子、图像、声音、动画有机地结合在一起,而且页面内容设计合理、导航清晰,是值得教师们研究和学习的。

二、教学的掌控能力

作为一名一线教师,在不要求教学改革的情况下,对已经习惯了的备课、上课、批作业三部曲,通过不断重复的教学工作,已掌握大量的教学资源,教学内容非常熟悉,时间控制把握准确,可以说达到的熟练程度是"玩转于手掌之中",凭着经验不需备课也能上好课,教学的掌控能力非常强。

翻转课堂采用"混合式"学习方式,它包括课下的在线学习和课堂上面对面教学这两部分。课下的在线学习是以学生自主学习为主,自主选择教学内容以及重复学习的次数,主动与同学或教师交流,以求得问题的解答或是分享学习的成果。课堂上的面对面教学是在教师指导下由学生围绕课下遗留的问题、实验中的问题或教师提出的某个专题进行小组协作探究或交流讨论,以求得知识的继续求解与深化。显然,这两部分的教学安排

　　与以往的教学不同，发生了"翻转"或"颠倒"。这不是简单的"翻转"或"颠倒"整个教学过程，而是涉及一系列教学工作的变化，如备课教案的不同，上课策略的不同，评价学生方式的不同，等等。这些变化对一名教师来说，是一种挑战。

　　在翻转课堂模式下，教师需要具备三方面的掌控能力。第一，掌控课下的教学，明确学生是否按要求去学习。对于低年级的基础教育，小学生的自控能力和认知水平较低，有可能不能如期完成课下任务，对中学生，自学能力加强了，但是学业任务比小学生更重，可能没有时间去开展自主学习。另外，借助网络学习，网络上的丰富多彩资源，学生可能会控制不住自己，无法去专心学习。再如考虑家庭条件，有些家庭没有网络、没有电脑，学生没有条件进行网络学习。这些因素，教师都要在备课前做好充分的调查工作。如果条件完全成熟，那么教师应该采取什么样的管理措施，让学生自觉有效地完成课下学习，这需要教师的经验和智慧。第二，掌控课堂上的面对面教学。课堂上讨论学习、协作学习、自主学习的形式，把上课的大部分时间都交给了学生，教师所面临的挑战是如何管理好一堂课的纪律和进度，如何在自己的掌控中完成备课时的设想，达到教学要求，如何控制好一堂课的时间分配，使得下课时刚好能把学生的问题都解决好，如果出现异常状况，应该采取什么样的应急措施来处理，等等。这些都要求教师具有较强的应变能力和管理能力。第三，需要掌控学生的学习评价能力。除了用以往的测试方式来考核以外，对学生的课下网上学习的评价，课堂上的交流讨论表现的评价等，这些过程是教学活动的重点，教师需要改变原有的评价手段，借助技术的支持，采取多样化的评价方式，来全面考核学生的学习。

　　移动学习和微课教学主要是无线网络环境下开展的非面对面的教学，更加强调教师对身处异地的学生的学习管理。通过采取一系列的策略来有效管理，例如，在体现随时随地的自主学习的前提下，确保学生能完成规定的学习任务；在学习的进程中要有反思和总结，确保学生能基本掌握所学知识；在学习的过程中要有考核，确保留下评价的依据；在学习过程中遇到问题时，要给予及时的交流和提醒，提高学生学习的积极性。所以移动学习和微课学习不是"放羊"式教学，而是以学习者为中心的开放式的教学，需要教师具备一定的管理和掌控能力。这个能力体现在资源组织、平台设计理念和教学策略中。

第五章　社交网站——合作的反思交流工具

传统的教师专业发展模式在一定时期内,体现出特有的性质和功能,也具有一定的实效性,所以一直沿用下来。但随着网络的发展,计算机与电子设备的快速更新,教师专业发展出现了新的挑战。社会化平台和虚拟学习环境的建立,非面对面和非实时的网上通信,改变了原有的人与人之间的交流方式。充分利用社会化网络平台,创建专业化的学习环境,开展大学与中小学合作,促进教师专业化发展,这一主题将受到广大教育者的关注。

第一节　社交网站的特征

一、社交网站的发展

社交网站源于社会网络服务(英文:Social Networking Service,缩写:SNS),主要作用是为一群拥有相同兴趣与活动的人创建在线社区。这类服务往往是基于互联网,为用户提供各种联系、交流的交互通路,如电子邮件、实时消息服务等。目前知名的社交网站有 Facebook、新浪微博、人人网、百度空间、众众网、开心网、豆瓣、百合网、QQ 空间、知乎、51 游戏社区等。

网络社交的起点是电子邮件。早期的 E-mail 解决了远程的邮件传输问题,至今也是互联网上最普及的应用,同时它也是网络社交的起点。利用电子邮件,用户可以收发其他用户的邮件,也可以利用邮件进行群发、抄送、密送、转发、回复等,邮件的内容可以以文本的形式,也可以以附件文件的形式进行发送。人们通过邮件开展非面对面的、非实时的交流与通信。

在网络应用的初始，人们主要以电子邮件来通信，由于电子邮件的及时性和低成本（几乎是零成本），使得书信邮件的使用率大大缩减，目前电子邮件仍是应用非常广泛的一种网络交流方式。

利用电子邮件可以实现两个用户之间的异步交流，却不能进行多用户、实时地进行交流，论坛弥补了电子邮件的缺陷。论坛亦称电子公告板（Bulletin Board System，英文缩写 BBS）系统，是通过在计算机上运行服务软件，允许用户使用终端程序通过电话调制解调器拨号或者 Internet 来进行连接，执行下载数据或程序、上传数据、阅读新闻、与其他用户交换消息等功能。BBS 的主要操作是发布信息（发新帖）、查看信息、回复信息（回帖、跟帖）、删除和修改信息等。BBS 的出现，几乎渗透了我们生活的各个方面，几乎每一个人都可以找到自己感兴趣或者需要了解的专题性论坛，而各类网站，综合性门户网站或者功能性专题网站也都青睐于开设自己的论坛，以促进网友之间的交流，增加互动性和丰富网站的内容。所以 BBS 的流行已成为互联网最重要的应用之一，也逐渐成为网站核心竞争力的标志性体现。2006 年 7 月 CNNIC 发布的统计表明，43.2％的中国网民经常使用论坛/BBS/讨论组，论坛社区应用首次超过即时通讯 IM，成为仅次于收发 E-mail 的互联网基本应用。论坛/BBS 把网络社交推进了一步，把电子邮件中的"群发"和"转发"常态化，并从单纯的点对点交流成本降低，推进到了点对面交流成本的降低，理论上实现了向所有人发布信息并讨论话题的功能。

论坛的种类很多，分类方法也不同，目前还没有一个明确的分类法。查阅文献可知，从登录 BBS 的角度，可以将 BBS 分为两种形式，一种是远程登录方式，用户需要有 Telnet 客户端软件。另一种是万维网方式，它的使用方法如同浏览网页一样，使用浏览器就能加入 BBS 活动。从内容专业性角度，可分为综合类论坛和专题类论坛。综合类论坛包含的信息面很广而丰富，具有足够的人气和凝聚力。专题类论坛的内容相对专一，能够吸引有共同爱好的网友参加讨论，对教学科研能起到重要的作用。如果从满足版块、发帖、回帖的要素角度，国内 BBS 大致分为论坛平台（如：百度贴吧）、通用论坛程序（如：Discuz!/phpwind）、独立论坛社区（如：猫扑/天涯）三种。从论坛的功能性角度，主要有两种：教学型论坛和地方性论坛。教学型论坛通常如同一些教学类的博客，或者是教学网站，重点在于对一种知识的传授和学习。在计算机软件等技术类的行业，这样的论坛发挥着重要的作用，通过在论坛里浏览帖子，发布帖子，能迅速地与很多人在网上进行技术性的沟通和学习。地方性论坛是娱乐性与互动性最强的论坛之一。不论是大型论坛中的地方站,还是专业的地方论坛,都有很热烈的网民响应,比如百度、长春贴吧、北京贴吧或者是清华大学论坛、运城论坛、长沙之家论坛等,地方性论坛能够更大距离地拉近人与人的沟通,另外,地方性论坛对其中的网民有一定的局域限制,论坛中的人或多或少都来自于相同的地方,所以常常受到网民的欢迎。

微信是腾讯公司 2011 年推出的一款为智能手机提供的,通过网络发送语音短信、视频、图片和文字等信息,同时支持群聊的即时通讯应用软件技术。微信所具有的高效率信息传输速度、多样化传播内容,推动了人与人信息交流和沟通方式的创新,使人们不再局限于网络条件下的 PC、电话、博客、QQ、微博等信息发布平台。其最大的特点是突破了时空局限,可以通过移动互联网络或 Wifi 在用户群间传播信息,使用户能不受时间、地点的限制进行交流与沟通。微信的特色功能有:支持发送语音短信、视频、图片(包括表情)和文字;支持多人群聊(最高 10 人);支持查看所在位置附近使用微信的人(LBS 功能);多平台,支持 iPhone、Android、S60 平台的手机之间相互收发消息;省流量,图片、语音和视频优化,1MB 可发约 1000 条文字信息,1000 秒语音信息,约 1 分钟视频信息,后台运行只消耗约2.4KB/小时。

鉴于微信的上述功能,手机的普及应用可以成为学习的便捷工具,微信的点对点、点对面相结合的传播形式,用户可以利用微信有选择地与好友进行点对点沟通,也可以使用微信的群聊功能与好友们进行点对面的交流。教师借助微信可以对学生进行个别指导,可以发布学习内容供学生自主、协作学习,还可以设计主题供教师与学生、学生与学生之间展开讨论。在此过程中,教师可对学生的学习情况进行形成性评价,以帮助学生顺利地完成主题的学习,并对主题学习结果进行总结。相类似地,通过微信朋友圈可以实现教师与教师之间的交流,可以开展教师之间的培训。[①]

以百度贴吧为例,它是全球最大的 BBS 平台,每天数亿的访问量,从诞生至今一直都在增长。论坛的分类有娱乐明星、爱综艺、追剧狂、看电影、体育、小说、生活家、闲趣、游戏、动漫宅、高校、地区、人文自然等。如图 5-1所示为百度贴吧中的“小说”类论坛的截图,可以选择小说和贴吧的类型,与爱好相同者探讨交流共同的话题。用户通过注册可以进入到任一个感兴趣的贴吧,与任何一个吧内的用户进行发帖和回帖交流。百度贴吧内容

---

① 　王晓玲:《微信与 QQ 支持下基于任务驱动的协作学习之比较研究》,《电化教育研究》2013年第 11 期,第 98—102 页。

的宽泛性,没有文化水平、身份地位、地理区域、专业职位等的区别,所以受到网民的欢迎。

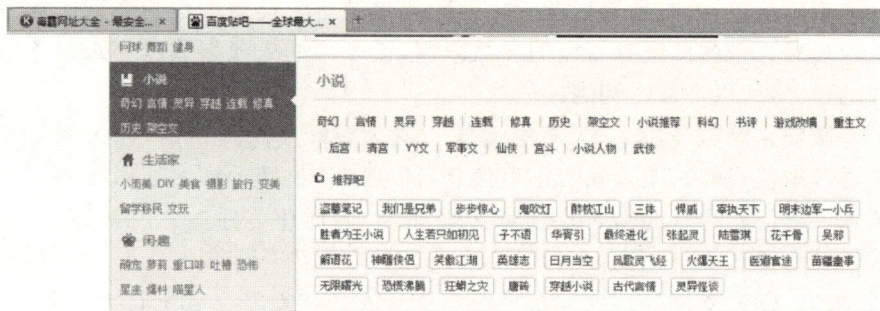

图 5-1　百度贴吧界面

"K12 教育论坛"贴吧[①]是专业性较强的一个论坛,如图 5-2 所示。它分为网络学习专区、论坛管理区、教育讨论区、学科交流区、其他交流区和 K12 产品与服务区六大模块,每个模块又分为几个分支,如学科交流区分为语文、数学、物理、化学、生物、历史、地理、思品政和信息技术 9 个学科。

图 5-2　K12 教育论坛贴吧

以信息技术论坛为例,如图 5-3 所示。贴吧中显示了群聊记录、求助求解、资源资料等八个栏目,显示了参与讨论的用户名,以及该用户发帖的主题内容、回复数和浏览数,发帖的日期与时间,管理员账户名等信息。开展

---

① 中国中小学教育教学网,[2015-04-05]. http://sq. k12. com. cn/discuz/forum. php.

主题式探讨与交流,对于教学与科研是有很大作用的。

图 5-3　信息技术论坛界面

即时通信(Instant messaging,简称 IM)是一个终端服务,允许两人或多人使用网络即时地传递文字信息、档案、语音与视频交流。IM 就像是电子邮件和 BBS 的升级版本,提高了即时效果(传输速度)和同时交流能力(并行处理)。即时通讯软件最具代表性的软件是腾讯的 QQ 和微软的 MSN Messenger,据艾瑞咨询 2005 年对即时通信市场的调查统计,[①]QQ 的市场占有率达到 78.8%,MSN 为 13%,网易泡泡为 1.6%,淘宝旺旺为 2.1%,雅虎通为 0.7%,其他即时通信软件占 3.1%。他们都可以实时交谈和互传信息,可以文字聊天、语音聊天、视频聊天,可以"一对一"聊天,也可以群组聊天。可以展开数据交换、网络会议、电子邮件、远程协助的功能。QQ 是国内使用人数最多的一款聊天工具,支持文字聊天、语音通话、视频电话、点对点(在线/离线)传文件、共享文件、网络硬盘、自定义面板、QQ 邮箱等多种功能,并可与移动通讯终端相连。用户可以使用 QQ 方便、实用、高效地和朋友联系,而所有这些功能都是免费的。如图 5-4 所示为 QQ 空间中某用户发布的内容,在此空间可以进行非实时的内容交流,开展群内知识的学习与探讨。

---

① 即时通讯软件的发展及其现状,[2015-04-09]. http://wenku. baidu. com/view/0b95c721aaea998fcc220e49. html.

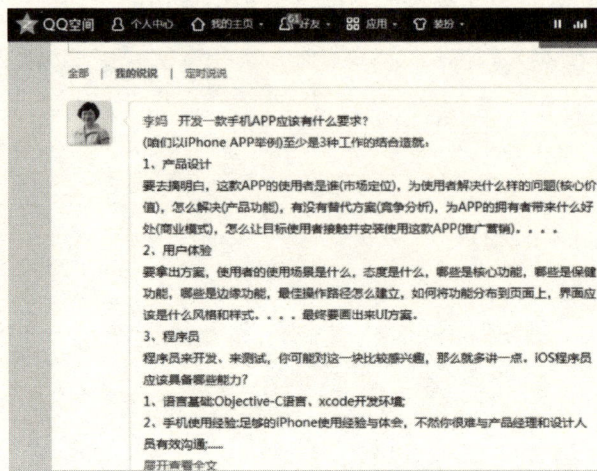

图 5-4　QQ 个人空间部分界面

即时通信行业仍处于高速发展期，在未来的发展中将呈现出整合多种业务、扩张移动平台、渗透企业用户、融入收费内容的发展趋势。

博客（Blog）是另一种信息发布的方式，也叫网络日志。Blog 是一个网页，通常由简短且经常更新的帖子构成，这些帖子一般是按照更新的时间排列的，最新的帖子排在最前面。Blog 的内容，可以是个人的想法和心得，小到一日三餐，大到国家大事，也可以是某一主题在某一领域内由一群人集体创作的内容。Blog 的内容是私人性和公共性的有效结合，它不仅仅是个人思想的表达和日常琐事的记录，它所提供的内容可以用来进行交流和为他人提供帮助。

最早的博客是作为网络"过滤器"的作用出现的，即挑选一些特别的网站，并作简单的介绍，主要是一批 IT 技术迷、网站设计者和新闻爱好者，不自觉、无理论体系的个人自发行为，主要满足自我表达的需求。到 2000年，博客开始成千上万涌现，并成为一个热门概念，作为公众交流信息、展示自我的重要平台。随着社交媒体和社交网络的兴起，博客的交互属性逐渐被替代，到 2006 年，作为专业领域的知识传播模式，博客成为该领域最具影响力的交流平台，作为一种社会交流工具，博客超越了 E-mail、BBS 和IM，成为人们之间更重要的沟通和交流方式。

2006 年 3 月，博客技术先驱 blogger 创始人埃文·威廉姆斯（Evan Williams）创建的新兴公司 Obvious 推出了大微博服务。在最初阶段，这项服务只是用于向好友的手机发送文本信息，Twitter 就是一个社交网络及微博客服务的典型应用，用户可以经由 SMS、即时通信、电邮、Twitter 网站或 Twitter 客户端软件（如 Twitterrific）输入最多 140 字的文字更新。2010年，我国微博应用猛增，四大门户网站均开设微博。高校教育平台也随之建立，如腾讯微博校园上的高校新闻哥微博体系的发展，推动了中国教育事业信息化发展的步伐。2012 年 1 月，据中国互联网络信息中心（CNNIC）报告显示，截至 2011 年 12 月底，我国微博用户数达到 2.5 亿，较上一年底增长了 296.0％，网民使用率为 48.7％。微博用一年时间发展成为近一半中国网民使用的重要互联网应用。2014 年上半年的"马航事件"和 2014 年下半年的"冰桶挑战"凸显了新浪微博作为社交媒体的快速的传播速度、深远的传播范围和积极的社会影响力。所以微博的兴起，使得用户从计算机应用转移到手机应用，博客的应用量受到一定的影响。

二、社交网站的应用调查

中国互联网络信息中心（CNNIC）发布的《第 35 次中国互联网络发展状况统计报告》（以下简称《报告》），统计与分析了我国互联网近一年来的发展状况。有关社交网站的分析，现总结以下几点：

1. 2014 年，我国网民在家里、网吧、工作单位通过电脑接入互联网的比例与 2013 年基本持平，在学校通过电脑上网比例略有增长，在公共场所电脑上网使用率增长 3.4 个百分点。在家里使用电脑接入互联网的城镇网民中，家庭 WiFi 的普及情况已达到很高水平，比例为 81.1％。家庭 WiFi 的使用对家庭成员上网具有较强带动作用，推动城市互联网普及率的进一步提升，这为开展随时随地的学习和交流打下了良好的基础。

2. 即时通信、网上论坛/BBS 和（微）博客的应用仍然热度不减。如表5-1 所示为基于电脑和基于手机的应用分析。

表 5-1　2013—2014 年网络应用比较

应用	2014 年		2013 年	
	用户规模（万人）	网民使用率（%）	用户规模（万人）	网民使用率（%）
即时通信	58 776	90.6	53 215	86.2
电子邮件	25 178	38.8	25 921	42.0
论坛/BBS	12 908	19.9	12 046	19.5
博客	10 896	16.8	8770	14.2

续　表

应用	2014 年		2013 年	
	用户规模（万人）	网民使用率（%）	用户规模（万人）	网民使用率（%）
手机即时通信	50 762	91.2	43 079	86.1
手机论坛/BBS	7571	13.6	5535	11.1
手机微博	17 083	30.7	19 645	39.3
手机邮件	14 040	25.2	12 714	25.4

2014 年,在移动互联网的推动下,个人互联网应用发展整体呈现上升态势。即时通信作为网民第一大上网应用,其使用率在高使用率水平的基础上继续攀升;微博、电子邮件等其他交流沟通类应用使用率持续走低;博客社交性退化。

即时通信作为第一大上网应用,在网民中的使用率继续上升,我国即时通信网民规模达 5.88 亿,比 2013 年底增长了 5561 万,年增长率为 10.4%,即时通信使用率为 90.6%,较 2013 年底增长了 4.4 个百分点,使用率位居第一。手机即时通信由于其随身、随时、拥有社交属性和可以提供用户位置的特点,手机端即时通信使用也一直保持着稳步增长的趋势。截至 2014 年 12 月,手机即时通信使用率为 91.2%,较 2013 年底提升了 5.1 个百分点。

电子邮件作为第二大应用,从表中可知其使用率呈下降趋势。截至 2014 年 12 月,电子邮件的网民使用率从 2013 年的 42% 降到 38.8%,下降了 3.2 个百分点,手机电子邮件下降了 0.2 个百分点。主要原因是发送的主题内容或是附件文件,在即时通信软件中都可以实现,而且比电子邮件更方便,更及时。

微博与博客的应用呈现波动状态,手机微博明显减少,由 2013 年的 19 645 万人降到 2014 年的 17 083 万人,使用率下降了 8.6 个百分点;而博客有所提升,2014 年比 2013 年增加了 2126 万人。究其原因,第一,由于网民的碎片化时间逐渐为移动端阅读所占据,大量的用户体验较优的新闻 APP,这是造成手机微博用户流失的重要原因。第二,微博中的商业性操作,如私信推广、强迫性的广告推送,以及同质化的大号推广营销等影响了微博用户的使用。第三,相对于微博空间,博客在专业化、专一性、可用性、价值性等方面的优势,是微博无法比的。

论坛/BBS 使用率如同即时通信一样，仍然呈上升态势。2014 年比 2013 年用户规模数增加了 862 万人，增长了 0.4％，手机论坛/BBS 则由 2013 年的 5535 万人增加到 2014 年的 75 871 万人，网民使用率增长了 2.5 个百分点。随着网络社区的形式多种多样，搜索引擎网站开通的贴吧和空间，电子商务网站开通的论坛，个人空间，各种不同人群定位的专业论坛等等，都是网络论坛发展的形式。

3. 网络分享。互联网降低了沟通和交易的成本，也营造了互惠分享的网络空间。《报告》中显示，2014 年，有 60％的网民对于在互联网上的分享行为持积极态度，其中非常愿意的占 13.0％，比较愿意的占 47.0％。借助网络空间，网民在信息和资源方面互惠分享，不仅降低了交易成本，也创造了新的价值。调查显示，10～29 岁的年轻人相对于其他群体更乐于在互联网上分享。

4. 网络评论。网络空间给广大网民提供了平等表达自己意见的"新公共领域"。调查显示，有 43.8％的网民表示喜欢在互联网上发表评论，其中非常喜欢的占 6.7％，比较喜欢的占 37.1％。网络空间已经成为人们发表言论的重要场所。网络空间"新公共领域"的特征有助于成为社会冲突的"安全阀"，良好、通畅的对话空间有助于缓解社会矛盾，促进社会和谐。近年来，我国政府积极倡导、引导网络参政议政，广大网民通过互联网通道评论时事、反映民生、建言献策，网络已经成为推进社会主义民主政治建设的重要力量。

从网络社交的演进历史来看，它一直在遵循"低成本替代"原则。网络社交一直在降低人们社交的时间和物质成本，或者说是降低管理和传递信息的成本。与此同时，网络社交一直在努力通过不断丰富的手段和工具，替代传统社交来满足人类的交流需求，社交网络已经扩展成一个人类社会交流的工具。现在网络社交更是将其范围拓展到移动手机平台领域，借助手机的普遍性和无线网络的应用，利用各种交友、即时通讯、邮件收发器等软件，使手机成为新的社交网络的载体。未来随着云计算技术日益普及和成熟，基于云计算技术台的社交将成为更加方便、范围更加广泛的交友方式。①

---

① 社交网络.［2015-04-09］. http://baike.sogou.com/v15661.htm.

第二节　Blog 与教师专业发展

Blog 以网络为载体，方便个人简易、迅速、便捷地发布心得，可以记录个人的新闻、作品、思想和成长历程，可以形成 Blog 团队，可以方便受众及时有效地交流与协作，是集丰富多彩的个性化展示于一体的综合性平台。作为教师，可以充分利用 Blog 平台，传授新知识、总结教学经验、共享教学资源、探讨教学问题、传授教学经验，有利于个人教师专业的成长，有利于博客朋友的共享学习，有利于教师团队的专业成长。

博客（Blog）作为一款社会性软件已被广泛应用于教育和教师专业发展，以学校、地区为单位的 Blog 群联合众多专家和教师，既能展现学习个体的特质，又能与群里其他 Blog 进行协作和资源共享，从很大程度上激发了教师利用信息技术学习和教育研究的兴趣，提高了教师反思意识与能力，促进教师间的交流与协作。

一、个体教师专业发展

Blog 作为一种优秀的知识管理工具，个人或组织可以利用 Blog 将关注领域的信息进行有效的分类，对网络上分散的海量信息进行筛选、组织，并在此基础上进行知识的再生产。作为个人知识管理工具，教师个人可以通过对某个主题的相关教学资料进行收集和整理，并对这些资料进行分析、认识，同时借助于他人的回复，使教师个人对教学过程、教学方法、教学思路都有一个深入的总结、反思，并通过数字化的形式加以表现。教师还可以利用 Blog 建立自己的个人知识库，对个人档案资料及网络信息资源进行管理和维护，可以将各种信息资源收集在一起并在需要的时候快速提取，以实现个人的知识管理。因此，Blog 既可以作为个人知识管理的平台，通过叙事的形式不断积累知识、经验，记录下所学所思所闻所见的点点滴滴，通过对 Blog 内容的反思，将隐性的知识显性化，又通过交流和反思产生新的感悟，转化为隐性知识，改变自身的观念，对原有的知识实现自我提升，从而提高自身的专业水平和职业素养，促进教师个体的专业发展。

浙江师范大学附属中学李永前老师充分利用他的 Blog 记录下几年来

他的努力和专业发展的历程。他的"永言好味道"Blog① 博客的"博文目录"页如图 5-5 所示。在李老师的 Blog 中,涉及学习、工作、生活等各方面,涵盖了学科教学内容、阅读收藏、新课程教学实践、培训资料下载等板块,还有网络教育社区、信息技术教师博客等超链接,如图 5-6 所示。

截至 2015 年 7 月 25 日,他的博文日志共 744 篇,博文收藏有 139 篇,博客访问量达 241 869 次,评论(含回复)有 2560 条。留言(含回复)有 1520 条。通知(含收藏、喜欢、转载、关注)有 240 条。从这些统计数据可知,李老师的博文月均 10 篇以上,可见他几乎每天都在写博文,记录下自己的学习和工作,可以说 Blog 已经成为他的工作见证,成为他教师专业发展的脚印。在他的 Blog 中将博文日志分为雁过留声、心随景动、与"生"俱来、一"网"情深、读书笔记、世界杯、我喜欢的等 7 个分类,对网络资源进行了合理的分类和管理,对自身的知识总结与反思是非常有益的。由此也可以看出,李老师对博客的钟爱,对知识管理有一个清晰的思路,从中可方便地了解到他对学科的执著、对教学的态度、对教师职业的专注、对学生的呵护、对自身的发展、对他人的尊敬等。

图 5-5　"永言好味道"博客部分页面

---

① 永言好味道的博客.[2015-07-25]. http://blog.sina.com.cn/yongyan.

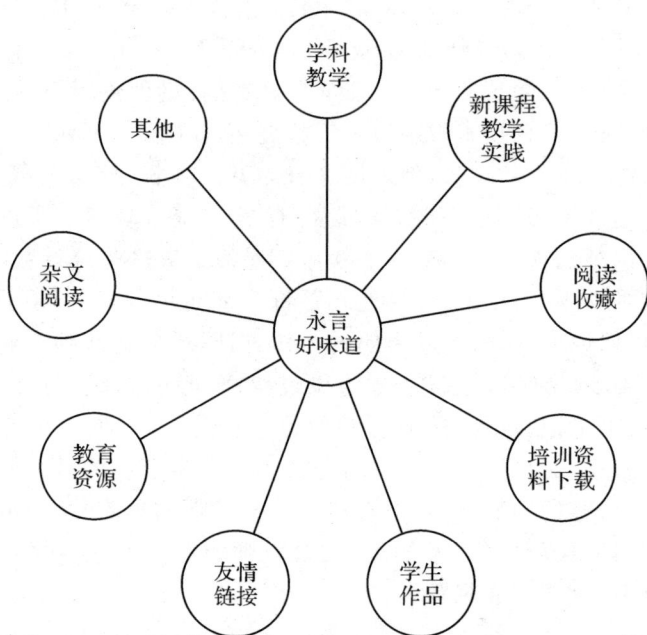

图 5-6 "永言好味道"博客构成

(一)教师个体开展教学反思

每一名教师在其工作历程中,都会面临着许多问题和诸多挑战,也会有各种各样的思想感悟和实践收获。博客写作有利于教师进行教育反思,因为大多数的博客日志都来源于教育生活中的琐事和感想,来源于真实生活。教师可通过博客日志,反思自己的教育教学,从而改进和重建自己的教育生活。而博客写作习惯的养成也有助于教师反思习惯的形成。事实上,反思习惯的养成对于教师的个人发展来说,意义极其深远,反思的意义绝不局限于对教学内容的反思。由于教师职业的特殊性,只要能够形成反思的习惯,对于教师的专业发展来讲都是极有帮助的。

只要热爱教育,善于观察,长期坚持体验和反思自己的教育生活,不仅能使教师写出很好的反思博文,而且会带来教师主体意识的觉醒,这种可贵的觉醒绝不是通过几次培训班或专家报告能够获得的。因此,博客写作的过程完全是教师对自己主体性的重新认识,是一种新的生活方式和思维习惯的养成,是一种实现自我提升的方式。

在李老师的 Blog 中,有这样一段博文("零零星星看到教育的闪光点"

写于 2015-06-02　20：59：06）：

　　由于我们的教育只会强化应试，只会做复印机式教育，所有的科学知识、人文知识都变成了冷冰冰的尸体，彻底没了本该有的充满温情的人性。人类的文明本应是有情感的，是给人们生活带来思考、快乐情感的。可现在我们的教育，除了毫无人性的应试，还有什么呢？

　　在监考的试场里，满目皆是学生乱扔的饮料瓶、餐巾纸。我们的教育连学生不随意乱扔垃圾都做不到，还谈什么高品质的人生？每当看报道国人在国外不文明的表现，就知道这是我们教育出了问题而呈现出来的结果。我们对现代文明几乎没有提供什么贡献，反倒破坏现代文明规则是最为起劲的。这就是我们强化应试而忽视人的教育带来的后果。

　　然而，在这个肮脏的教室里，在满目都是如垃圾的教辅书里，还是看到了两个让自己心动的闪光点。特别想把它们写出来。

　　第一个闪光点是教室背后的黑板报，画着一个一眼看去就感觉非常专业的黑板专用油彩画的画。在这全是应考的环境，这么一幅与应考完全不相干黑板画，让人感觉异类但非常真实……

　　然后仔细再看这画，应该是王尔德《跳舞的小丑》童话书的插画吧。贫穷而卑微的小丑舞者，为着心目中那虚幻的公主之爱，心碎而死。读着"度娘"中的这些文字，再回过来看这幅黑板画，却明明感受着高生中那丰富多彩的人生感情，而应试者却始终想要用冰冷无血色的知识来扼杀青年学生丰富的情感世界，这样的教育真的毫无人性可言。

　　第二个闪光点是在一大堆教辅中发现的。看着考场满是教辅书，连去翻一下的兴趣都没有，害怕着会弄脏自己的手。但是幸运的是，竟然不经意地在一大堆教辅书中发现了一本《科技想要什么？》，凯文·凯利写的。非常有思想，科学会不受阻碍地向前发展，或给人类带来幸福，或要毁灭人类，不管怎么害怕，科技始终会向前。这种真实的、带有科学理性的思维，却又表现得如此有人情味。仿佛科学就是带有人类感情色彩的一样第七类生物。而绝非我们教科书中那种死板无用的所谓科学知识。这种带有灵气的科学才是我们教育应该给学生的东西。而在一大堆无用而扼杀学生思维的烂教辅书中，竟然有这么一本好书藏着，就如一堆废弃的矿山中的一颗宝石，让人感觉是那么的珍贵。

······

从这篇博文中，体现了李老师几方面的反思：

（1）对教育的反思。在一直提倡素质教育的时代，却仍存在一些不和谐的因素。为了应对各类等级考试，为了体现学校的名声和学校之间的评比，应试教育仍然很突出。博文中对教育的反思，体现了李老师对教育的担忧，应试教育有很多弊端，如何解决，是每个教育者所关心的问题，更是全社会需关注和思考的问题。

（2）对学生素质的反思。我们的教育告诉我们从小要开始培养良好的卫生习惯，注意个人卫生和公共卫生。李老师关注到了教室的卫生环境，"不文明"的声音出现在了充满知识的教室环境里，这是与即将成为大学生的知识分子的身份极不相称的。也许学生在家里会有一个良好的卫生习惯，不乱扔果皮纸屑，如果发生了，父母可能会主动处理；也许衣服穿脏后知道该换洗，或者为了美丽的外表而选择名牌；而在一天中有三分之一以上时间度过的教室里却乱扔着饮料瓶、餐巾纸。通过对教室环境的观察，李老师反思了现在学生的不文明现象，发现我们的教育存在一些问题。

（3）对教学的反思。博文中提到的黑板画《跳舞的小丑》和课外书《科技想要什么？》，李老师发现了学生的个性、对情感的追求和对知识的渴望。在教学中，如何开展个性化教学，如何进行教学设计，将学生的个性、情感、"死板"的教科书在短短的 40 分钟时间内"盘活"，既完成了教学任务，又能充分发挥学生的想象力，提高学生的学习兴趣，对于教师来说，是一个必须要思考的问题。随着新课改和新高考的改革，教师肩负着重要的使命，真正领会改革的宗旨，开展教学创新，是每一位在岗的教师需要思考并为之付出行动的使命。

（二）教师个体开展知识分享与教学交流

网络的最大特点就是资源共享，博客作为个体发表言论的私有空间，Blog 作为个人学习资料的管理空间，可以分为两部分，一是从网上收集、筛选和整理的资源，如好的文章、优秀的素材、课件、视频以及一些常用的、专业的网络链接；二是自己的知识资源，如教学心得、课堂笔记、教案、学生作品、论文等。Blog 用户通过 Blog 获得资源、分享心得、点评与交流、转载分享等。这样，当教师利用 Blog 记录自己工作过程中的教学资源和教学经验，在书写的过程中得到反思与提高，同时，其他 Blog 用户通过 Blog 方式直接分享了自己的成果，获得了经验和知识，共享了好的资源，提高了知识获取的效率，此外，可以借鉴 Blog 中的教学经验，运用到自己的教学中，从而使得其他用户也得到启发和提高。

在"永言好味道"的 Blog 中，"学科教学"板块有他高中信息技术课程的选修课《App Inventor 手机创意编程》的教学资源，有与之相关的知识网站链接，利用其中的教学案例可以直接学习手机 APP 的程序编程，简单明了。除此以外，从中可以学习高中信息技术课程中的选修模块《多媒体技术应用》《算法与程序设计》《数据库技术》和《人工智能初步》的知识魅力、教学心得、学生作品点评等。"信息技术教师博客""教学资源""培训资料下载专区"和"网络教育社区"四个板块提供了资源超链接，可以获得信息技术专业领域的其他教师博客资源，可以获得该专业领域的专业博客网和区域博客网，可以获得各种层次的培训资料，可以获得国内外知名的教育网站，通过这些超链接，可以快速地找到针对性强的网址和资源，可以快捷地浏览和访问这些资源。部分截图如图 5-7 所示。

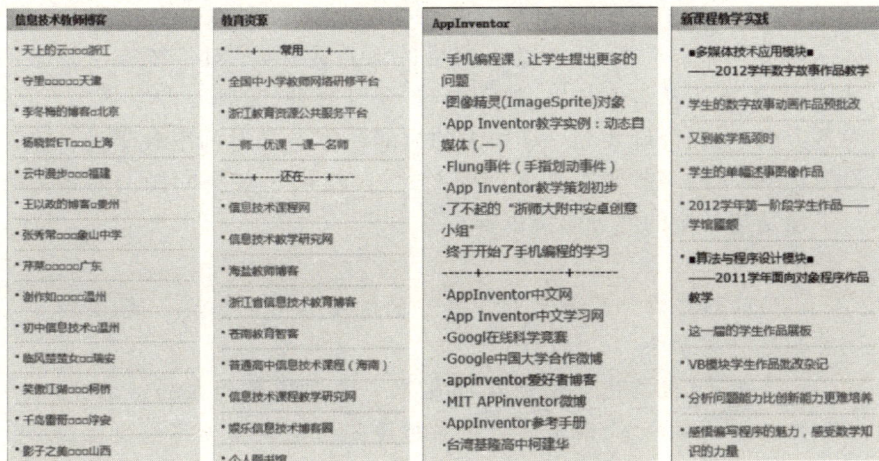

图 5-7　"永言好味道"博客中的资源

在李老师的 Blog 中，摘录部分博文"在课堂教学中融入网络学习的一些设想"（2012-07-25　10:48:41）：

> 传统的课堂教学内容固定，指向单一，死板、死记硬背的东西较多。而网络学习则较为灵活，可自由选择，可交流互动，可激发活跃的思维、感悟及形成自己的思想，并能很好地培养终生学习的能力。当然，对于在兴趣下如何形成深度的学习，这可能还是

目前对于中学生网络学习需要注意的一个问题。

……有老师说当某道题目解不来的时候,很快会想到去网上搜一下。这带出的一个问题是,你老师可以用网络搜索来准备教学内容,却不允许学生使用网络,而是让学生进行死记硬背,哪有这种教学的道理。

……学生进行网络学习,传统的教师是否能控制得住学生的学习,这又是一个很大的问题。……

……教师如何在网络学习时代引导学生利用网络进行学习而不是做其他无意义的事,这对老师又是一个巨大的挑战。

……看到了以上这些问题,想着自己能否先做些“在课堂教学中融入网络学习”,去做些什么,也许做得是一些粗浅的事,但总比只想不做要好吧。

……在网上找到的“拜师网”,开始了一些准备在下学期开展的“在课堂教学中融入网络学习”试验工作。

网络资源非常丰富,开展基于网络的课堂教学,是对传统课堂教学的一种创新,但无论从教学环境、教学内容、课堂管理、教师专业水平、教学评价等各方面,对教师确实是一个很大的挑战。李老师对网络教学进行了深入思考,分析了网络教学存在的问题与关键,提供了解决问题的对策与方法。下面是与访客的部分交流内容:

风的轨迹:呵呵,能透露下具体的做法吗? 也想试一试,关键是如何引导学生。

守望:所做甚同。俺也在准备着下学期教学的东西。不过,事是相似的事,方向却不同。我在想着如何把教学弄得模块化和工具化,以节省更多的备课时间,花更多心思在“评价”上……

olimpus:李老师的设想和准备很有启发性。但是问题在于,现在的教学环境不支持甚至暗中起到破坏作用……

回复 olimpus:是呀,……但我们作为一线老师,可以完全不管他人如何如何的,从自己的想法做起,也许正是教师个性成长的一个切入点吧。做自己喜欢的～～

风的轨迹:几年以前就曾经“梦想”在课堂上放开网络让学生把网络当作一个工具使用,自己去“冲浪”,搜索未知的世界,但发现自己并不是超人能驾驭70多个学生的“心”:他们渴望上网,但并不希望只是搜索老师布置的课本上的问题,他们只是想按照自己的想法来"冲浪",渐渐的,课堂离我最初的设想渐行渐远……

前不久参加了学校组织的拓展训练,其中的体验式课程深有感触,启发了我,能不能在课堂上开展"基于团队的,以创作作品为中心的体验式教学活动"呢? 例如……

回复风的轨迹:是呀,只要自己有想法就总会去试验、去实践,当然去做了,就会有许多意想不到的问题会出现,甚至可能还会有些失败的做法,但这些都是我们前进所必须经历的。看过你学生的视频作品,真的很不错。会继续关注你的教学实践～～

Wendy:关于平台,我们在用温岭中学陈斌老师开发的,免费的,虽然界面不是很好看,http://ittools.wlerzhong.net/

李老师提出"在课堂教学中融入网络学习的一些设想",是因为当前网络普及的条件下,学生在课外利用网络开展自主学习、搜索资料等常用方法,已经具备了搜索信息、处理信息、存储信息、利用信息的能力,教师更是把网络作为搜集素材、学习、备课和交流的常用工具,而且绝大部分中小学校建立校园网,利用校园网开展数字化管理、信息共享、家校联系等,高中学校也基本上配备了网络机房,多媒体教室中可以利用网络上课,等等。这些条件对于开展网络教学应该是没有问题的。李老师所考虑的是利用网络如何上好一堂课,对于这样的讨论是非常有意义的。

在交流过程中,教师们关注到"如何让学生使用网络",如何"控制学生网络学习",如何开展教学,如何利用现有平台"拜师网"进行课程教学资源建构和开展教学,如何引导学生进行网络学习,如何改变"不支持"的条件下开展网络教学。同时,交流中也体现出了要开展网络教学,教师必须要"有想法",然后敢于"去实践",只有去"试验"了,也许会有"失败",但至少去做了,会发现失败的原因,才能提出更好的策略,那就向成功进了一步。

所以从交流中,学会分析问题,学会与人探讨问题,学会全面地思考问题,获得解决问题的思路与对策,这是一个教师成长所必须有的精神与能力。通过交流,相互之间得到思想的共识和思维的碰撞,开拓解决问题的思路,全面提升认知水平,从而促进了教师专业的发展。

二、专业团队教师专业发展

教师个人的专业发展,除了自身的努力外,还需要通过社会或团体成员的共同活动来进行。教师的专业发展即是教师个人的一种专业成长历程,教师个人经验的不断总结和反思能有效地促进教师的内在发展,但受个人经历的制约,教师的个体经验往往是不充分、不丰富的。以个人 Blog平台记录自发的学习与反思,虽然有很多访友来学习、评价、参与讨论,但绝大部分都是基于 Blog 博主的观点,不会有很多的交流,或者深入探讨某个观点、思想、技术等。为此,有博客的用户,自然会建立博客朋友的超链接,用相同的方式,作为访客去访问朋友或访客的博客,但是这样做,一则操作不便,需要进入不同的平台去学习和交流,二则知识学习方面存在不完整性,交流上存在不连贯性,无法从团队的整体角度来提高和共同发展。

　　Blog 作为一种网络交流工具,可以为教师搭建一个开放的、专业方向相通的合作与交流的平台,使教师可以方便地与他人共享教学的经验,交流彼此的思想。也就是构建一个专业团队 Blog 平台,为教师提供各种蕴涵丰富的、真实的实践网络,通过长期的教学经验交流、教学实践的探讨来实现彼此之间知识的传递与分享,在提高整个专业团队发展的同时也使教师个人在这个团体中得到自我的专业发展。这个教师团队可以依据学科分类或专题分类的原则,围绕对知识的需求、协作与对话文化的形成进行动态的构建,所有参与者基于共同感兴趣的话题相互交流,查看别人的评论,发表自己的知识和见解。在针对同一主题展开的交流、对话过程中,教师充分意识到不同观点在同一时空中的并存与碰撞,并学会欣赏与接纳不同观点,由此而产生共同的文化内涵与特有的话语体系。

　　专业博客平台很多,如常州中小学教师专业发展网,[①]该平台建立了名师工作室博客群 82 个,学科群 5 个,挂职中层博客群 1 个,其他群 11 个,由群主负责,每一位成员都有自己的 Blog,然后申请加入到 Blog 群,这样,成员既可以在自己的 Blog 中添加日志,也可以 Blog 群中添加信息,对于访客来说,直接在 Blog 群中交流和学习,也可以在 Blog 群平台上点击群成员,进入到群成员的 Blog 中浏览和评价。这样的 Blog 群就像一棵树,由博客群为树根,群成员为树枝,通过群成员的朋友链接又可以进入朋友的博客,由此深入下去,形成一棵巨大的 Blog 树,交流和学习将会呈现内容丰富、专业面广的特点,无论对个人专业发展还是团队专业发展都是非常有益的。

　　在专业团队 Blog 中,可以开展教研活动和资源共享。海南省普通高中

---

　　① 　常州中小学教师专业发展网络博客系统,[2015-07-08]. http://teacher. czedu. gov. cn/blog

通用技术课程网①根据学科构建成的 Blog 管理平台,由来自于不同地区的高中通用技术教师结成紧密的教师专业团队。如图 5-8 所示,该平台主题明确,指向清晰,全部主题内容均为团队目标或与团队目标相关的内容,可以确定参与这个团队的教师的协作与合作学习既具稳定性和持久性,也具有开放性和发展性。

图 5-8　海南省普通高中通用技术课程网主页

由上图可知,截至 2015 年 7 月 12 日,已有上传的文章 4006 篇,发表评论共 7183 篇,访问量达 90755 次,说明该平台活动较平凡,体现了平台的功能与作用。由主界面可知,界面简单明了,主要由"置顶""文章"和"留言"三大部分组成,每一部分都可以折叠和展开,以时间顺序排列最新上传的信息。置顶部分主要专业相关的文件、公示、培训说明、评比活动等内容,文章部分主要提供与教学相关的资源,又分为教师观摩篇、教师授课篇、作品展示篇、课件下载、试卷下载、试卷分析、教学材料、教学设计等。在主界面的"首页"下方点击"栏目",按栏目内容进行上传和交流。栏目内容分为16 项内容,分别为教研动态、通知通报、教师群组、研讨交流、考试评价、苏教版教学设计、苏教版试卷、地质版教学设计、地质版试卷、课程研究、备课资源、教材教法、暑期新教师培训、研修动态、专栏人物、课题研究。

1. 教师个体开展教学反思

专业团队的 Blog 平台,其内容的来源都是教师个体的平时积累,挑选出值得分享与交流的部分上传到专业团队 Blog 中,所以,该平台中的内容

---

① 海南省普通高中通用技术课程网,[2015-07-12]. http://my.hersp.com/9090/blog.aspx.

应该是每一位教师的精华部分,体现出一位教师的思想感悟和实践收获,反映出一位教师对教学反思的内容、侧重面,所碰到的问题以及解决的方案,也可能是反思后发现的问题无法解决,所以提交到团队 Blog,希望通过与同行的交流,得到同行的帮助,从而解决教学中的问题。

下面是摘自海南省普通高中通用技术课程网的一部分教师的交流内容(2013 年 11 月 18 日):

彭泳华(保中能用技术):请大家帮忙解这道题:

可以用受力结构的稳定性来解释的事实是(　　　)

A. 拔河的绳子断裂

B. 广告牌被台风吹倒

C. 鸡蛋在某种承受很大的外力

D. 耳机与电脑主机的插口接触不良,听不到音乐

二回复:这里的广告牌可以认为是一种可移动的。"A""C"内容都与结构抗破坏能力有关,应属于强度范畴。"D"则与物体接触面的预紧程度有关。

二回复:稳定与结构受力后能否平衡状态有关,也即不容易翻倒。故"B"较符合要求。

乐东思源高级中学回复:AC 都指的是材料,和强度有关,选 B。

乐东思源高级中学回复:B。

二回复:我认为是 C。

林志权回复:广告牌被吹倒与结构的强度和稳定性有关,用很多定性来解释是合理的。

小小求证回复:ABC 都是受到外力作用的情况下产生的,所以是强度问题。

小小求证回复:选 D 稳定性与物体接触面积的大小有关,"接触不良"所指的就是接触的面积大小。

吴静回复:广告牌被台风吹倒,是与稳定性有关,如果广告牌被风吹坏,那与强度有关。

吴静回复:B,AC 与强度有关。

海南侨中技术组回复:是 B。

游客回复海南侨中技术组:倒——稳定性　本身断裂——强度

彭泳华(保中能用技术)回复海南侨中技术组:为什么? 广告牌在台风的作用下,它不是没有倒吗? 而台风属于外力,广告牌受不住

外力而被破坏,那不是结构的强度吗?

王海燕回复:B,稳定性是抵抗被翻倒的能力,强度是抵抗被破坏的
能力

二回复:受压　受扭转　受弯曲　区别举例

在这次交流中,由彭泳华老师提出问题,可以看出,这个问题引起老师
们的关注和兴趣,有 8 位老师参与了讨论,从讨论结果看,彭老师应该知道
该题的正确答案是什么了。老师们在交流过程中,积极发表自己的观点,
在给出答案的同时,发表了自己为什么选这个答案的理由,由此引发了关
于稳定性、外力、强度、变形等之间关系的讨论。通过这道题的讨论,老师
们的对概念、概念之间的关系的理解会更加明确。如参与讨论的"乐东思
源高级中学""吴静""海南侨中技术组"和"王海燕"四位老师非常明确的认
为答案是"B","林志权"老师没有直接给出明确的答案,"小小求证"老师给
出的答案是"D",而"二"老师先选择"B"后又认为是"C",可见"林志权"和
"二"老师对题目的理解有些偏差,通过这样的讨论后,这两位老师的收获
应该是最大的,将不确定的概念之间关系理解清楚了。特别对于"二"老
师,做完这道题后,又从理论上提出了"受压　受扭转　受弯曲　区别举
例"的疑问,希望得到同行老师的指教和解释,激发了他的求知欲,他认为
在这个环境中的讨论可以获得知识。

因此,通过交流讨论,不仅提高了个体的认知,也提高了参与讨论的老
师们的认知,此外,关注留言的其他老师,作为旁观者,也会去思考这个问
题,反思自己的观点是否正确,判断别人的分析是否正确,从而更加清晰与
该道题相关的知识点,同时,也会用相同的方法迁移到其他问题上,以获得
解决问题的思路,获得知识的贯通与掌握。

2.教师团队开展讨论交流

专业团队的 Blog 平台最大的特色就是内容专一,团队的成员主要来自
于相同的学科,所以有很多共同的话题,针对主题开展讨论,各抒己见,讨
论结果将提升整个团队的专业水平。如海南省普通高中通用技术课程网
Blog 平台开展了一次在线研讨,如图 5-9 所示,从图中可知,阅读次数达
638 次,评论有 109 条。说明团队中的老师都积极参与到了这次讨论中,并
给出了自己的观点。

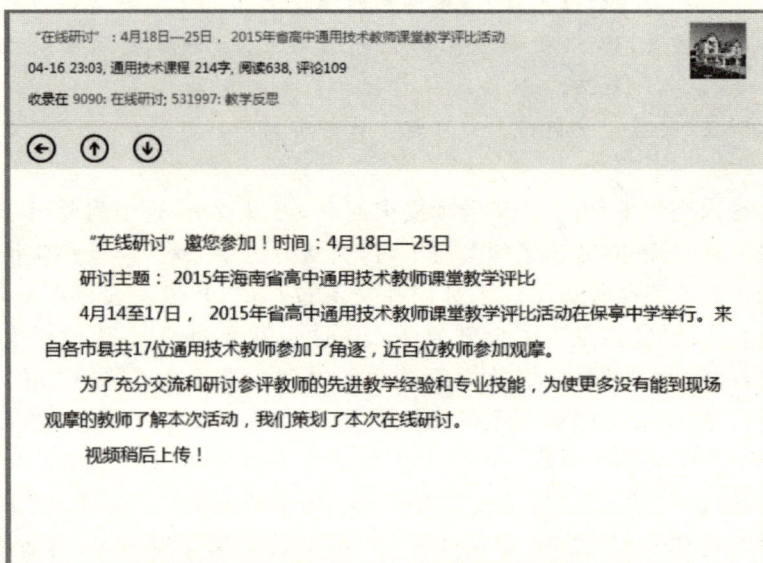

图 5-9　海南省普通高中通用技术课程网在线讨论区

从研讨的内容进行归纳总结,可以归为以下几方面:

(1)教学视频非常优秀,后悔没有去现场听课,失去一次机会;

(2)自叹教学水平不行,懂得上课前需做好的准备,以及教学设计的重要性;

(3)希望得到名师的交流与点评,让其他的师生同享教师资源;

(4)对通用技术课程本身有了新的认识,课堂导入非常重要;

(5)有技术含量的教具的设计对上好一堂课很重要;

(6)启发式教学可以将枯燥的理论变得形象和生动;

(7)参评教师的技能考试、课堂教学水平,比 2013 年在文昌侨中的评比有较大幅度的提高;

(8)在课堂教学环节,分组实践活动,教师有准备、有研究、有团队、有突破;

(9)课堂教学中,学生的状态是有体验、有互动、有合作、有收获;

(10)课堂教学非常注重培养学生的技术素养,让学生在学中做,做中学,实现技术与素养的共存。

其实,评价远不止这些,老师们通过观看教学视频,从课程性质、备课、教具准备、教学设计、教学策略、教学组织、总体水平方面进行了评价,并比较自身的教学,总结反思自己在教学工作中存在的不足和差距。有的老师在评价自己时,认为自己的普通话不标准,这也是一种差距,说明老师们真的认真地反思了平时的教学,查找差距,发自内心地感受到自己存在的不足和缺陷,这种反思对个人的专业成长具有重要的促进作用。对于整个团队来说,通过一个相同的主题,不同老师就同一主题从不同角度、不同关注点进行点评,所有的点评综合在一起,就形成了一个完整的评价,对这个主题就有一个全面的认识。所以组织一次教学视频的讨论,涉及的方面很多,团队成员集思广益,收获应该是全面的、完整的。团队中的每一位成员,学会了如何去分析一个综合性的主题内容,应该从哪些方面去思考,用教育理论去如何进行评价等,这些技能是每一位教师都必须具备的。

三、区域性教师专业发展

以区域整体推进为标志的教育博客,比个体 Blog 和专业团队 Blog 更具有综合性,通过教育 Blog 的技术平台,组织各学科专业的名师、专家和普通教师,共享平台中的资源,有助于区域专业学科教研的深化,有助于打造不同类型的教师学习共同体。同时也可以参与到多学科的讨论与交流中,全面推进区域教育信息化,向学科教研的深度和广度推进。

不同于个体 Blog 和专业团队 Blog,区域性教育博客能够打开以专业为界线的格局,将个人博客和有共同关注点的区域性博客社群聚合在一起,形成 Blog 群组。在 Blog 群组中,既有每一位教师的个人博客,将个人爱好、生活感悟、教学心得、教案设计、课堂实录、课件等共享给其他教师,也有该区域的教育文件、教学科研活动、学科动向等信息,形成一个综合性的、全方位的信息管理系统。通过在区域性教育博客中的交流,使教师实现了由个体反思向群体反思、由肤浅反思向深度反思的转变。区域内的教师组织在一起,可以把自己对某些教育现象的困惑、感悟及反思展示给博客中的其他同行,与同行交流、论证和思辨,激起相互间深层次的反思,经过群体的辨析之后,形成新的认知,从而重新建构自己的知识体系,应用于教学过程中,不断调整教学思路和方法,使教师的专业技能和素养更成熟,促进教师专业的发展。

创建区域性的教师学习型团队,将学习材料和学习过程相结合,生成丰富和多样的博客内容,通过单一学科或多个学科一起的互动交流,形成网上头脑风暴,协作实现知识管理。这种管理方式能够将静态和动态的知识管理相结合,更有利于教师从中实现知识的重构、教学的反思及技能的提升,使彼此之间产生良性的互动影响,促进对某一专业学科的多角度的理解和思考，从而达到教师专业发展的目标。

　　2013 年 9 月 6 日，浙江师范大学永康教师专业发展学校在附属永康中学挂牌成立。这是双方合作办学四年来所取得的成效，使得附属永康中学以教师专业发展学校挂牌为契机，依托师大优质的师资资源和科研优势，有利于提升教师专业化水平，提高人才培养质量，对于附属永康中学加快创建品牌学校，提升全校教师业务水平起到了推动作用。平台的"博客天地"页面如图 5-10 所示。①

　　永康市区域性教师专业发展平台，利用博客开展"反思＋叙事"模式，开展教育行动研究。平台旨在拓展与变革职后教师的专业发展模式，关注于教师发展的跟踪与评价，同时也是永康市名师培养计划的实践平台。平台以教师的教学、科研、学习为核心，融入于教师日常工作之中，将教师个人的专业发展统一于学校、地区教育发展的目标中。将工作促发展、科研促发展、学习促发展作为专业发展理念，将知识管理的相关理论跨领域地运用到地区教师教育发展情境中，借助信息技术这一工具，促进新老教师、专家、政策制定者的相互对话与交流，推动教育教学活动的信息技术实践与反思，实现理念、发展共享以及资源的共建共享。②

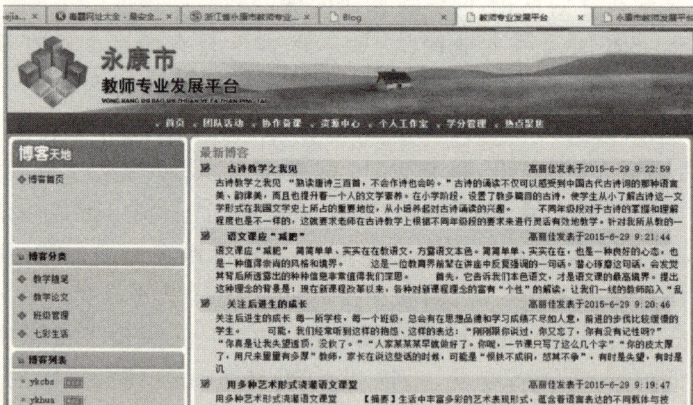

图 5-10　永康市教师专业发展平台博客页面

　　据博客网站统计，从 2008 年 8 月到 2015 年 6 月 29 日，已发表教学随笔 13439 篇，教学论文 2929 篇，班级管理 872 篇，七彩生活 1654 篇，其他

---

① 永康市教师专业发展平台博客天地，[2015-06-29]. http://www.jxxx.ykedu.net/jsfz/Blog/default.aspx.

② 吴惠青：《浙江省基础教育改革与发展年度报告》，浙江大学出版社 2011 年版，第 47—48 页。

246 篇,团队数已有 86 个,访客量已达 600 多万次。博客内容非常丰富,基于博客的活动非常活跃。教师专业发展平台的主要功能如下表 5-2 所示:

表 5-2　永康市教师专业发展平台功能架构

功能模块	栏目种类
教育科研	文件通知,课题立项,科研动态,科研培训,论文奖励,活动要求,成果推广
校本培训	课题申报,培训计划,培训内容,培训方案,培训心得,学时申报,培训考勤
培训专区	活动剪影,培训心得,名师工程,培训方案,培训材料,领雁工程,培训通知
师德师风	师德征文,活动剪影,优秀事迹,校情分析,评价机制,校长读书报告
心理健康	培训材料,活动视频,优质课堂实录,心理讲坛,心理剧场,阳光课堂
资源中心	教学视频,名师培养理论课程,资源分类,资源链接
协作备课	备课分类,最新备课,常规备课,积分榜,您的贡献

平台最突出的三个特色是协作备课、教育科研和校本培训。永康市教师的协作备课活动的基本过程是:参与培训的教师先将备课一稿上传至网络平台,由在线共同体成员进行点评;教师再根据评论意见将备课一稿进行修改,生成备课二稿,并根据此稿上公开课或观摩课,邀请同伴听课评课;上课教案再由团队在线共同体成员进行网络点评和修改,最终形成终稿。在这一活动开展的过程中,共同体成员在"协作备课"模块中不仅可以在公开课前点评教案,也可以在公开课结束后对上课情况开展教学反思或进一步磨课。总之,网络平台作为教师培训的虚拟支持系统起着重要的作用。[①]

平台于 2008 年 3 月投入使用,截至 2009 年 12 月 18 日,协作备课数 1442 篇,以小学数学提高班为例,54 人参加在线备课,共收到备课数 70 篇,收到回帖数 546 条,回复回帖数 546 条。开展协作备课的发表数、收到回帖数和给其他人回帖数的部分数据统计如下表 5-3:

[①]　许素:《基于永康市教师专业发展平台的教师共同体交互研究》,浙江师范大学硕士论文,2010 年。

表 5-3　在线备课回帖统计表

序号	姓名	发表备课数	收到回帖数	给其他人回帖数
1	陈菊梅	1	38	2
2	程美莲	1	34	31
3	方圆	1	19	19
4	高笑美	6	13	9
5	胡剑莹	2	38	7
6	胡联芳	9	23	33
7	胡亚	1	19	22
8	金佩佩	1	14	16
9	景安定	9	27	31
10	李伶俐	1	30	22
11	李吕孩	4	36	27
12	吕春晓	5	24	63
13	吕莎莎	2	21	21
14	马巧君	1	33	7
15	王柳燕	1	16	33
16	俞志芳	10	33	58

由表中的数据可知：

第一，教师提交的备课数不一样，可能存在自认为备课教案不理想，不好意思拿出来让大家评价的现象，也可能本身在这个培训阶段做出的教案不多，或者能对其他教师有参考价值的教案不多，备课数多的教师可能认为这是一个好机会，让其他教师指导，提出宝贵意见，对自我有强烈的提升要求。

第二，每一项备课教案的回帖数都比较多，最多的可以看到有 38 条回帖，也就是说参与协作备课的人数比较多，体现了教师们参与协作备课的积极性较高。协作备案既可以使自己学习到他人的教学经验，开阔自己的教学思路并使自己受益，又可以根据自己的经验，对自己熟知的教学内容发表看法或给予评论。绝大多数教师会谦虚地将自己作为一个学习者，对他人发表的备课或观点持分享和学习的态度，进而对其进行分析和评价，找出备课或上课过程的优缺点。据调查，有 40% 左右的教师愿意关注与自己任教科目相关的协作备课案例，并在讨论中积极参与知识的协商和讨论,共同建构知识。

第三,每一位教师对收到的回帖都会认真回复,所以发给其他教师的回帖数比较多,最多的回帖数达 63 条。一方面教师对于备课的优点和自己认同的观点会给予支持和鼓励,并反思自己的教学过程;对于不太认同的地方也会委婉地提出改进意见或个人建议。这样,既尊重别人的同时,自己能也得到再一次的反思。

平台对区域性教师专业发展起到桥梁作用,除了平台功能齐全以外,教师们也积极参与到平台的活动中,关注平台的内容与更新,也不断地将自己的内容添加到平台中,接受其他教师的点评,以至平台的资源越来越丰富,充分体现平台的生命力。教师在平等、良好的氛围中进行协商,各抒己见,有助于加深对备课内容的理解和改进教学方法。教师在讨论交流中能够接触到不同的观点和看法,对个人来说是产生了新的知识,对组织来说是知识的总结与提升,对形成组织成员共同的认识起到了一定的作用。

可见,区域性教师 Blog 平台既拥有个体 Blog 的功能,对每一位参与者都能开展教学反思,进行知识管理,也有专业团队 Blog 的多人参与下的集体智慧的体现,促进专业团队的教师整体发展,更有协作备课带来的多学科融合,共享各学科的资源,对每一个学科的教师来说都是一种学习和借鉴,对每个学科都是一种促进和发展,形成了一个区域性的多学科的学习共同体。

第三节　社交网站促进教师专业发展的应用策略

无论哪一种社交网站,都有一些共同的特征,首先是自由性,在社交网站(平台)内可以以叙事的方式按时间先后顺序记录下工作、生活中的随想和学习,成为个人或团体的知识与交流管理系统。其次是共享性,登录或访问某个社交网站,可以相互之间共享资源,而且这些资源往往是个人认为有参考价值的,希望通过共享来传递给其他人,同时可以分享一个人的成果,帮助一个人的问题解答,讨论一个共同的话题等,共享网站上的所有内容。再次是开放性,社交网站是一个完全开放的空间,在此可以广交朋友,能够扩大个人的生活视野,收获所需要的各门类的知识,能得到志同道合者的支持与帮助。最后就是交互性,在网站空间中学习、浏览空间里的资源,可以做一些个人评价,与其他朋友探讨同一主题,可以转发有意义的资源分享给其他社交网站的朋友,通过交互实现认知的提高和自我价值。

由于社交网站应用的普及性，可以借助社交网站，充分发挥社交网站的特点，开展促进教师专业发展的教育活动，不失为一种理想的选择。

一、开展教育反思，提高教师专业素质

利用社交网站开展教育反思，正如苏州教育博客[①]在其网站简介中所示："Blog 与教师专业发展有着天然的联系，在行动研究教学反思、思想冲撞、心得交流、教育科研、师生互动、组织管理、远程技术支持、情感支撑、资源积淀、知识管理、建立学习路径和提升学习绩效等方面都可以开发出卓越的功能。教育工作者可以方便地用文字、多媒体等方式，将自己日常的生活感悟、教学心得、教案设计、课堂实录、研究成果、课件等上传发表，形成属于教师个人的资源积淀，成为支持教师隐性知识显性化的重要途径。"Blog 是这样，其他的如 QQ 空间、微信、微博、MSN 等社交网站都可以实现。它们的共同点就是利用教育叙事形式，开展教育反思，提高个人及群体的教师专业素质。

（1）教学能力

教师的教学能力包含很多方面，如写作表达能力、知识理解能力、教学技能、班级管理能力、合作能力等。教师在社交网站中进行与教学相关的叙事日志，可以涉及专业知识、教学内容、教学管理、归纳总结、分析评价等。其写作过程对提高教师的文字表达能力和材料组织能力有很大帮助，体现教师的写作能力和语言驾驭能力，这些能力将不同程度地迁移到课堂教学的表达中。日积月累的叙事资源，形成个人的知识管理系统，按照时间的先后顺序存储在社交网站中，记录下教师职业成长的整个过程，并形成开放的教学资源，如果按内容进行分类，可以体现个人的知识管理能力，如果对内容进行反思和总结，可以体现教学实践的成长过程和自我提升过程，可以体现自身发展的过程性控制能力。通过社交过程中的留言和好友来访的激励，与他们的交流和回复，既可以看出教师自身的思维活跃程度，更可以体现出一个人的人文素养。由此，教师在不断的反思和自我改进中，必然会提高在课堂上拥有的掌控能力和教学能力。

（2）知识生成

社交网站可以作为个人很好的知识资源库，一方面来自个人的上传资源，另一方面来自社交朋友的共享资源，还有一部分是来自交流中的互动

---

① 苏州教育博客，[2015-07-01]. http://www.lvse.com/site/szeblog-cn-8130.html.

资源。这些资源可以分为两大类，一类是直接从书籍、网站或其他媒体中获得的资源，这是显性知识资源，还有一类是从个人的理解、感悟、心得中获得的资源，这是隐性知识资源。在社交网站中，可以实现由显性知识到隐性知识，再由隐性知识到显性知识的转化。显性知识易于掌握和理解，通过共享与交流，可以获得更多、更全面的显性知识，从而可以改变对某一概念、某一现象的全面分析与理解，将获得的知识转化为内心的认知和感悟，即隐性知识。叙事中的很多内容都来源于心得体会、现象分析、问题发现等，这些隐性知识写成叙事日志，成为显性知识，通过交流与反思，形成个人心得的上升，构建和生成新的知识。因此，社交网站成为个人知识管理的平台，可以在反思与交流中构建和生成知识，实现显性知识和隐性知识的共享，这无疑也是自身知识水平不断发展的过程。

（3）教育科研能力

在社交网站中除了记录一些反思资料、上传有价值的资源外，还应该写一些教育叙事研究故事，以提高教育科研水平。教师具有教育反思能力，提高教学水平以外，还应该具有教育科研能力。新课程改革以来，各个学科的教学目标、内容、方式和教学评价等方面都发生了根本性的改变，在借鉴原有经验的基础上，还需不断学习新的教育理论知识，了解教育研究的最新动态，开展教育创新实践，并将研究成果与其他人分享，让大家一起交流与讨论，接受大家的点评。这样，既让其他人了解你的研究成果，得到大家的认可和赞同，也可能会提出更好的研究思路，集思广益，促使你进一步开展教育研究，扩大思路，完善方法，经过"实践—反思—再实践—再反思"的反复循环，必然有助于教育科研能力的提高，与此同时，对教学也有助推作用，促进实现教师专业的全面发展。

因此，教师利用社交网站发表的叙事内容，可以记录教育教学中的教学过程、教学策略、教学计划、教学设计、教学态度、教学管理、教学评价等，通过对这些教学活动本身的反思，实现对教与学活动背后的理论进行反思，对教学内容、教学方法和教学技巧等进行选择和再创造，以适应社会发展和教育改革的需求，从而促进教学实践改进和自身专业发展的过程。

二、开展协作学习，创建学习共同体

在电脑和移动设备普及的今天，越来越多的学校、教师、学生已经利用社交网站进行互动交流，QQ群、博客群、微信朋友圈、微博等平台中，都可以找到很多与教学有关的群体，在一起开展教学交流与学习。教师可以把这类平台作为第二课堂，与学生进行课外交流与辅导，延展传统的课堂教学的维度，可以为学生建立学习档案袋，可以作为教师发布与教学相关的通知、布置学生作业，对学生的作业进行评价以及提供学习资源链接的在线门户等。教师可以与家长建立联系，实现校内与校外沟通的平台，即时了解学生的学习情况与各种表现。教师与教师之间可以开展协作学习，创建学习共同体，促进教师群体的共同发展。

（1）职业培训

目前教师专业发展的方式，主要包括学历进修、短期培训、专家讲课、公开课以及同行之间的相互交流等。但无论是哪一种形式的培训，培训的结果都是理论知识或教学实践过程的描述即显性知识的传授，教师往往只能机械地去理解所讲授的理论知识，或通过观察、聆听获取有关教学的经验与知识，因此培训所获得的是显性知识，即使是教学经验交流，也只能听听而已，不会去深层次地思考，无法获知讲授者在教学过程中的心理活动。

在社交网站中，学习资源可以分成两大类，即叙事日志和学习资料。叙事日志可以作为教师职业培训的数字档案和学习记录，既可以使教师相互之间进行协作和交流，也可以对教师进行远程培训。通过对叙事日志的评论，让参与培训的教师都参与到评论的过程中，发帖和回帖的过程就是教师分享知识的过程，也是学习教学反思和经验的过程。上一节中提到的团队集体备课以及讨论解题过程都是这类案例，对备课内容进行讨论，探讨有效的教学设计方案，对修改策略提出个人的观点，在交流中分析其他教师的观点和理由，从中获得自己的理解，这种方式对于面对面的课堂评价和同伴交流来说，效果是不一样的，所以教育机构可以通过浏览社交平台上的教育叙事的形式来开展教师培训。

社交网站可以上传各类资料，无论形式还是内容，都没有很多的限制，可以作为培训的资源。教师可以将自己优秀的教案、学生作品上传，也可以将收集到的好的素材、上课视频上传，与大家共享，培训机构可以将原先准备的培训资料上传，通过平台开展培训。这些资源作为某一培训主题的学习材料，内容丰富，而且根据个人的基础和喜好，合理安排时间进行自主学习和个性化学习，学习结果体现在平台中。这样的培训方式和往常的面对面集中培训相比，更具有灵活性和有效性。

（2）协作学习

与正规传统的教师教育培训相比，社交网站中的教师学习共同体有两个主要的特点，一方面从组织的方式上来看，属于非正式学习群体，大部分共同体成员是在教师培训时联系在一起的，形成一个专业方向的交流平台

（如专业团队教师专业发展平台），有的是一个行政地区要求建立的（如前面所述永康市教师专业发展平台），有的是自主进行的非正式学习（个人专业发展平台），关联了与个人长期联系的"朋友圈"。还有一部分是成员（访客或游客）在网络浏览过程中发现的、自己感兴趣的社交平台，或慕名加入参与学习的。上述两类人都有着共同的爱好和志向，对同一主题自动地在同一网络环境中开展协作学习和相互交流。所谓协作学习（Cooperative Learning，简称 CL）是一种通过小组或团队的形式组织学习者进行学习的策略。小组成员的协同工作是实现学习目标的有机组成部分。小组协作活动中的个体可以将其在学习过程中探索、发现的信息和学习材料与小组中的其他成员共享。协作学习是可以充分调动学习者积极性、参与性，培养学习者协作能力和创新能力的一种教学形式。[①]

由于不同教师之间在知识结构、指挥水平、思维方式、认知风格等方面都存在着许多差异，都有自己的教学经验和独特的教学经历，所以每个教师个体，对知识的理解会受到个人的经历制约，个人的经验往往是不充分的、不丰富的。通过协作学习，教师之间可以分享教学资源、专业技能、教学经验、价值观等，可以取长补短，互相帮助。这个教师群体就形成了学习共同体，他们彼此之间经常在工作中进行沟通、交流，分享各种资源，共同完成某一主题的工作和学习任务，同时在零技术、零成本、充满人文关怀的社交环境下进行有史以来的交流，能够得到其他教师的关怀、鼓励和认可。所以成员之间就容易形成相对稳定的相互影响、相互促进的人际联系。

社交网络的出现改变了"传统精英独掌话语权"的模式，将"话语权"交给广大教师，营造了一个平等参与的平台。但在发展的背后，我们也意识到了其中潜在的、值得深入思考的问题：[②]

第一，中小学教师承受巨大的教学任务，每天让老师静下心来认真研究、学习和使用博客的时间很少，工作与学习矛盾突出，要求他们频繁记录叙事、浏览社交网络的更新内容，认真思考和回答问题，发表看法等，似乎勉为其难。从 2005 年教育博客在国内大量涌现时算起共 48 个月里，每个博客约 3.57 个月更新一次，这对于要经常进行教学反思的教育工作者来说是远远不够的。

---

① 王晓玲：《微信与 QQ 支持下基于任务驱动的协作学习之比较研究》，《电化教育研究》2013年第 11 期，第 98—102 页。

② 胡小勇：《博客叙事促进教师专业发展的现象分析》，《中国信息技术教育》2009 年第 7 期，第 90—92 页。

第二，地区信息化发展的不平衡，基于社交网络的学习和交流形式受到不同程度的制约，不能一味地追求这种形式开展教学反思、协作学习等。从国内较大的教育博客群来看，大多集中在东部沿海地区，而西部地区极少。受到经济影响，西部区域教育信息技术的发展和推广在很大程度上受到制约，多数学校电脑数量不足、配置低下，网络速度有限、无法保证。

第三，在交流与提供资源方面，社交网络平台上往往会出现回复帖子语句随意，可利用的有价值的信息不多，不能持续在社交网络与群里的朋友沟通，甚至考虑到是否将自己的工作心得分享给其他人等，这些"不利"因素的存在，会影响学习共同体持续地开展协作学习和稳定发展。分析其原因，可能存在社交网站的用户比较关注在这个圈子里是否能够得到认同、互惠，人际关系是否能够融洽等因素，也就决定了该用户在社交网站平台上共享知识的积极态度。

第六章 专题网站——合作的培训工具

　　知识经济时代,对教育和教师都提出了更高的要求,教师继续教育作为教师职后培养的最重要的手段之一,教师培训系统的信息化建设和研究也相应地展开。利用网络开展教学在高校已经得到广泛应用。网络课程、国家精品课程、虚拟学习环境(平台)等既作为课堂教学的一种补充资源,更是一种网上教学的新环境,这种环境带来了教学时空分离、非面对面教学、资源共享、强化互动的特色,受到高校和培训机构的欢迎。在中小学校,主要利用校园网平台实现资源共享、互动交流,很少利用专有的网络平台开展教学,但是在教师继续教育培训方面,由以面授为主转为以网络培训为主已是一种趋势。

　　国外教师培训管理系统的建设主要集中在 E-Learning 自主学习系统、教学交流反馈、成果展示以及学院级的培训管理领域。如美国的斯坦福大学,就借助互联网技术和即时通讯软件开发了自主学习系统,教师根据自身的特点,自动使用系统进行继续教育和培训,自主学习系统中的内容。新加坡政府早在 1997 年就出台了信息技术在教育中的应用规划,目前已经实现了基于网络的教师自主选择培训方式,教师在网上查找自己想学习的课程和项目,通过网上直接报名参加培训。①

　　我国将教师继续教育培训放在推动教育改革、提高民族素质、增强综合国力的战略位置上。中小学教师继续教育培训将会是一项时间持久且规模不断扩大的工程,为此,也出现了各类培训系统,利用系统平台开展继续教育培训。

---

　　① 崔晓健:《陕西省中小学教师培训管理系统的设计与开发》,电子科技大学硕士论文,2013 年。

第一节　高校网络功能的延伸

由于国家政策的支持和地方政府的重视，中小学教师的在职培训任务绝大部分都在高校进行。随着网络的发展和信息化教育的推进，校园网除了用于资源共享、教务管理，也将学校内的教学资源和教学课程搬上了网络，开展网络教学、课程整合，开发了网络课程学习平台，这是教育信息化带给教学的形式、管理、模式的变革。在此基础上，借助于网络平台，很多高校成立了网络教育学院，将校园网络功能延伸到校外，用于校际联系、合作办学以及教师专业培训等方面，而且到目前，开展网络教学已趋成熟和普及。

网络教育学院（俗称：网上大学），可以开展学历和非学历的网络教学工作。教育部颁布的《关于支持若干所高等学校建设网络教育学院开展现代远程教育试点工作的几点意见》（教高厅〔2000〕10 号）中明确规定批准68 所高等学校开展现代远程教育试点，开展的网络教育以从业人员的继续教育为主，高中起点专科、本科须具备普通高中、职业高中、中等专业学校或职业技术学校毕业证书，专科起点本科须具备国民教育系列的专科或专科以上毕业证书。学校的专业、年龄均无限制。由学校按照国家有关规定颁发高等教育学历证书，学历证书电子注册后，国家予以承认。同时还规定了学校开展远程教育的工作要求、工作任务、适读对象、学习方式、学习费用、学习内容、文凭学位等事项。

学历教育主要面向社会招收学生，通过网络教学的方式来完成学历和学位教育的教学工作；面向全日制在校生，开设网络课程，设置单科学分，同时可实现校际之间的课程互选和学分承认。

非学历教育主要面向社会开设继续教育课程，包括课程培训、岗位培训、证书考试和自学考试助学活动等，为社会从业人员参加学习提供服务。

网络教学是互联网同教育相结合的现代远程教育的表现，它将学校的学科优势和教育资源优势最大化利用。无论是学历教育还是非学历教育，网络教学都突显了它的优势。与传统教学方式不同，网络教学主要以"在线授课＋面授"为主要教学形式，实行弹性学制，允许学生自由选择学习期限。网络教学要求学生有很强的自制力和自主性，以学生学习为中心，教师授课为辅，学生通过点击网上课件（或是光盘课件）在线学习、通过电子邮件或发帖等方式完成作业、考试和互动等，教师的在线授课和答疑，使教与学实现网络化,并可根据学生的具体情况安排集中面授。所以,网络教学随时随地、灵活有效、使个人掌握学习主动权,充分发挥学生的自主性,学习不再和其他活动冲突。网络教学的教学内容按课时/小节划分,明白的可以不听,不明白的可以多听几遍,直到听懂;提供的课程答疑,可以随时向老师咨询并得到满意答复。网络教学平台人性化,功能完善,操作简便,专业设置灵活,能够适应社会上各行各业对人才的需求。此外,网络教学可以随时随地开展学习,效率更高,学习者可以省下大量交通费、住宿费和宝贵时间。

由新华网主办的 2014 新华教育论坛——"大国教育之声"活动中,中国石油大学远程教育学院被评为"2014 中国最具影响力网络教育学院"。经过近 60 年的发展,该校坚持"特色、品牌、一流"的发展定位,坚持"特色发展、内涵发展、创新发展",不断推进继续教育综合改革,注重品质和内涵发展,加强校企联盟建设,形成了成人学历教育、继续教育、职业教育、国际合作教育协调发展的办学格局,以及满足石油行业发展需要的人才培养新模式。特别是在全国率先提出并实践用网络教育改造函授教育,实现函授教育与网络教育的整合与统一;同时引入云计算等新技术,构建了适应互联网时代用户需求的社交化、智能化远程教学系统;构建了在线学习与面授教学相结合、自主学习与协作学习相结合的混合式教学模式;构建了网上和网下、实时与非实时相结合的全方位、个性化支持服务体系;建立了以数据库为基础,云存储为支撑,支持在线学习和移动学习的课程资源体系,建成 8 门国家级网络教育精品课程,3 门国家级网络资源精品共享课,10门中国大学视频公开课,14 门省级成人高等教育特色课程;构建了学校内部控制、企业外部监督的质量监督和保障体系,有力地保障了远程教育教学质量,网络教育统考通过率一直名列全国试点高校前茅。

根据我国国家统计局的数据公报,统计出 2013 年全国网络学生的相关专业和数据(设专业分类中,师范类、教育学类和文化教育大类为直接与中小学教师培养有关),如表 6-1 所示。2013 年的本科招生数达 80.4378万人,专科达 139.6351 万人,这两大类招生人数占全部招生的本专科人数的比例分别是 33.4% 和 57.9%。在校的网络本专科有 614.6406 万人,毕业生总人数达 155.0762 万人,这说明网络学员是一个不可忽视的学习群体,有这么多人为了获得学历学位而努力学习,为了提升自身的素质而利用网络平台继续学习。也说明网络教学为教育所承担的教学任务是不容忽视的,是教育体系中的一个不可缺少的组成部分。

表 6-1　2013 年全国网络学员统计表（单位：万人）

类型	招生数	在校生	毕业生
师范网络本科	2.3171	5.32	2.1112
师范网络专科	2.04	4.05	1.65
教育学网络本科	3.1570	7.2766	2.0553
文化教育大类网络专科	13.46	38.85	10.11
网络本科	80.4378	217.51	53.6702
网络专科	139.6351	397.1306	102.4060

　　由上表可知，仅 2013 年的统计，网络本科与专科生一年的招生数达 220.0729 万人，在校生达 614.6406 万人，这两部分的人数说明还有 800 多万人在网络教育学院参加学习，可见网络教育是非常重要的一种教育形式，为广大求学者提供了很好的学习机会和教学平台。由上表还可以看出，师范网络的本专科、教育学网络本科和文化教育大类网络专科的总人数有 29.9772 万人，这些人从专业分类上可以理解为与中小学教师关系比较密切，假如这批人毕业后从事基础教育，这就意味着基础教育中又有近 30 万人拥有专科或本科学历，对于中小学校来说，增加学历的同时提升了基础教育教师的整体队伍水平，有助于推动教师专业发展。从大学与中小学合作的角度看，大学需要承担 800 多万人的教学工作和管理工作，为中小学校完成近 30 万人的教师的职后教育，可见教师的专业成长成为大学与中小学合作的纽带。

　　高校网络教育学院的成立为在职人员的培训和学历教育提供了更广更灵活的平台，也为成人教育开辟了新的途径和教学空间。发展到现在，几乎每一所高校都成立了网络教育学院，而且网络教学已成为一种主要的培训模式。

　　在非学历教育方面，主要的形式是开展各种类型的网络培训，目的是为了提升教师的整体专业水平和教师专业发展。以浙江师范大学继续教育学院为例，该校与浙江省高校师资培训中心、浙江省教师教育质量监控中心、网络继续教育学院、中小学教师培训中心合署，实行五块牌子一套班子管理，下设办公室、培训科、学历教育科、学生管理科、自考办公室（社会考试中心）和质量监控中心办公室等 6 个科级机构，统筹全校继续教育工作、省高校教师培训工作和省教师教育质量监控工作，学院依托学校资源已形成"学历教育与非学历教育并重、教师培训与非教师培训共存、传统面授与在线教育互补"的继续教育办学体系。学历教育主要有函授、夜大学等学历教育本科专业 35 个、专科专业 28 个,在校生达到 2 万余人,还有包括广西、广东、云南等省的函授教学点 50 余个。非学历教育主要承担"国培计划"教师培训项目,承担国家级、省级教师培训项目、部分县市骨干教师培训、欠发达地区教师培训、西部地区教师培训。网络教育主要针对浙江省中小学教师专业发展需求,开发了网络培训平台,开通了浙江教师教育网,为省内外中小学教师网上培训提供优质的资源和便利的服务。

第二节　教师专业培训平台的典型案例

网络教学平台很多,功能也各异。有的平台适合课程教学,如精品课程网站、网络课程、虚拟学习环境;有的平台适合培训,如中小学教师培训类网站;有的适合专项学习,如视频会议点播系统;有的适合协作学习,如 Wiki 协作平台以及前一章节介绍的各类社交网站。

由于网络教学平台很多,专门开发或适用于教师教育和教师培训的平台也不少,功能也相差很大。平台的分类很多,从内容上分,可分为教学型、研讨型、培训型和综合型网络平台,从服务范围分,可分为省部级、区域级、校本级三种网络平台,本节从网络平台的组织归属角度将网络教学平台分为三大类,即行政机构性质的中小学教师培训平台、社会性或商业性的教师专业培训平台和自主研发的教师继续教育平台。这些平台各有特色,可以利用平台的特色开展教师专业培训。

一、全国中小学教师继续教育网

近几年,为了大力加强教师培训,深入实施素质教育、全面提高教育质量,国家下发了多个有利于教师培训的纲领性文件,如《国家中长期教育改革和发展规划纲要(2010—2020 年)》和《教育部关于大力加强中小学教师培训工作的意见》。2010 年教育部、财政部联合发出《关于实施"中小学教师国家级培训计划"的通知》(简称"国培计划"),在全国范围内开展"国培计划"培训,与此同时,各省根据各自情况,陆续开展教师专业发展全科培训、名师培训、名校长培训、骨干教师培训、学科带头人培训、特级教师培训、新苗培训、教坛新秀培训、班主任培训等。无论从培训规模还是培训效果上看,都取得了一定的成效。

2004 年,教育部颁布了《关于支持"全国中小学教师继续教育网"开展远程中小学教师非学历培训试点工作的通知》,利用互联网充分地运用了现代高科技通讯媒体手段进行教学。全国中小学教师继续教育网属于教学模式与信息技术结合后的新的尝试,对于教育主管部门来说,是将传统的管理模式与信息技术、网络技术结合,形成新型的教师培训管理系统,全国中小学教师继续教育网(www. teacher. com. cn)主页面如图 6-1 所示。该网站拥有各省(市)国培计划、教师培训、学历教育、本科后教育、校长培训、教师资格、校本教研、职业教育、教师社区、博客、教育百科等栏目内容,并链接各省(市)的培训项目。从该平台可以了解各省(市)开展的培训项目内容、全国范围内的最新动态、教师博客或社区的讨论信息和视频互动,可以共享平台上的网络资源、视频课程,可以上传教师的课件、学生作品、教学心得、教学设计,可以提出教学中的问题,让大家来分析或提出解决方案,还有一些培训项目的相关统计信息。可以进一步通过分析各省(市)的培训项目,比较各省(市)之间的差异,学习其他省(市)的培训方式,相互促进,相互参考,缩小各省(市)之间的培训差距,共同提高。

图 6-1　全国中小学教师继续教育网主页

1.教师培训

全国中小学教师继续教育网的主题就是教师的培训和继续教育。在国家政策支持和地方政府的积极配合下,全国各省(市)开展中小学教师培训规模巨大。以浙江省为例,从网站统计数据获知,在 2011—2015 年期间,浙江省每年都开展五大类的培训项目:中小学教师(学科)专业发展培训、中小学班主任专业发展培训、幼儿教师专业发展培训、中职教师专业发展培训和中小学教师通识专业发展培训,并且每年举办两次。此外,还有校长培训项目和中小学教师高等教育自学考试项目。以 2015 年上半年浙江省教师专业发展培训为例,截止到 2015 年 6 月 17 日,以学科分类统计培训的规模及学习效果,如表 6-2 所示。①

表 6-2　2015 年上半年浙江省教师专业发展培训统计表(以学科统计)

学科名称	已注册学员数	班级数	有学时人数	学习率(%)	合格人数	合格率(%)	学习力
初中班主任	263	2	239	90.87	225	85.55	70.94
初中科学	494	4	457	92.51	442	89.47	70.28
初中历史与社会	524	4	466	88.93	438	83.59	67.27
初中美术	16	1	14	87.5	14	87.5	76.87
初中数学	387	3	320	82.69	309	79.85	64.93
初中思想品德	14	1	14	100	14	100	81.36
初中体育	282	2	254	90.07	235	83.33	68.68
初中信息技术	19	1	16	84.21	15	78.95	69.72
初中音乐	3	1	3	100	3	100	69.31
初中英语	543	4	487	89.69	455	83.79	69.08
初中语文	345	2	282	81.74	269	77.97	63.68
高中班主任	399	3	365	91.48	350	87.72	73.49
高中地理	21	1	20	95.24	19	90.48	66.91
高中化学	250	2	227	90.8	207	82.8	67.27
高中历史	25	1	23	92	21	84	63.86
高中美术	7	1	6	85.71	6	85.71	68.99
高中生物	21	1	20	95.24	20	95.24	71.03
高中数学	320	2	282	88.13	272	85	70.16
高中体育	192	2	172	89.58	162	84.38	68.82
高中物理	263	2	222	84.41	201	76.43	61.05
高中信息技术	17	1	15	88.24	14	82.35	67.35
高中音乐	7	1	6	85.71	5	71.43	56.54

---

① 浙江省中小学教师专业发展培训,[2015-06-17]. http://zjzxx2015. wx. px. teacher. com. cn/.

续 表

学科名称	已注册学员数	班级数	有学时人数	学习率（％）	合格人数	合格率（％）	学习力
高中英语	346	2	311	89.88	291	84.1	67.45
高中语文	384	3	331	86.2	312	81.25	66.4
高中政治	20	1	16	80	14	70	63.26
通识培训	110	1	90	81.82	88	80	64.08
小学班主任	620	4	554	89.35	531	85.65	73.96
小学科学	42	1	41	97.62	40	95.24	76.38
小学美术	275	2	262	95.27	246	89.45	73.7
小学数学	969	6	893	92.16	855	88.24	72.89
小学数学聚焦课堂	557	3	507	91.02	479	86	71.78
小学思品	21	1	20	95.24	20	95.24	75.55
小学体育	439	3	410	93.39	393	89.52	72.48
小学信息技术	13	1	12	92.31	12	92.31	81.54
小学音乐	284	2	253	89.08	244	85.92	69.42
小学英语	392	3	363	92.6	348	88.78	73.83
小学语文	902	5	849	94.12	814	90.24	74.05
小学语文聚焦课堂	687	4	647	94.18	624	90.83	74.19
信息技术初中数学	152	1	127	83.55	119	78.29	63.44
信息技术初中语文	107	1	96	89.72	90	84.11	67.65
幼儿活动设计的实践探究	1265	8	1138	89.96	1064	84.11	73.85
幼儿园经典活动案例研析	1271	8	1114	87.65	1047	82.38	71.54
中职班级管理	202	2	192	95.05	182	90.1	74.64
中职教师课堂	770	5	712	92.47	669	86.88	73.04

由表可知，2015 年上半年浙江省中小学教师共有 14 240 位参加培训，开设了 109 个培训班，其中，初中开设了 10 个科目和 1 个班主任项目的培训，高中开设了 14 个科目和 1 个班主任项目，小学开设了 9 个科目的 11 个培训项目和 1 个班主任项目，此外，还有中职教师、幼儿园和以信息技术为主的各开设了 2 个项目。从培训效果看，有 12 848 位教师参加了学习，参加学习率平均达 90.17％，在参加学习的教师中，有 12 178 位教师圆满完成

培训内容,通过率达 85.78%,从上面的数据可知,中小学教师参加培训的积极性很高,学习的目的性很明确,希望通过培训能真正获得知识,所以体现出学习的通过率很高,也可以反映出培训内容的合理性,为广大中小学教师所接受和认可。但是,从学习力的数值看,平均各培训项目的学习力仅 70.06%,学习力是教师培训过程的综合表现,一般考查教师在培训过程中的评论数、作业数、发帖数、回帖数、日志数以及平台中所要求的其他类别,反映教师的学习动力、学习毅力和学习能力。可见学习力还有提高的空间,这是一个综合指标,需要政策的支持、培训机制的完善和激励机制的配套等。

以 2015 年上半年浙江省教师专业发展培训为例,截至到 2015 年 6 月 17 日,以地区分类统计培训的规模及学习效果,如表 6-3 所示。

表 6-3 2015 年上半年浙江省教师专业发展培训统计表(以地区统计)

区域名称	已注册学员数	有学时人数	学习率(%)	合格人数	合格率(%)	学习力
舟山市	336	314	93.45	305	90.77	77.25
杭州市	2412	2222	92.12	2144	88.89	75.85
嘉兴市	733	680	92.77	644	87.86	74.08
台州市	2597	2380	91.64	2306	88.79	74.05
湖州市	658	607	92.25	579	87.99	73.23
绍兴市	722	671	92.94	631	87.4	72.2
宁波市	1635	1473	90.09	1395	85.32	69.81
金华市	2505	2273	90.74	2132	85.11	69.47
丽水市	324	282	87.04	265	81.79	67.89
衢州市	404	333	82.43	315	77.97	64.37
温州市	1914	1613	84.27	1462	76.38	62.39

由上表可知,在浙江省的 11 个地市中,杭州市、台州市和金华市参加培训的教师最多,真正参与培训并获得学分的比率中,丽水市、衢州市和温州市偏低,培训合格人数中,舟山市最高,达 90%以上,而学习力最差的是温州市,只有 62.39。宁波市和温州市参加培训人数与合格人数相差近 300 人,学习率相差近 4 个百分点,而学习力相差 7 个百分点。这些数据差距,可能存在几方面的因素:

(1)培训人数的悬殊可能是在前几年的培训中,已经有许多教师参加过培训,或准备 2015 年下半年及以后再培训,所以 2015 年上半年较少,这与该地区的总体培训计划有关。

(2)培训学习率有高低可能是与教师个体有关,由于工作、家庭等因素,原先注册报名了,结果没有时间参加培训,所以放弃了该阶段的培训学习。

(3)培训合格率基本与学习率成正比关系,说明参加培训的教师认真学习,完成培训内容,而没有通过的教师可能是缺少课时数,没有按时完成,也可能缺少培训项目中的一门或几门课程的学习,也就是没有按培训要求和标准来完成,这从另外一个层面也反映了教师培训的组织纪律性和教学的严格要求。

(4)学习力普遍偏低,可能与教师个体有关,比如对自己只要求能及格通过,不要求做更多的努力,或者学习时间比较紧张,没有留出更多的时间来参与学习;也可能是与地方行政负责部门的组织机制、激励机制有关,比如可以设置培训的教师通过考核给予什么奖励,不通过的教师给予什么措施等,以促进教师参加培训,要求尽可能都通过考核。

2.互动交流

全国中小学教师继续教育网除了继续教育信息、提供共享资源、链接和查询各省的培训信息以外,还有一板块内容就是教师社区和博客,[①]全国的教师都可以通过注册加入到讨论交流的队伍中,就某些感兴趣的主题参与讨论或提供相关资源。

在教师社区中,可以按学科进入交流,也可以按主题参与探讨,内容非常丰富。以项目专区为例,如图 6-2 所示。它分为活动部落、精彩研修、案例故事、国培心语、成果汇览、浙江项目、站长公告、河北专区、世界咖啡 9 个栏目,其中案例故事最为活跃,截至 2015 年 8 月 3 日,发出主题共 62285 次,回复共 18353 次。说明教师们希望看到其他教师的教学中故事,是否与自己教学工作中碰到相同的情况,从中参与讨论,产生共鸣。本文选取了案例故事中的"宽容与爱改变学生的态度"主题案例,由天津市北辰区实验小学吴作芬老师提出的主帖,部分内容截图如图 6-3 所示。从图中可知,吴老师发出这个帖后,有 34 条回复信息,浏览阅读有 306 次,说明这是个老师们比较关心的话题。本文选取了 10 条来自不同地区和学校的教师的回帖,不包括没有真实姓名注册或没有明确注明来自哪个地区和学校的回帖,总结后见表 6-4 所示。

---

① 继教网教师社区,[2015-08-03]. http://c. teacher. com. cn/partition/892.

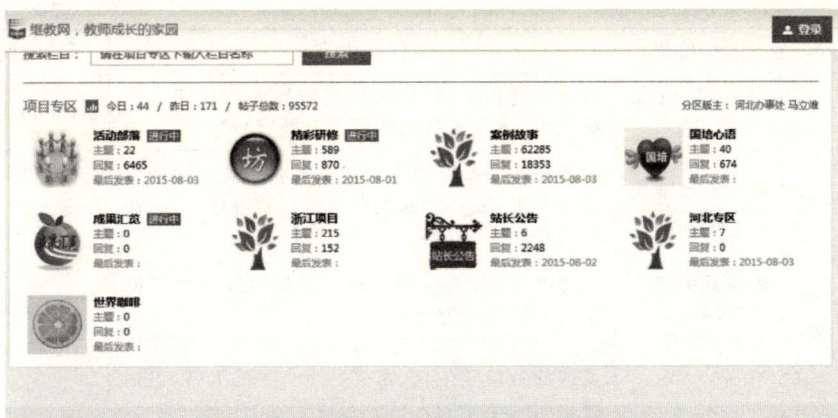

图 6-2 教师社区的项目专区部分网页

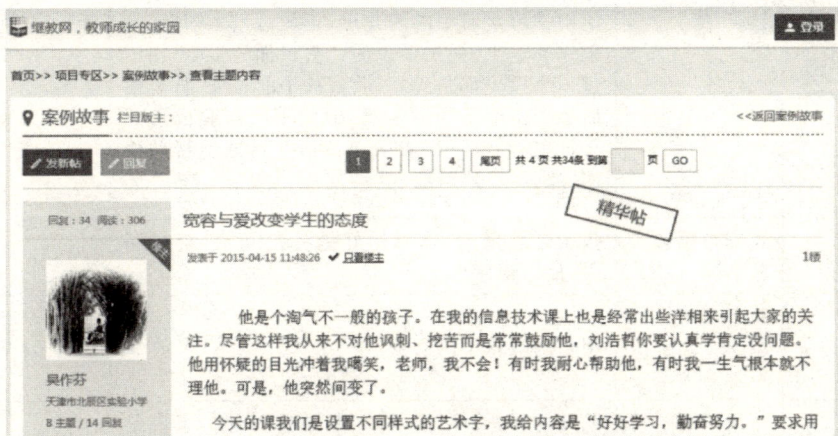

图 6-3 宽容与爱改变学生的态度主题帖的部分截图

表 6-4 "宽容与爱改变学生的态度"主题讨论的部分回帖信息

访客	工作单位	回帖内容	回帖时间
刘　进	内蒙古包头市青山区一机一小	亲其师,信其道。教育不是简单的说教,教师如果能与学生进行心灵的沟通,了解学生的内心世界。会发现儿童所具有的天真、可爱等优秀品质需要发现、保护。这就需要老师善于观察、并具仁爱、慈爱等大爱。你的关爱,学生会感觉得到,与您会更亲近,从而愿意学习你所教的学科	2015-06-16

续表

访客	工作单位	回帖内容	回帖时间
张军梅	包头市新城中学	认真发现孩子的闪光点，真诚地保护和使其发扬光大，体现了高尚的师德与教育智慧。	2015-06-19
刘庆敏	南大港产业园第二幼儿园	我觉得一个幼儿教师最应该具备的是强烈的责任感和责任心，没有强烈的责任感责任心，一切无从谈起	2015-06-23
朱君宝	青龙县大巫岚初级中学	老师的关注、宽容、鼓励和爱，是引导学生走向正确之路的最好方法	2015-07-01
李莎	河北省涞源县第一中学	宽容的对待学生，就是要尊重学生的人格，包括尊重问题学生的人格。对待学生的错误不要只顾一味责骂，要相信学生，要了解学生，多与学生交流，问清前因后果，再寻找合适的方法解决宽容的对待学生，就是要赏识你的学生，多注意他们学习生活中的闪光点，正像孟繁老师在《赏识你的学生》一书中说的："赏识你的学生，相信每一个孩子都是天才；欣赏孩子的长处，肯定他们每一个细微的进步，让他们不断体验成功的喜悦，找到学习的快乐和自信并真诚地帮助他们，那么，奇迹就会发生。"	2015-07-01
徐玉平	迁安市第二实验小学	孩子是最真的，你对她好她一定知道，会有回报，最懂得感恩	2015-07-03
张秀荣	咸宁市咸安区温泉二号桥小学	用爱温暖孩子的心灵	2015-07-06
康莉萍	达川区罐子初级中学	老师的爱，关注，以及期望，这些对他们来讲是学习最强大的动力。多关爱学生	2015-07-09
贾慧丽	邯郸市复兴区箭路学校	还是情感打动人，亲其师才重其道，才更有利于教育的逐步开展。宽容和爱是每个教师不可缺少的	2015-07-13
袁玲	东海县房山中心小学	在教学上我们就需要有一颗热爱学生的心，学生是很期待老师的一个目标，一个微笑，一句肯定的话……所以我们要努力做到，学生会更加的不一样	2015-07-16

由表可知：

（1）2015 年 4 月 15 日，吴老师的主题帖发出后，由回帖的时间说明该主题一直受到其他教师的关注，而且是来自全国的中小学教师的回复。教师除了传授知识给学生以外，如何对待不同个性、不同水平、不同接受能力、不同家庭背景的学生,用爱去感化学生,用宽容去对待学生,为人师表,这是当代教育非常重要的教育内容,不仅要让学生获得知识,也要让学生懂得做人。

(2)从主题内容讨论中,至少我们可以获得如何做才是对学生的"宽容和爱":用微笑、一句肯定的话,用情感,关注学生,赏识学生,鼓励学生,与学生心灵沟通,了解学生的内心世界,去发现学生的天真和优秀作品等等。这些行为在教学过程中,对于一名教师来说,其实非常简单,耐心地对待每一位学生、仔细观察每位学生,发现他们的优点与不足,用行动去关注学生,宽容和爱就在学生心中。

(3)从主题内容讨论中,我们可以看到教师的教学反思:"你的关爱,学生会感觉得到,与你会更亲近,从而愿意学习你所教的学科。""孩子是最真的,你对他好,他一定知道,会有回报,最懂得感恩。"字里行间已流露出教师日常教学工作的经验总结,深刻体会到自己的付出能得到学生的爱,学生是懂得感恩的,不仅喜欢老师,还会喜欢老师上的课,这样学生就会产生对学习的兴趣,产生对学习的内在动力。

(4)从主题内容讨论中,我们可以学习到教育哲理:"亲其师,信其道""用爱温暖孩子的心灵""教育不是简单的说教"等,教师除了掌握好自己的专业知识与技能外,还需懂得关爱学生、尊重学生、为人师表的职业道德。

通过平台,教师不仅可以获得专业提升,完成培训任务,更重要的是通过培训和交流,总结工作经验,提升自我认识,在反思与讨论中学习课本之外的实践经验与理论,这对教师专业发展是非常必要的、有意义的。

由上述分析可知,行政机构组织的平台体现出内容上的丰富性,能及时显示政策文件、教学资源等基本资源,有最新动态和教师讨论等最新信息,也有培训项目的简单统计,如参加人数、培训时间、参加对象等行政性信息,发信息数、回复数、评论数、上传资源数等定性统计,但是对培训考核等更细内容信息并没有太多的统计,无法看出评价体系的构成,如形成性评价和总结性评价的分值,或者是定量与定性评价的比例等。

二、浙江教师教育网

国内各职能部门、院校单位在教师培训管理信息化领域都进行了很多研究工作,获得很多出色的成果,创建出很多出色的系统平台。但由于我国地域广阔、教师队伍庞大、不同级别的职能部门权限也各不相同,因此在自主研发平台过程中,都是根据本地区、本单位的特点进行需求分析,以确定研发的系统目标。如北京市中小学教师继续教育管理信息系统，从行政管理的角度出发采用多层次管理模式，实现了数据录入、查询、打印等工作，通过互联网实现北京市中小学教师继续教育学分查询和网上教育。山东省根据自己的实际管理需求，开发出山东省中小学教师继续教育培训管理系统，实现了对山东省中小学教师基础信息的录入、管理与查询、学分登记与查询等功能。这样的案例很多，几乎每个省都有相关的平台或系统，目的就在根据国家的指导方针和各省、各地区的具体情况，开展相应的教师培训工作。[①]

目前，教师培训主要以主题网站、资源网站、教师博客群等平台形式出现。主题网站如美国教师专业发展的 MARCOPOLO 网站，参与到这个网站进行培训的教师遍及美国的各个州，人数已经超过了 20 余万人，为全美教师提供丰富的教育资源、教师发展项目、课程计划等。我国的全国中小学教师继续教育网、K12 中小学教育教学网、中教网等也属于主题网站。资源网站如苏州教育资源网、中华资源库网站、百度云资源网等。中华资源库网站是由华资在线（北京）教育科技有限公司主办，是中国教育信息化领域的第一品牌，专门为学校提供基础教育资源下载。教师博客群很多，比较有影响的如苏州教育博客、中国教育博客网、新浪博客、新浪微博等。值得一提的是，目前各类中小学也相应了建立了自己的教师教育主题网站，如三门峡市小学新课程教师培训专题网站。这说明网络已经开始逐渐地变成教师专业发展的重要阵地。[②]

综观国内外网络环境下的教师专业发展的各种形式的培训平台，他们的共同点都是基于网络这一载体，利用可获得的资源，在实践活动的过程中开展教师专业发展的学习与培训，本章节从浙江省的主题网站来分析这类平台的特色与功能。

1. 培训内容

浙江省的中小学教师的继续教育平台主要是浙江教育资源公共服务平台（http://yun.zjer.cn/），该平台主要实现资源共享与教师培训相关的资源的上传与下载、培训交流与讨论、资源浏览与课件欣赏、最新动态与项目跟踪等功能。此外，各地区、学校也都不同程度地建立了平台开展教师继续教育，从大学与中小学合作的角度，浙江师范大学创建浙江教师教育网（http://zhejiangedu.com），主要面向中小学教师的继续教育和在职培

---

① 崔晓健：《陕西省中小学教师培训管理系统的设计与开发》，电子科技大学硕士论文，2013 年。
② 李庆玲：《教师专业发展支持平台的设计研究与开发》，曲阜师范大学硕士论文，2006 年。

训,页面如图 6-4 所示。

图 6-4 浙江教师教育网主页面

从浙江教师教育网主页面的菜单可以明显看出,主要负责在职教师专业发展培训、名师名校长培训、国培计划培训和能力提升工程培训。

在职教师专业发展培训根据《浙江省中小学教师专业发展培训若干规定(试行)》(浙教师〔2010〕175 号)和浙江省教育厅《关于做好 15 年上半年中小学教师专业发展工作的通知》(浙教电传〔2014〕438 号),省教育厅《关于进一步加强中小学教师培训质量管理工作的通知》(浙教办师〔2014〕14 号)、省教师教育质量监控中心关于印发《浙江省中小学教师培训质量管理规程(试行)》(浙师质监〔2014〕4 号)等文件要求,开展全省范围内中小学教师的分层分类分岗培训,培训内容主要围绕职业道德、专业知识、教学技能或学校管理等方面开展,包括短期培训、90 学时及以上集中培训、远程培训等。培训实行学分制管理,强化基于现场、走进真实课堂的培训环节,注重发挥学员主导作用,增加案例式、探究式、体验式、讨论式、任务驱动式等培训方式,提高培训质量。

名师名校长培训是贯彻落实《浙江省中长期教育改革和发展规划纲要(2010—2020 年)》精神及浙江省教育厅《关于实施中小学教师省级培训计划和做好 2012 年培训工作的通知》(浙教办师〔2012〕111 号)要求,组织实施中小学浙派名师名校长培养工程,依托具有优质教师培训资质的高校和教师培训机构,同时设立相关实践基地、名师名校长工作室等,为每位培养对象配备理论导师和实践导师,制定个性化的培养方案,以结合培养对象自身工作或基础教育改革发展实际的研究课题为主线,通过理论研修、实践浸润、学术提升、思想凝练、成果展示、示范辐射等方式，开展理论与实践、课堂内与课堂外相结合的系统且全面的培养培训。培养一批具有高尚师德修养、先进教育理念、宽阔国际视野、精湛专业素养、独特教育教学或学校管理策略与风格、较强研究与创新能力的中小学教师和校长，引领和促进全省中小学教师和校长队伍建设。

国培计划依据教育部、财政部联合发出的国培计划《关于实施"中小学教师国家级培训计划"的通知》，在全国范围实施。"国培计划"包括"中小学教师示范性培训项目"和"中西部农村骨干教师培训项目"两项内容。"中小学教师示范性培训项目"主要采取电视课程收看、IP卫星资源播放、网络在线学习和县域内集中研讨相结合的方式，采用集中培训的方式培训中小学学科骨干教师和骨干班主任教师；采用远程培训的方式培训义务教育学校学科教师和高中新课程学科教师，选拔熟悉中小学教育教学实际的专家和中小学一线优秀骨干教师参加"国培计划"培训教学，形成动态更新的培训专家库。"中西部农村骨干教师培训项目"是对中西部农村义务教育骨干教师进行有针对性的专业培训，采取脱产研修、集中培训和大规模远程培训相结合方式，政府购买和组织开发一批优质培训资源，为"中西部项目"和教师终身学习提供服务支撑。

能力提升工程培训是依据教育部《关于实施全国中小学教师信息技术应用能力提升工程的意见》（教育部〔2013〕13号）和浙江省教育厅《关于实施全省中小学教师信息技术应用能力提升工程的通知》（浙教师〔2014〕145号）的要求，设置"应用信息技术优化课堂教学""应用信息技术转变学习方式"和"应用信息技术支持教师专业发展"三大主题，结合不同学科、不同学段和不同应用能力的需求，开发多媒体教学环境、网络教学环境、移动教学环境等三类信息技术应用环境下的四类课程（技术素养、教学计划与准备、教学组织与实施、教学评估与诊断等），关注新型教学模式，突出对改进常规课堂教学模式和学习方式的支持，从而推动信息技术广泛应用，促进教师应用信息技术优化课堂教学、提高教学效率和自主专业发展、促进学生转变学习方式，全面提升教师信息化环境下的教育教学能力。

2.功能架构

浙江省中小学教师培训采用信息化手段管理浙江省的教师专业发展培训、国培、名师名校长工程以及能力提升工程，从而实现对教师培训业务的有序统一管理，达到节省培训资源、提高培训质量、推动浙江省教师继续教育发展的目的。在浙江教师教育平台中，覆盖的内容包括：培训公告的发布和查看；培训项目的发布和通知；培训班级的建立和审核；培训过程的参与和交流；培训资源的共享；培训成果的上报；培训数据的统计分析；培训个人的档案与管理等。

浙江教师教育网主要管理四大培训的内容，分析其网页内容，可以将其功能架构总结如图 6-5 所示。

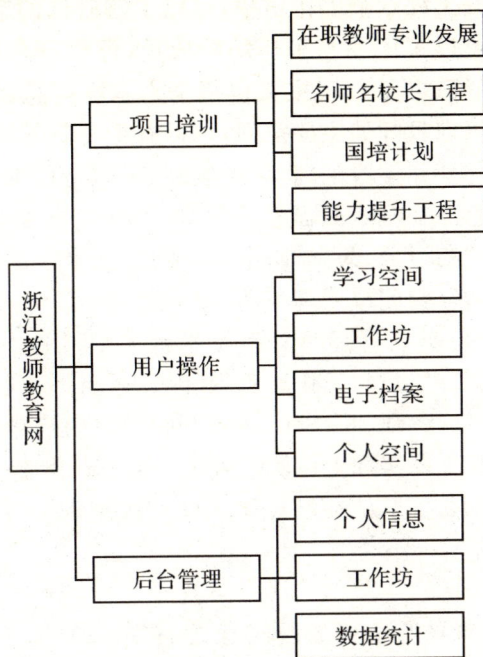

图 6-5 浙江教师教育网主要功能架构

在项目培训模块中，根据不同的培训类型设置了不同的显示版面菜单。在职教师专业发展培训模块中，分别设有培训新闻、项目列表、项目公告、简报、政策法规和统计信息等几个栏目；能力提升工程模块分别设有研修项目管理、研修工作坊、研修活动、研修作业/日志、研修资源、专家团队和学员心声等栏目；国培计划模块分别设有新闻、简报、汇报交流、研修资源、研修成果和互动论坛等栏目；名师名校长模块分别设有通知公告、教研活动、师生风采、互动信息、网络日志和研修成果等栏目。栏目菜单的组织可以看出都是每一类培训的关注主题内容，且每一个栏目的内容都按时间顺序排列，以超链接的形式显示细节内容。

平台使用的用户可以归为三类，即管理员、用户和访客。管理员除了能够浏览整个网站的内容外，主要负责对平台后台数据的管理；用户主要是参与培训的中小学教师和教学专家团队；访客是关注该平台信息的人，只可使用浏览功能,没有用户账号,无法进入每一项的培训项目中参与培训。对于培训教师来说,可以进行学习空间、工作坊、电子档案和个人空间的访问与操作:学习空间包括课程列表、项目简介和考核方案,可以明确参与培训的内容和要求,以及完成学习的进度和成绩等;工作坊主要是参与某专项活动,如提升工程示范工作坊中,可以了解研修的动态与计划,可以共享研修的资源,可以了解参与工作坊的成员,可以进入讨论区参与讨论并查看成员的心得等;电子档案主要包括个人基本信息、学习记录和成果展示,这一部分是培训教师的主要空间,可以查看项目培训的时间和名称、培训的批次、学科类型和学段范围、培训成绩,了解培训项目的课程设置和该课程的性质和学分,并对该课程展开学习,了解学习活动的类别和要求,显示上传学习成果和获得的荣誉等;个人空间包含个人的信息以及资源等信息,类似于一个 QQ 空间或博客空间。

后台管理主要是平台管理员对整个平台的信息进行更新、维护等管理。主要包括个人信息管理、工作坊管理和数据统计管理。个人信息管理是对管理员、参与培训教师和专家团队的所有用户的信息保存、更新、增删等管理;工作坊管理主要实现工作坊内容的更新、显示、操作、保存等操作;数据统计管理主要是为了方便查看和统计每次培训的项目内容、培训人员、课程信息等数据。

3. 培训评价

教师培训的评价具有重要的现实意义,它不仅有助于规范教师培训,而且也有助于新课程改革的顺利实施以及丰富教师培训理论,最重要的是它有助于提高教师专业发展的实效性。

教师培训是一个持续不断的动态过程,培训内容也灵活多样,如看教学视频或课件、课堂观察分析、理论学习、交流讨论、教学设计等,因此对培训过程的监控也是评价一个教师学习过程的重要部分。所以教师的培训评价不仅要有注重结果的总结性评价,而且还要有注重过程的形成性评价,应使这两种评价有效结合起来。但同时应注意到,无论是网上培训还课堂集中培训,培训内容往往多样化,所以需要考虑培训评价的定性与定量相结合。

根据我国目前的各类教师培训,可以发现培训往往针对教师的不同需求,依照培训目标,设置不同课程和培训内容,采用灵活多样的授课方式,这样能够激发培训教师的积极主动性,使他们乐于参与培训,并能相互交流研讨,共同学习进步,所以采取形成性评价与总结性评价、定性与定量评价相结合的评价,既可以考查培训教师的学习情况,较客观地给出评价结果，又可以通过评价了解、评判培训项目的有效性，以便在以后的培训中总结经验，调整培训方案，有效管理培训过程，保证培训工作的顺利开展，达到培训目的。

在浙江教师教育网中，对培训的评价可以从培训项目和培训教师两方面进行评价。

（1）培训项目评价

通过对培训项目的统计数据来反映项目本身的规模、执行情况以及存在的问题。浙江教师教育网对项目的统计数据可以用如图 6-6 所示来表示。由图可知，项目统计分为项目情况、培训情况、教师工作量、课程情况四方面的统计，通过这样的统计，可以清晰地反映培训项目的信息与课程设置、培训规模与进度、培训教师工作量与实际项目设计的差距、培训课程的受欢迎程度以及培训结果与实效性等信息。

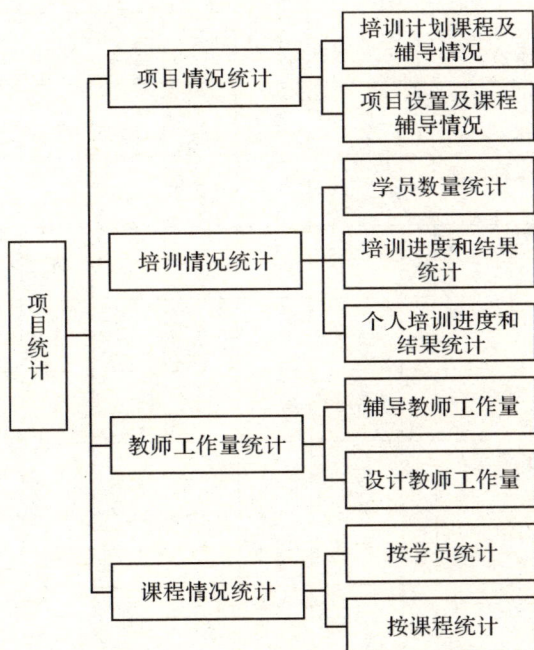

图 6-6　平台培训项目统计信息构成

如：以能力提升工程中的培训项目"2015 年浙江省能力提升工程试点培训（C 类 T 方向专题课程）试点"为例，该项目共有来自浙江省金华市婺城区、台州市玉环县和绍兴市越城区的 12 个中小学的 18 名教师，分属数学与语文两个学科。在这个项目中，每位教师需参加 11 门课的学习。培训结束后统计得知，有 5 位教师完成了 11 门课程的学习，9 位教师完成了 10 门课的学习，还有 4 位教师完成了 7 门课程的学习。由于数据量很大，不在此一一列出。以玉环县珠港镇陈屿中心小学高秀珍老师为例（小学语文老师，用户名为 cyzxxx_gxz），在统计表中将显示出培训计划、上级区域、学校名称、学员姓名、学员用户名、学科、学段、培训计划完成进度、课程名称、学分、视频观看有效总时长、课程作业通过份数、课程作业提交份数、主题讨论参与个数、主题讨论评论数、心得体会通过份数、课程评论总数、课程完成进度 18 项数据，部分数据如表 6-5 所示。

表 6-5　某学员参加项目培训的部分考核数据统计表

学员姓名	课程名称	学分	视频观看有效总时长	课程作业通过份数	课程作业提交份数	主题讨论参与个数	主题讨论评论数	心得体会通过份数	课程评论总数	课程完成进度
高秀珍	信息技术教育应用的误区及应对	6	60/50	0/0	0	3/2	3	0/0	0	完成
高秀珍	技术环境中的课堂观察与研究	4	188/60	0/0	0	2/2	2	0/0	0	完成
高秀珍	信息技术与教学评价变革	3	95/50	0/0	0	1/1	1	0/0	0	完成
高秀珍	技术环境下学生参与教学的途径	2	79/40	1/1	1	3/2	3	0/0	1	完成
高秀珍	微课设计、制作与应用技巧	5	214/70	0/0	0	1/1	1	0/0	1	完成
高秀珍	移动演示型教学的设计与实施	5	185/40	0/0	0	3/1	3	0/0	3	完成
高秀珍	教学内容有效呈现的策略	3	41/25	1/1	1	2/2	2	0/0	2	完成
高秀珍	学生学习活动的引导与激励	6	56/40	0/0	0	4/4	4	0/0	5	完成
高秀珍	在线学习任务设计技巧	6	80/50	0/0	0	1/1	1	0/0	0	完成
高秀珍	在线学习空间创建与平台选择建议	6	84/50	0/0	0	1/1	1	0/0	0	完成
高秀珍	翻转课堂与混合式教学	4	186/45	0/0	0	1/1	1	0/0	10	完成

从这份表格中，可以提供几方面的信息：

第一，培训的内容和要求。这是一个有关信息技术教育类的培训项目,共 11 门课程 50 个学分,每门课程的考核要求都不一样,以《技术环境下学生参与教学的途径》为例,要求视频观看有效总时长为 40 分钟、课程作业通过份数 1 份、主题讨论参与个数为 2 个、心得体会通过份数不要求,也说明了本次培训考核的全面性和综合性。

第二,培训学员的课程学习情况。以《技术环境下学生参与教学的途径》为例,高老师视频观看有效总时长为 79 分钟,说明视频观看的时间超过原视频播放时间的 2 倍,可能学习了两遍;完成了课程作业要求,超额完成参与主题讨论数,并对课程发布一次评论。对这门课来说,高老师完成了课程的所有要求。

第三,培训学员的整体学习情况。高老师对每门课的视频都看了不止一遍,说明很认真地去学习教学视频。课程作业份数与主题讨论数都能如数完成,说明高老师的学习认真、态度端正。从课程评论数来看,她参与了 6 门课的评论,说明她认真地去思考了这些课程的内容、教学方式或教学策略等,发表了自己的观点,而评论数最多的是《翻转课堂与混合式教学》课程,评论很活跃,说明她对这门课非常感兴趣,或者对培训内容很有想法,或者结合自己的教学实践有所反思等,通过查看她的评论能够反映她的观点。

通过这样的一个培训项目,高老师必然对信息技术有一个比较全面的了解,对信息技术在教学实践中的应用必然加强了理论基础和理性认识,也对以往的教学产生反思总结,可以认为培训将有助于她在信息技术与课程整合、教学策略创新、课件制作、教学研究等方面有所提高。通过培训,也全面考核了高老师的整个项目学习,在"完成"学习的背后体现出高老师的学习态度和学习行为。

(2)培训教师评价

培训的主要目的就是希望参与培训的教师在知识与技能、理论与实践方面有所进步,所以在培训过程中,通过对教师的考核与对其学习的跟踪,来反映教师在培训过程中的表现与收获。浙江教师教育网对教师的培训评价可以从图 6-7 和图 6-8 中体现出来。

考核结果 考核未完成

ℹ 学习考核描述

本项目为项目级考核,通过本项目的学习,需要完成规定350分钟时长的专家授课视频学习,
"有效完成"为累计学员收看的不超过单个视频总时长之和;
视频活动考核为学生收看视频的有效时长与考核要求之比;
完成并判分通过规定1份的课程作业;
发表并判分通过规定1篇的心得体会;
参与规定5个的主题讨论。

考核要求

活动名称	成绩项	考核要求	有效完成	活动考核	活动权重（%）
专家授课	有效总时长（分钟）	350	0	0%	30
课程作业	判分通过作业数（份）	1	0	0%	20
心得体会	发表并通过数（篇）	1	0	0%	20
主题讨论	参与问题数（个）	5	0	0%	30

图 6-7　教师培训学习的考核要求

由图可知,教师如果参加这个项目培训,从考核要求方面,涉及四项任务,需要完成 350 分钟的专家授课的教学视频学习,提交 1 份课程作业,1篇心得体会,参与 5 个主题讨论。培训教师可以非常清晰地了解到自己对每项任务的完成情况,以及可能得到的培训成绩。从考核内容上,该项目有教学视频的学习,相当于听取专家授课 70 多课时(按每课时 40～50 分钟计算);有独立作业和心得体会,强化知识的掌握和反思总结;有主题讨论,强调同伴之间的互动和交流,实现思想上的碰撞与认知提高。从评价方式角度,以主题讨论为例,如果以完成活动的任务数来考核,即完成 5 个主题的讨论就是定量评价和总结性评价,如果以活动完成的过程来考核,则参与主题讨论的程度就是定性评价和形成性评价,其他几项活动任务也是如此。

图 6-8 展示了某位教师参与培训的所有活动统计,显示出每一类活动类型的数量及考核要求,教师通过下载活动类别可以查看每项活动的执行情况。由此教师可以进行培训自评,了解活动完成的进度,检查有没有未完成的活动任务以及部分完成的任务,重新查看任务完成的质量,从而反思自己在培训项目中的总体表现。

所以,通过图 6-7 和图 6-8,可以反映和评价培训教师的学习情况,所有教师的统计数据可以反映出整个培训项目的执行情况和培训实效。

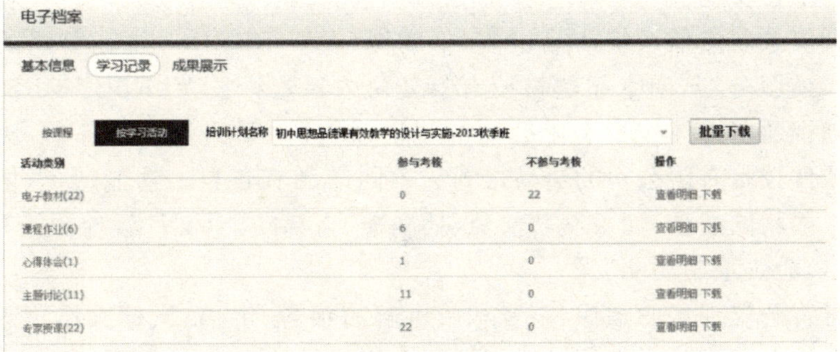

图 6-8　培训教师的学习记录

三、会议录制点播系统

除了前面提到的教育行政机构组织开发的教师培训平台和根据培训需要专门开发的教师培训平台外，还有一类就是商业性的教育平台，这些平台不是为了某些专门的培训而开发的，具有社会应用的普适性，可以用作教师培训的专门平台，并根据平台的特性，开展有针对性的培训活动和形成合适的培训方式。这些平台有些是开源的，如 Moodle 平台，它提供免费的课程教学的平台架构，只要加入特定的教学内容，就可以开展网上教学，自带一些教学评价、统计和管理功能，在该平台上开展教师培训，适合开展网上以课程教学为主的培训方式。有些平台是直接可以使用的，如 Wiki 平台，它是一个群体协作支持工具，强调共享、互动、反思、发展，淡化个人意识，相比博客（Blog）更具有灵活性和协作性。在该平台上开展教师培训，可以提供群体教研活动的技术支持，任何教师个体都可以拥有同等的权利对一份讨论稿进行修改或者批注等操作，从而形成一个群体共同作用的课件、教学设计或者解决方案。

在此介绍会议录制点播系统，它与 Moodle 平台和 Wiki 平台的最大区别在于系统平台上的资源主要是视频文件，利用视频文件可以开展教学视频交流与讨论。会议录制点播系统是指两个或两个以上不同地方的个人或群体，通过传输路线及多媒体设备将声音、影像及文件资料互传，以实现实时的、交互式的沟通，从而完成会议目的的系统设备。在教师专业发展中，职前教育强调教育理论的学习，还要求有教育见习、师范技能训练和教育研习等技能性训练。所以利用会议录制点播系统，可以很好地开展技能性训练的培训。

1. 平台功能

会议录制点播系统产品很多，如腾博（TANDBERG）视通公司的腾博视通录播服务器，南京超然科技有限公司的超然科技 VMediaXMRS2000，上海创视通多媒体技术有限公司的创世通 VRS 系列录播服务器，深圳市锐取软件技术有限公司的会易录等。不同产品有各自的功能特色，但是他们有一些相同功能，如录制功能、点播功能、直播功能、文件管理功能等。

（1）会议录制功能

可将会议现场的图像、声音和所讲解的报告、讲稿、鼠标操作轨迹以及电子白板上书写的内容等计算机屏幕上所显示的内容实现同步录制。

（2）会议直播功能

可通过单播或组播方式将会议现场的视频、音频、数据内容在网络上进行实时直播，用户可通过 IE 浏览器同步接收到直播的视频、音频和数据内容。像会议录制系统还支持组播代理功能，即无须更改网络设备的设置即可实现跨网段的组播。

（3）会议点播功能

用户可通过 IE 浏览器点播已录制并存储在系统服务器上的文件，内容包括视频、音频和计算机屏幕内容。

（4）文件管理

可对录制好的文件进行操作，如更名、删除、下载、归档等；用户可通过 IE 浏览器或 FTP 客户端进行远程文件浏览或下载。

此外，还有一些基本功能，如用户管理、系统管理、日志管理等，不同产品也有一些特殊功能，如给视频添加字幕、会议点名、文字互动等。

2. 教学特征

会议录制点播系统运用于教育教学中，既可以开展实时的、双向可视化的远程课堂教学并对课堂进行有效的监管，又可以实时地将课堂教学现场进行直播。通过会议录制点播系统提供的录播功能，实现上课过程的直播及录像点播，并且可以同步直播到网络上，教师可以根据自己的权限进行选择性的实时收看，既可以通过客户端口实时收看直播的上课内容，也可以在事后通过网络点播查看之前存储的课程录像。会议录制点播系统应用于教学的示意图如图 6-9 所示：

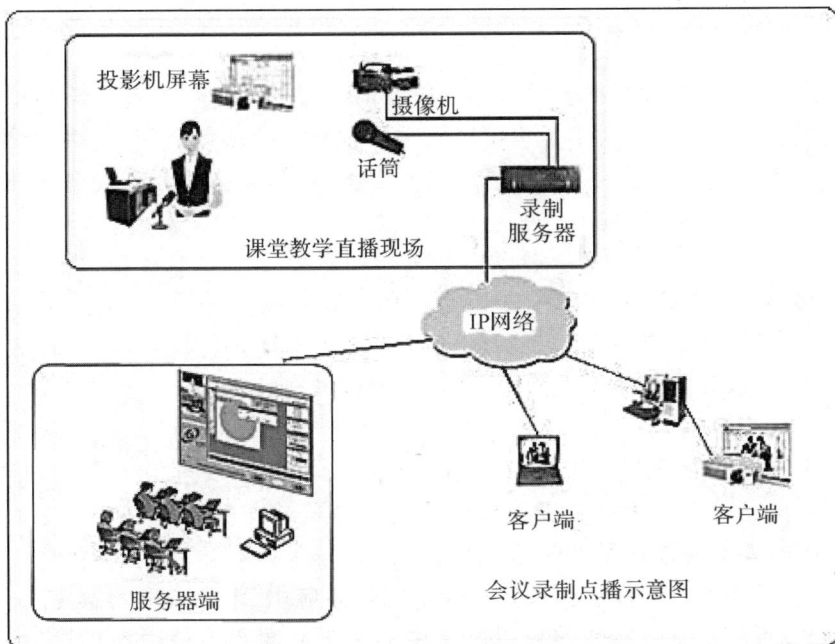

图 6-9　会议录播系统的教学应用示意图

　　会议录制点播系统将课堂教学的音视频数据内容录制存储为媒体文件，并通过点播回放该媒体文件实现重现课堂教学场景。会议录制服务器与 MCU 服务器音视频通道打开以后，它可以点播视频会议实况内容，包括视频图像、PC 桌面操作、演讲稿等视频终端源内容；或者 PC 机、图文展台等静态视频流。

　　服务器端可以同步对直播教学进行监控、观摩，通过视频录播系统观看教师的课堂直播情况，对课堂教学进行点评等。客户端采用直接在电脑上安装 Polycom PVX 视频会议客户端软件，使用带 USB 的摄像头可实现重播视频，采用音箱/耳机/扬声器＋麦克风组合实现双向语音通信。[①]

　　会议录制点播系统由客户端和服务器构成，服务器端主要负责会议的组织控制；用户端主要是实时接收和发布音频、视频信息。在远程教学中，会议录制点播系统一般都由主播教室和多个远程听课教室组成，其主要特点有：

　　（1）实时性。主播教室教师现场授课的语音、板书、课件等实时地传送

---

　　① 段鹏：《基于 JAVA 的网络视频会议系统的研究与实现》，西安电子科技大学论文，2010 年。

到异地的听课教室中，异地的学生通过大屏幕听教师的授课，打破了空间的界限。

（2）交互性。主播教室的教师可以及时了解各个远程教室中学生的听课情况，可以提问学生，学生也可以向主播教室中的教师提问，主讲教师与远端学生可以利用视频会议系统的电子白板自由讨论，相互传递多媒体信息，实现真正意义上的交互。

（3）多媒体性。会议录制点播系统能同时稳定地传输音频、视频以及其他多媒体信息，有利于学生知识的获取和保持，极大地丰富了教学内容。

（4）共享性。只要在同一时间通过网络接通视频会议系统，任何人都可以实时地听课，这使得人们接受高质量教育的机会增多。

3.应用实例

浙江师范大学利用会议录制点播系统的功能实现师范生教育见习。见习一般是对应届毕业生进行业务适应及考核的一种制度。师范生的教育见习主要是通过观摩课学习教师的备课、讲课和教学设计，对此有一个感性了解，领会教育理论在教学实践中的具体应用，为教育实习奠定基础。由于教学经费、见习实践学校以及学生的学习时间等多种因素的影响，见习往往达不到教学要求的课时数和效果，学校一般也没有把见习看得如同教育实习一样重要，没有明确规定实习时间、实习地点，考核方式也不一样等，所以在教育见习环节其实做得不是很理想。

教育见习主要有三种形式，第一种是在规定的 1～2 个月内联系中小学校开展听课和交流。这种形式时间上是零碎的，内容上是随机的，由中小学校安排来决定，见习过程中可以和中小学教师进行交流探讨，回到学校后开展见习探讨，从备课、教法、教学设计、课堂管理、作业布置等各方面交流总结，发表自己的观点。但有时也会结合中小学校的教研活动，一起开展听课、说课、探讨交流等一系列活动，这种情况学生收获较多，往往会对中小学教师的课堂教学设计深有体会，分析大学课堂里所学的理论知识与实际应用之间的区别，感受教育创新带来的课堂教学效果。第二种是在 1～2 年时间内到指定学校进行教育见习。这种形式是时间是有规律的，一般一周见习一次，每次 8 节课，时间周期为 1～2 年。这种见习学校是固定的，可以建立大学与中小学的长期有效合作。师范生在见习带队教师的带领下，定期参加听课、评课，与教师和学生深度交流。这种形式相比第一种，学生和教师投入的精力更多，学习收获更多，但带队教师的工作压力更大，对中小学校的教师要求更多。第三种是网上见习，在不方便或没有条件去中小学见习的前提下，利用网络平台开展实时或非实时的教学视频交流,既能与面对面的教育见习有同样的效果,随时、随地听取教师的课堂教学,又解决了见习学校和见习师范生的时间、地点、组织、管理等各种问题,这种方式使得见习更具有灵活性。网上见习只是对学校环境有要求,需要学校双方配备网络和软硬件相关设施。

教育见习借助会议录制点播系统,在大学与中小学之间建立网络连接,实现视频见习,主界面如图 6-10 所示。在图中,"会议(1)"面板显示视频会议列表,当前只有 1 个视频会议;"与会者(2)"面板表示参与视频会议的用户对象,当前有 2 个;"地址簿(8)"表示原先已建立视频会议的用户对象列表,当前是 8 个。在开展视频会议时,只要将地址簿中的用户拖到"与会者"面板中,当"状态"显示成功连接时,就可以互相视频通讯。图中的"2-205"代表多媒体教室的测试点,作为与会议录制点播系统服务器连接的一个客户端。对该教室的电脑上安装 Polycom PVX 视频软件,并将摄像头架接后通过 USB 接口与电脑连接。系统服务器端就可以和该教室实现视频通讯。地址簿中的用户"永康中学"和"浙江师范大学附属中学"就是利用会议录制点播系统实现网上教育见习的两个见习实践学校。

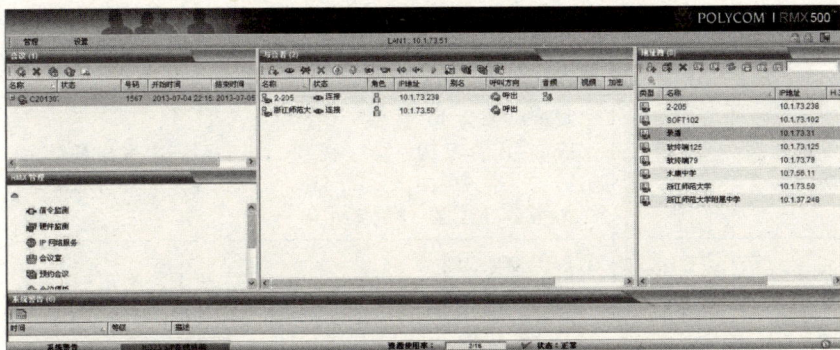

图 6-10 会议录制点播系统服务器端操作界面

综上所述,利用会议录制点播系统可以构建信息化环境下的大学与中小学合作。合作双方需要安装会议录制点播系统的硬软件等设备,大学教师利用会议录制点播系统可以同步观看中小学教师的课堂直播视频或者异步点播优质课录像,对授课教师进行点评,与同时参与观看视频的教师进行交流。利用会议录制点播系统可以开展远程在线视频教学,使得不同地理位置的学习者可以同步听课或下载课堂视频学习。利用会议录制点播系统可以进行与教学视频相关的教学与科研工作,如开展远程教育见习、作为师范技能训练案例分析,现场课堂观察研究等。因此,充分利用会议录制点播系统平台的特殊性,开展教师职业培训,对于培养教师的职业技能也是非常有益的。

第三节 运用平台促进教师专业发展的策略

一、各类平台的比较

通过前面分析发现,具有代表性的三类网络平台用于教师专业发展,各有特色,在应用过程中,应该结合平台的特色和教育功能,开展相适应用的教师培训活动。总结这些平台的具体特点如表 6-6 所示。

表 6-6 三类平台的教师专业培训比较

平台名称	类型	平台优势	平台不足
全国中小学教师继续教育网	教育行政机构负责	①政策引领 ②教学资源丰富,重视课程培训 ③信息沟通方便,互动交流范围大	①评价考核缺乏多样化 ②培训内容缺少针对性
浙江教师教育网	省教育行政机构和高校合作	①政策引领为主 ②以自主学习为主,重视项目培训 ③强调学习过程,评价多元化	①培训内容相对专一 ②合作学习活动缺乏
会议录制点播系统	软件公司研发	①自主发展为主 ②强调学习过程,重视专项培训 ③以互动交流为主,适应面广	①资源类型单一 ②功能单一

三类平台用于中小学教师专业发展,各有其优势与不足,从表中已基本总结出来,从这三类平台可以看出,不同的教师专业培训根据培训内容要求选择不同类型的平台,这样能够充分利用平台的优势,让培训效果达到最大化。

1. 资源建设

平台建设的出发点是为了满足该平台应用的需求,不同的需求就决定了平台的不同作用和功能,也就决定了平台需要提供的资源内容和范围,以及资源的呈现方式。反过来,从资源建设的深度和广度也可反映出平台的适用范围和影响力。

全国中小学教师继续教育网是教育部直属的、由全国教师教育联盟主管的网络平台,只要是在全国范围内开展的中小学教师继续教育的相关政策、项目通知、培训、学历教育、教师资格认证等,都能在该平台中找到相关信息,涉及的内容多、应用面广、影响力大。所以教育行政机构负责的教育网络平台,无论是属于全国的、全省的或县市级教育局等,都有明显的政策引领作用,是中小学教师专业发展最值得关注的平台,适合开展一些大范围的教师培训。这类平台的资源建设方面能关注到"精"和"广"。

浙江教师教育网是浙江省教育行政机构与高校合作的教育平台,主要针对一些专门由高校负责开展的网络培训项目,关注这类平台的群体主要是需要参加指定培训项目的中小学教师,所以平台的资源建设依据培训项目而建设,根据培训内容、培训对象和培训形式来组织和决定资源的类型和格式。所以这类合作型的教育网络平台具有很强的针对性,资源建设体现出"精"和"专",但资源的更新会随着项目的改变而变化。

会议录制点播系统这一类平台是由专门的软件公司开发的,商业性和社会性比较突出,平台功能相对固定,但在功能应用方面具有较广的适用性,可以不受中小学教师这个群体的限制,不受社会环境、政策等影响,而且使用灵活。所以由软件公司专门开发的教育平台作为中小学教师专业培训,属于一种特殊的应用范例,在资源建设方面体现出"专"和"活"。

2.组织形式

平台的组织形式主要是指平台的功能架构和资源组织。作为中小学教师的培训网站,应该不同于普通网站,首先在功能架构上既要考虑培训的专题知识和组织形式,提供必需的多媒体资源和上传、下载、资源维护、资源检索、资源应用等工具,也要考虑教学策略,提供论坛、留言板、BBS、聊天室等空间开展协作学习和互相交流,还要有培训的考核评价,提供和收集与学习专题相关的思考性问题、形成性联系以及总结性考察的评测资料。

教育行政机构直属负责的培训类网站在内容组织上以不同性质的培训为主线,突显每一类培训项目的政策、通知、公告、进展等信息,在培训环节以提供课件资源为主,培训过程强调互动交流,但在培训策略和培训评价方面却比较单一,甚至没有体现评价信息,需要额外地去统计和考核。

由教育行政机构和高校合作负责的培训网站,其目标非常明确,是针对专门的培训而开发和组织的。这类网站往往根据教育行政机构的要求,设计培训目标、培训策略、培训内容、培训考核和教学过程等,所以平台都应该体现培训的细节内容,类似于网络课程平台,却比网络课程具有更多更专门的培训资源,而且更注重培训过程的教学形式的多样化和考核的多维化,如观看教学视频的时间记录,作业类型有心得、评论、教学设计、试卷、发帖和回帖数、上传资源次数等,每一个学习环节都记录下学习行为、作业评价的依据。

软件公司负责开发的软件平台用于教师培训,必须利用平台的功能来开展,如会议录制点播系统,本来广泛用于远程会议,但是可利用视频传播共享的实时与非实时性,实现视频教学培训。再如 Wiki 协作交流平台,本来用于开放性的社会协作交流,但是利用它的良好的协作环境,实现教师培训中的反思总结交流以及集体备课等。所以从组织形式上具有广泛性,而不是专门为培训组织开发的,在体现教学功能上缺乏灵活性,在作为专项培训方面还是体现出这类平台的特色,是一种比较好的平台。

3.学习方式

基于网络平台的学习比起课堂教学有很大的局限性,平台的性质又决定了学习方式的选择有所侧重。上述三类平台都可以开展教师之间的互动交流,在交流中通过反思总结获得知识技能的理解和掌握。教育机构直属负责的平台,互动交流面最广,由它所负责的区域内的教师都可以参与交流,从而不同地区之间的观念差异、文化差异以及管理差异等都能体现出来,通过交流使每一位教师能够在更大的范围里思考问题。合作化的平台中的交流主要来源于参与培训的教师,范围相对较小,但是他们都有共同的话题、共同的目标,相似的教育背景和文化基础等,在交流中容易达成共鸣。软件公司开发的平台中的交流主要来源于参与主题活动的教师之间的互动,范围比较小,交流的工具和形式也相对单一。

在学习方式上,第一类平台主要在课程培训中开展自主学习,平台提供课程视频、多媒体课件和辅助资源等,通过自主学习一门课程或一个系列课程,掌握了一个主题方向的知识。平台中的协作学习主要通过讨论区的交流来实现。第二类平台主要以自主学习为主,按照平台提供的学习进程安排,自主地选择内容的学习顺序,合理安排时间,分阶段分模块地完成,直到所有内容的学习都达到培训要求为止。而协作学习也只有在互动交流中通过讨论的形式来开展。第三类平台主要以协作学习为主,通过协作探讨来解决同一个问题,或者通过交流达成共识,虽然自主学习也可以,但在学习内容和学习环境等方面缺少很好的支撑。

二、应用策略

教师的教育理论与技能训练主要通过课堂教学模式来获得,教师尽管能够学到一些专业知识,但是他们的专业知识更多地来自于自身的教学实践和自我反思。所以通过面对面的继续教育,强化理论知识与实践经验的结合,用理论指导实践,用实践深化理论。但是这种模式在教学实践与反思交流方面还是存在很多问题。网络平台以技术整合的课程教学为主要目标,运用信息化技术手段,开展灵活多样的教师培训,在形成学习共同体,激发教师自我发展的主体意识,激活教师个体的主体性与能动性,反思交流等方面,它超越了课堂培训模式。因此,如何合理地运用各类主题网络平台开展优质的教师培训,既能达到课堂培训的目的,又能充分利用平台优势,在此提出几条策略,即在开展网络培训过程中,要明确培训目标、完善培训资源、加强互动交流和注重过程评价。

1.明确培训目标,利用平台开展个性学习

教师在不同的职业阶段有不同的发展目标,教师应该明确个人发展目标、面临的问题,规划自己的职业生涯,设定各个时期的阶段目标。只有明确了个人发展需求,才会有针对性地进行学习。对教师群体来说,同一学段、同一学科的教师具有相同的目标和任务,而教师群体目标的建立对提升群体凝聚力有着重要的作用。因此一个共同目标的确立将促进教师的探知欲望、学习热情及其参与的积极性,从而在逐步交流中互相信任,形成学习共同体,在长期的学习交流中形成一种稳定的学习参与状态。

网络平台可以作为促进教师专业发展的信息技术工具,在培训过程中,可以展现比课堂培训更丰富的教学内容,如多媒体课件、教学视频、在线交流等,而且学习时间、学习地点可以不受课堂的 40 分钟限制,学习内容则根据自己的奋斗目标,有重点地抓住平台上的学习资源,认真学习,如要提高自己的自我反思和总结能力,在培训课程要求上交一篇学习心得的任务时,教师可以发交几篇,让专家和同行教师给予点评,类似这样的学习,培训效果肯定能达到自己的目标。而如果要强调问题的解决,可以把问题发帖到讨论区,让同行一起来参与讨论,问题自然会解决,而且会收获意想不到的答案。作为同一学科的群体,则可以一起讨论教学中的共同难点,如新课改后的创新思路,以及课程的教学方法、教学设计和教学评价等,开展一些主题协作活动,形成相对固定的学习共同体,集中对难题目标相互交流探讨,每个个体乐意奉献教学过程中的经验、金点子、新技能、新策略等创新性知识与技能,促进群体共同发展。特别是对于新教师,教学经验不足,需要学习的目标会多些,则更应该抓住平台学习的机会,加入到群体中,虚心向老教师学习,以便尽快提高自己的专业知识和教师技能。

2.丰富平台资源,使平台资源成为教师的个人知识库

网络平台的资源是直接影响到培训效果的因素之一。考量资源一般包括资源的质量、数量和呈现三个方面。学习资源将直接影响到教师是否会去看这些资源,是否会从这些资源中获得新知识,是否会对这些资源感兴趣,等等,也就影响了教师是否会对这次培训感兴趣,是否会对这个平台感兴趣,从而影响学习效果。

作为一名教师,需要掌握学科知识,这是教师专业化必不可少的内容;需要教育学知识,这是促进自身不断发展的理论营养;需要教育叙事知识,这是教学理论与教学实践的紧密结合方式;需要研究性知识,这是教师开展教学研究必不可少的资源;需要技术知识,这是教师提高教学工作效率和教学质量的必要工具。所以资源的内容需要丰富,质量要高。一般培训都会提供教材电子稿、参考教材、课件或教学视频,这是最基本的教学资源,除此以外,平台应该提供教学案例、问题求解等资源,供大家思考和分析,应该提供一些超链接,如其他教育平台、资源数据库平台等,方便教师查找学习,可以提供一些主题讨论区,给出一些共性问题进行探讨,提供一些优秀案例供大家模仿和学习。丰富的教学资源,让教师各取所需,才有利于教师的学习与进步。资源的数量上既不能太少也不能太多,太少了,获得的资源有参考价值的内容可能不多,太多了,可能没有很多时间去学习,当然数量不是最主要的,主要的是资源要精,要有典型性,要不断更新。资源的呈现也是关键的因素,多媒体资源的呈现形式,应该根据内容的需要和平台的结构设计来选择文本、图像、声音、视频或超链接等形式,不能仅选择一种或两种媒体呈现形式,否则也会影响内容的丰富性和学习的兴趣。

作为教师个体来说,平台的丰富资源可以作为个人资源库。教师将个人的教学设计、教学心得、教育叙事、课件、研究成果、生活感悟等内容发表上传,形成了教师的个人知识库,能够强化教师进行个人知识管理的意识,同时也可以以这些资源为载体,与其他教师分享,进行互动交流,深化自身的认识,从而有效地利用这些资源,辅助自身的专业发展。平台可以对教师所发布的资源按学科、按主题进行分类管理,评选优秀的教学案例、课件等资源作为正面示范,供教师同行学习和借鉴,从同行的教学实践中学习到有效的方法和经验,达到提升教学技能的目的。相反,也要收集劣质的教学案例作为反面教材,通过教师同行点评或专家讲解,评价教学计划、方法和策略等方面的不足,避免再次出现同类的错误,并给出建设性意见,以促进教学技能的完善。

由此,网络资源一方面由平台管理员负责组织与更新,这是培训所要

的多样化资源；另一方面由教师提供自主资源上传，这些资源都会是教师的经验和心得，这是教师群体所要的多样化资源。充分利用这些资源，既能满足群体的教师专业发展需求，又能满足教师个体发展的个性化需求。

3.借助反思总结，开展各类教研活动

网络平台中的在线讨论区、博客、留言板等功能提供了教师们自由发表观点的环境，以叙事的方式来提出问题、总结问题和反思问题。这类环境为教师更好地开展教研活动提供了可能，这也是一种通过提高教师自我和群体觉察水平来促进教学监控能力发展，提升教师群体专业素质的重要手段和策略。

平台中的互动交流都是以时间为线索来记录个人的所思所想，可以跟踪教师的教学、科研过程，根据不同的帖子之间的链接可以跟踪一个人，记录个人对某个问题的整个思考过程、思考的线索。互动交流可以引导其他人参与到互动中，引发其他人思考，并为他人提供一些有用的信息资源。通过参与平台中的各种教研活动，将参与者联结成一个整体，相互学习和交流，营造教师参与交流的学习氛围，让教师们将不同的立场、不同的观点都表达出来，让教师们的观点在讨论中产生碰撞，激起思想的火花，创造集体智慧，创造群体凝聚力，在每个教师自身专业发展的过程中，教师群体专业发展水平自然也得到提升。

教师除了掌握专业知识，能够胜任教学工作外，还需要具备一定的科研能力，有能力去研究教学中的现象和问题、改革创新教学模式、提出改进教学效果的策略等。因此，教师必须借助各种机会开展各类研究。网络平台可以给教师提供良好的研究环境，设立研究课题的内容版块，如课题方案、研究主题、研究进程、课题报告、研究成果等，教师们可以根据兴趣组成研究团体，使得每一个参与者都能够及时地分享到同伴最新捕获的信息和研究成果，形成一种良好、开放、分享的学术研究和交流氛围，同时，平台可以有效管理课题研究的资源，确保研究的顺利开展。

利用平台可以开展各种教学活动。借助网络平台可以构建学习共同体，开展协作学习和教学活动。例如，教师备课是一个复杂的过程，也是教学活动中的重要环节。一般情况下，教师备课主要是一个人自己备课，也有学科组现场集体备课。一个人备课有时会感受到知识基础不够扎实，技术能力欠缺，要想备好课却力不从心。在现场集体备课中，人多语杂，无法记得每个人说的观点，甚至一个人都会提出多个观点，所以会存在效率不高，记录过程不完整，备课内容无法及时更新保存等问题。利用网络平台开展电子备课，弥补了现场备课的不足，而且协同备课可以促进教师反思，促进教研活动共同发展。再如，教学观摩是教师改进教学方式最常见的一种活动，如公开课、研讨课、示范课等，通过观摩、分析、讨论，使教师从中领悟到教学实践的应变技巧。在平时的现场观摩课活动中，会受到时间、地点的限制，最主要的是如果想再一次完整回忆观摩课的内容，如果没有视频课堂录像，那几乎是不可能的事。而在网络平台上，这一切却变得非常简单，只要将视频放到网站上，可以无数次地观看上课过程，可以随时随地发表评论，谈谈自己对视频课的分析、思考和评价，可以和其他教师一起在线交流观点，这种形式的教学活动有着宽松、灵活的协作环境，有助于提高和发展教师群体的创造能力和解决问题的分析能力。

中小学教师专题网络平台类型很多，规模各异，但都有着共同特点，可以实现资源共享，开展协作学习和教研活动，构建和整理教师的知识体系，提高教师个体和群体的专业知识和技能，这些平台已成为教师开展继续教育和教研活动的良好环境。

第七章 大学与中小学 合作的运作机制

"机制"一词最早来源于希腊文,从《现代汉语词典》[①]对机制的解释来看,机制有四种不同的含义:一是指机器的构造和工作原理,例如计算机的机制;二是指有机体的构造、功能以及其相互关系,例如动脉硬化的机制;三是指某些自然现象的化学、物理规律,也叫机理;四是泛指一个工作系统的组织或部分之间相互作用的过程和方式,如市场机制。机制常被用来说明事物各有关部分在一定结构与功能的基础上所形成的内在活动方式,以及事物各有关组成部分之间的相互联系和制约关系,也泛指一个工作系统的组成或部分之间的规律性,并将产生相应的功能作用,这种功能作用大于或优于各要素功能作用的简单相加。这种逻辑过程在机制运行过程中循环往复出现,因而机制是一种稳定的运作模式。大学与中小学合作模式的运行机制、组织机制、管理机制等都是能使合作有效稳定地运行的。

第一节 运行机制

根据对机制的理解,在大学和中小学合作中,运行机制是指构成大学和中小学合作的各要素之间相互联系、相互作用的关系,使得大学和中小学合作得以正常进行所需要的各种规律、法规和功能的总称。

一、建立和实施合作目标

无论是哪一种合作模式,或是基于什么样的环境下开展合作,首先能够明确大学与中小学之间需要合作,为了解决其中一方或双方的问题,建

---

① 《现代汉语词典》(2002年增补版),商务印书馆2004年版,第582页。

立起合作的关系，所以需要合作的主题内容就是合作目标。合作目标可能源于大学或大学教师，可能源于中小学校或中小学教师，也可能源于上一级教育行政部门的要求。但是，有了合作目标，合作的效果可能是成功的，也可能半途而废或无法实现目标，合作的过程会受到很多因素的影响。所以，在合作目标确立之前，需要做调查分析，需要双方进行协商和可行性分析，然后建立合作关系，制定详细的合作目标以及相关的实施计划等。对于合作目标的确立与实施，需要着重关注以下两个方面。

（一）建立共同的合作目标

中小学和大学是两个性质不同的教育机构，也就意味着大学教师与中小学教师存在着文化差异。从教师专业发展的角度来看，大学教师掌握着更全面、更深奥的教育理论，拥有着研究教育理论与教育实践的方法和前沿知识，对中小学基础教育中的实践活动关心较少，对中小学教师的教育理论与教育研究了解不多，所以往往把大学教师比喻为"存在于象牙塔中"。而中小学教师一直承担着繁重的教学任务，他们所拥有的教育理论基础基本上来源于师范教育阶段，教育研究工作少之又少。为了教师教育的发展，教师们都需要付出努力，联合起来，使双方都能取长补短，从而更好地推动教学理论与实践的形成与发展。所以，推进他们的共同进步，建立共同的合作目标，可以使他们的教育理论知识和实践经验发挥积极的作用。

共同的合作目标是由合作双方中的成员经过相互交流切磋和深度磨合而形成的，它对合作的顺利运行是不可缺少的。如果合作没有共同目标，或者合作的目标不一定是教师所需要的，可能会导致教师只对上级安排的被动式的服从，而不是教师自己出于自愿地完成任务。由于大学与中小学是两个不同机构，它们存在着文化差异，并且它们之间的交流很少，相互不够了解和信任，这样使得合作双方在进行合作的过程中很可能会产生很多碰撞和分歧，甚至会导致一些教师出现应付或者抵触的情绪。成功的合作需要建立在双方需要的基础上，建立在双方共同观点的基础上，建立在双方平等互惠的基础上，才能得到教师的相互支持和信任，依靠于教师积极主动的热情。因此，建立共同的合作目标是合作得以顺利组织的前提条件。例如，在美国的堪萨斯州立大学与曼哈顿学区的合作就是建立在对其各自利益、兴趣的紧密关注基础之上。合作的目的在于解决大学与学区双方都一致认可的数学、科学和技术学科教师教育准备不足的问题。双方都认识到通过合作可以促进大学的专业整合和学区学科的发展，所以就形成了一种广泛认同的目标。[①]

　　当大学与中小学有着共同的合作目标，就形成了共同的价值观和利益，可以更好地消除中小学教师和大学教师之间的隔阂，在和谐的文化氛围中开展合作，从而激发教师对合作的责任感和认同感，使他们以饱满的热情和积极主动的精神形成群体的合力，促进教师专业共同发展。[②]

（二）合作要落实到位，职责分明

　　合作双方在培养教师的过程中，通过协商后签订合作协议，包括合作的内容、要求、达成的目标以及责任义务等，要充分体现民主，考虑双方的现实需求和能力。例如师范生的实习合作，由大学教师带队师范生去中小学实习，提供沟通和协助管理的职能，中小学负责为大学教师或实习生提供必要的生活和学习条件，配派实习指导教师进行实习工作，其中要具体落实每一位实习生的实习任务、课程安排、班主任工作以及其他行政工作。再如在职教师的培训合作，大学提供培训场所，选派优秀教师做培训工作，安排好培训内容、在职教师的生活及学习等，中小学校选派教师参加培训，提出相应的要培训要求，配合培训任务的顺利完成。所以要明确合作双方的权利和义务，对合作的要求做出详细的规定和计划。

　　在合作内容上，同样要通过协商做出合理的安排，要考虑中小学教师和大学教师的具体情况，如培训的地点是在教室里还是网络平台上，培训的内容是实践性还是理论性，上课的形式是以教师讲授为主还是自主学习为主，评价方式是总结性考试还是注重过程参与等，从而明确讲授教师的职责和培训教师的任务。在合作时间上，要确保足够的学习新知识的时间，以便学习者及时消化和吸收，还要有充足的自由支配时间，提供彼此之间的有效沟通和开放式的信息交流，建立密切的合作关系，使合作的质量得到保证。在培训对象上，可以开展分层教学，由于不同层次的教师基础不一样，要求也不一样，所以可以开展分别面向校长、骨干教师、行政人员、学科带头人、新入职教师等的培训，明确各个层次教师的培训要求和职责，这样有针对性的合作更有利于合作有效地开展。

　　合作双方的单位领导更应该强调职责分明。在合作运行过程中，教育行政部门的工作人员、大学教师和中小学教师作为合作行为的主体，对合

---

　　① 周维莉：《大学与中小学合作培养教师的问题及对策研究——以成都一所大学和中学的合作为个案》，西南大学硕士论文，2010年。

　　② 陈莹：《有效的大学—中小学合作个案研究》，河南大学硕士论文，2010年。

作的认识、态度以及参与程度等，都会直接影响合作的开展和目标的达成度。大学与中小学校的行政分管领导明确双方学校的义务和责任，负责管理各方所派教师的要求与考核，负责合作过程中的协商和问题解决，协调合作行为主体的责任、权利，承担合作过程中的监督和管理，使合作有序开展。例如，浙江师范大学教师教育学院在与中小学合作过程中，除了明确规定学院和学校的职责外，还专门成立合作董事会，由董事会负责管理与监督，确保合作有序和长效发展。作为大学与中小学校的连接纽带的教育行政部门，地位尤为重要。它的具体职责主要是在把握地区教育改革大方向的前提下，(1)牵线搭桥，有效地协助大学与中小学积极建立联系，开展合作；(2)提供合作资金和物质保障；(3)通过合理调整中小学教师的评估标准、评价政策及合作教研时间等方面，促进合作的顺利运行；(4)通过管理和调控，检验合作质量和合作目标的达成程度。① 因此，在合作中，要明确权责的划分，使他们能够建立起真正平等互惠的合作关系，并促使他们逐渐形成一个有机的合作共同体，从而实现主体的合二为一。明确的权责划分有助于在实践模式中发现问题、分析问题和解决问题，使他们在合作中能够更好地提升质量、共同发展，最终形成一个共赢的局面。

二、发挥教育行政部门的领导支持作用

(一)加强组织领导，提供政策支持

对于大学和中小学合作的建立和发展，教育行政部门的领导和支持是不可缺少的。教育行政部门应当鼓励更多的大学与中小学开展合作，促使大学和中小学的合作伙伴关系逐渐形成一种普遍化、制度化的教师专业发展模式，促进教育理论与教育实践的双向建构，形成研究与教学一体化、理论与实践一体化。所以教育行政部门要不断地加强组织领导的力量，积极主动地领导和支持大学与中小学的合作研究。

在教育行政部门统一领导下，提供政策性支持。通过发放文件的形式，强化教师培训对教育发展和教育改革的重要性，促使大学与中小学开展各种形式的培训。从政策上要求双方在教育教学和教育创新方面开展合作，构建教育行政部门、各参与合作的学校为研究实施主体的组织架构，明确规定大学与中小学合作研究的重要标准与要求，切实保证和支持促进

---

① 孙士婷：《三方合作保障制度问题研究》，东北师范大学硕士论文，2012年。

教师专业发展的合作研究工作能够全面、扎实、有序、有效地开展和完成。

在教育行政部门的领导下,提供合作资源的支持。提供的资源主要包括信息资源的共享、合作的场所以及设备的配备等。合作资源的来源不能仅局限于图书馆、教材或教师的课件,而是应该提供通过网络来获得的各种各样的资料。因此,学校需要根据教师专业发展的需要,合理地为教师配备网络和资源共享数据库等,为教师检索资源获取有用的信息、方便教师之间的交流提供硬件设施和软件资源的保障。合作的场所往往具有随意和灵活的特点,根据合作的具体情况,可以安排在大学教室里,也可以安排在中小学校园中,还可以开设在专用的网络平台上。教育行政部门可以提供专门的场所支持,作为相对固定的合作场所,而基于网络平台的合作显得更加重要,网络平台可以是合作提供长期的有效的合作场所,也符合现代信息社会的教育信息化。设备的配备主要是提供必要的培训环境的设施,如计算机、网络机房,以及多媒体教室所需的电子白板、投影仪以及教学应用的新媒体等,教育行政部门为培训提供这些专门的设备,可以跟进教育发展的步伐,让教师们接触到新兴教学设备,对于适应课程改革、改变教学观念、实现教育创新、扩大教师视野是非常有利的。

(二)确保合作经费,提供财政支持

大学与中小学合作,必须考虑的一个因素是经济成本,没有合作经费的来源或经费不足,既会影响合作的顺利开展,也会减弱教师参与合作的积极性。合作的经费主要用于合作资源的建设、合作过程的学习开销,如硬件环境的更新与维护,课程资源的建设与整合,信息的加工与处理,教师的食宿与管理等。大学和中小学校如果是以个人名义开展合作,则经费主要由教师个人承担,但这种合作很难维持长期进行。由一方学校发起的合作,学校会承担合作经费,但是由于学校不是赢利机构,不愿意将资金用于教师培训和教师教育发展,这种培训也是由于某一方面的合作需要而设立合作项目,一旦项目完成,合作也就终止。大范围的区域性教师培训经费主要通过国家或地方政府财政拨款而获得,但是由于区域发展的不均衡和教育导向的不均衡,导致政府拨款存在偏向性,教师培训也因此受到不同程度的影响,只有加大投资力度,让所有教师都有平等的继续教育机会,才能使得教师专业全面发展。

《国家中长期教育改革和发展规划纲要》中明确指出,教育投入是支撑国家长远发展的基础性和战略性投资,是教育事业的物质基础,是公共财政的重要职能。要健全以政府投入为主、多渠道筹集教育经费的体制,大

幅度增加教育投入。①

　　也就是说，合作资金不能仅靠政府的提供，还要关注从其他团体获得资金的支持，例如：企业的资助、一些民意的捐助，大力鼓励企业和社会力量积极投资和主动参与合作的建设和服务，支持教育相关事业的开展，从而形成多渠道筹集合作资金的投入保障制度。对于我国来说，主要是通过教育政府的支持，但是随着市场经济的发展，大学法人化等理念得以普及，学校资金的筹集更多的要依靠校领导的能力。因此，在大学和中小学合作的过程中，大学应该承担一定的资金的筹集和支持，大学领导者更要主动发挥其作用，为学校以及教师的发展，为合作的顺利开展，筹集更多的资金。另外，统筹安排经费使用，合理分配在合作中的资源、运行、培训、硬件、软件等各环节的资金使用比例，并要加强经费的管理，规范资源的使用，实施合作经费投入绩效评估，提高资金使用效率效益。②

　　此外，要加强合作经费的管理。坚持依法理财，建立科学化、精细化预算管理机制，合理的使用合作经费，要制定合作开展保障经费使用标准，明确合作经费在各种项目中的大约比例，为具体的合作经费花销设立合理的花销标准，不能随意支配合作经费，要将合作经费落到实处。统筹安排经费使用，对费用分配在硬件、软件、资源、应用、运行维护、培训等各环节的使用进行合理的评估，实施对合作经费使用的监督和控制，提高合作经费的使用效率效益。加强经费使用监督，强化项目的建设和经费使用全过程的审计，确保经费使用规范、有效、安全。③

　　大学与中小学的合作，建立在互惠互利的基础上，离不开教育行政部门的支持与协调，由教育行政部门来宏观规划、管理、指导与调控合作的规划与发展。因此，发挥教育行政部门的领导支持作用，设立相关决策机构，对合作经费进行调控，提供财政支持和政策倾斜，确保合作持续发展；统一各部门、组织和机构的思想，协调各单位和部门的利益冲突与不和谐因素；充分发挥教育行政部门的主导作用，使合作由松散、无序的活动转为紧密、有序的可持续活动。

---

①　国家中长期教育改革和发展规划纲要（2010—2020 年）．［2015-07-20］．http://www.moe.gov.cn/publicfiles/business/htmlfiles/moe/A01_zcwj/201008/xxgk_93785.html.

②　教育信息化十年发展规划（2011—2020 年）．［2015-07-20］．http://www.moe.gov.cn/publicfiles/business/htmlfiles/moe/s3342/201203/xxgk_133322.html.

③　国家中长期教育改革和发展规划纲要（2010—2020 年）．［2015-07-20］．http://www.moe.gov.cn/publicfiles/business/htmlfiles/moe/A01_zcwj/201008/xxgk_93785.html.

三、制定合作法律法规

地方相关教育管理部门、参与合作的大学与中小学校应该加强对合作的重视,加快合作相关的法律法规及具体合作制度的制定和完善。各级政府部门、教育行政部门要建立健全检查法律法规执行情况的工作机制,落实教育行政执法主体,及时查处培训过程中的违法违规行为,维护学校、教师、校长和合作双方的权益。学校要建立完善的符合法律规定、体现合作特点的规章制度,加强和改进学校的内部管理,保障合作教师的合法权益。完善监督机制,探索合作的专项规章制度,加强对合作的教育质量的监督。

制定合作的法律法规,主要涉及合作中的"教学研"工作、教师队伍建设、教师培训管理、教师培训安全等方面。从整体上来看,合作相关的法律法规可以分为三个层次,即符合教育的法律法规,合作的专项法律法规,合作组织的标准、制度和规范。[①]

符合教育的法律法规是合作能够顺利开展的基本保障。大学和中小学的合作,可以看成是促进和实现国家和地方教育以及经济发展的措施,是正规教师教育的一种补充形式,所以必须符合我国教育相关的法律法规。例如,《中华人民共和国教育法》是我国的教育的根本法,《中华人民共和国教师法》是以各级各类学校教育教学人员的地位、权利、义务、职称、考证、进修、培养等为调整对象的教育法律法规,此外,还有基础教育法、高等教育法、职业教育法、成人或社会教育法、学位法、教育投入法等。这些法律法规是我国教育的法律管理手段,对于推进我国教育管理和教育事业发展的规范化、制度化具有重要意义。大学与中小学的合作,主要是为了推进和发展教师的专业水平的整体素质,因此,必须执行我国的各类教育相关的法律法规。

合作的专项法律法规是在符合我国各类教育法律法规的基础上,结合合作的具体情况而制定的有效法律法规,它仅对合作有效,具有较强的针对性。其目的就是为了合作能够真正做到有法可依、有法必依,进而能够快速地结束合作存在的无效率、表面化和松散等不良的状态,使合作得到相应法律的制约。但在法律法规的制定和实施的过程中,必须要注重当前的教育教学的实际情况,应与其他教育教学实践、教育改革举措相协调,必须合作双方协商制定,避免由合作的主导方来单方面制定,引起合作的不

---

① 孙士婷:《三方合作保障制度问题研究》,东北师范大学硕士论文,2012年。

平等和矛盾冲突。

合作组织的标准、制度和规范是对合作的具体目标、实施过程、合作内容、组织管理等的规定，是合作最基础、最具体和最关键的制约因素，涉及参与合作的每一个人、每一个管理单位，涉及每一个环节、每一件事和每一个进程。这些标准、制度和规范必须是可操作的，贯穿于合作的整个过程中，依据它能够管理和控制合作活动，为合作的有效开展提供理论依据。由于合作的类型、合作的内容及目标等多方面都是不同的，因此在标准、制度和规范的制定过程中需要注重具体合作实践所存在的差异性、全面性和多样性。

四、运用信息化手段

利用信息技术和网络技术，开展基于网络的合作模式，建立开放性、多层次的教师培训体系，提高合作的信息化程度，使教师更新观念，提升信息技术应用水平，是当今教育改革的主要方向之一，也是符合时代发展的要求。具体可以通过建设信息化支撑环境和搭建信息化平台来体现。[①]

信息化支撑环境主要包括教育信息网络、优质数字教育资源库、教育信息化公共安全保障体系等，这是教育机构和相关人员开展各级各类教育信息化应用的公共支撑，为合作提供高性能信息化教学科研环境，为构建信息化合作奠定重要基础。教育信息网络主要利用公用通信传输资源，构建先进、高效、实用的数字化教育基础设施，切实推进数字校园建设，为实现远程教育、网络培训打下基础。特别是农村和偏远山区的网络设施，对这些地区的教师培训显得尤为重要。城市或信息化教育发展好的地区可以搭建教育云服务平台，为各级各类教育资源共建共享提供支撑。深化优质数字教育资源的开发，提供优质数字教育资源信息服务，建设优质网络课程和实验系统、数字图书馆、数字博物馆、虚拟实验室等；开发融入学科教学的课件素材、制作工具；建成各级各类教育教学的基础数据库和教育管理信息化支撑系统，为合作提供内容丰富、多层次、智能化、开放式的数字化教育教学资源库；支持偏远地区、少数民族地区、经济欠发达地区和薄弱学校享用优质的教育资源服务，创新网络教学模式。建立教育信息化公共安全保障环境，加强基础设施设备和信息系统的安全防范措施，不断提

---

① 教育信息化十年发展规划（2011—2020年）．[2015-07-20]．http://www.moe.gov.cn/publicfiles/business/htmlfiles/moe/s3342/201203/xxgk_133322.html.

高对恶意攻击、非法入侵等的预防和应急响应能力,保证基础设施设备和信息系统稳定可靠运行。

搭建信息化合作平台,符合现代远程教育发展和学习型社会建设的需要,也为数字化管理合作提供高效服务。采用信息化手段完善大学和中小学合作,形成专用的培训和继续教育网络平台,为广大教师提供个性化学习服务。借助信息化平台,结合传统的合作模式,灵活多样地开展合作,可以优化合作效果。因此,信息化合作平台在强化信息共享与信息传递的同时,采用了信息化的管理手段,加强了合作的信息化建设。

在建设信息化支撑环境和搭建信息化平台的同时,也为教师们利用信息化手段来开展学习带来便利。通过学习和培训,使教师们学会了信息获取、信息加工和处理、信息保存与应用、信息的交流与共享等技能,提高了利用信息技术来管理和组织学习与工作的意识;通过学习和培训,为教师们利用掌握的技能去改革课堂教学、开展创新教育提供了技术支撑。

第二节　组织机制

组织,从广义上说,就是指由诸多要素按照一定方式相互联系起来的系统。从狭义上说,就是指人们为着实现一定的目标,互相协作结合而成的集体或团体,通常用来表示人们按照一定的目的、任务和形式编制起来的社会集团。组织机制是指组织管理系统的结构及其运行机理,其本质是组织系统的内在联系、功能及运行原理,是决定管理功效的核心问题。

大学与中小学合作,涉及政府、教育行政部门、学校以及培训机构等单位,还有教师、管理工作人员等群体,要使各单位和群体之间都彼此独立,各司其职,又相互联系、相互协调,形成利益关系共同体和学习共同体,需要进行科学的、合理的规划与管理,才能使合作顺利有序地进行。分析目前的合作情况,为了进一步完善组织机制,在此着重强调合作规划管理、教师队伍建设和数字资源建设三个方面。

一、科学的合作规划,实施多方位的组织管理

做好合作的管理,需要各方合作单位的参与管理。政府的主要职责是政策制定、标准制定、资金支持和宏观指导,并且有责任协调学校、专家、协会或企业之间的工作。有政府的参与和支持,可以最大限度地集中财力、

物力与人力，集中意志来实现一个目标；可以成立专家组，提供资源和政策咨询，进行资源认证，提出指导性建设和评价；学校是合作的主体，应在教学模式、教学内容、资源建设和实施合作的工作过程中发挥作用；协会作为民间机构，可以处在中立的位置上制定合作规则，以及合作单位之间的约束条例，监督合作共建过程中的一些违规行为，调解各单位之间的矛盾和纠纷；企业主要提供资金和技术上的支持，为确保合作的持续发展注入活力。在各方单位的参与下，进行合理的组织，确定各自的职责，可以建立决策机构、执行机构、协调机构和指导机构。[①]

（一）决策机构。决策机构可以在政府的宏观调控下，由各院校的相关责任人组成，对合作相关事宜进行决策。主要职能是：确定合作的总体战略方针、任务和发展方向；根据各学校的需求，对合作内容、形式进行规划，确定合作的预算和资金分配；综合考虑合作单位的实际情况，拟定合作协议，审议各校、各组织机构提出的建设方案；制定具有约束效果的合作管理以及行之有效的激励和处罚政策，执行对合作单位和个人的奖惩措施；统筹、协调、保障各组织机构按照战略规划顺利运作。

（二）执行机构。执行机构主要由各个学校负责教学或培训工作的分管责任人组成，其主要职能是，实施由决策机构制定的各项制度、项目任务与要求、建设方案与规划等；实施教学管理，听取各个学校、教师的合作反馈意见，对合作方案进行及时地反馈、调控与改进；建设和维护合作的应用服务系统、软硬件基础设备以及其他合作环境；评价和指导合作过程中的管理方式、运行方式以及建设方案等；评审阶段性的教学成果；评估合作的科学性和规范性；评价合作的运行绩效；提出科学、客观的测评结果，并向决策机构和各个合作单位、个人提供意见和建议等。

（三）协调机构。主要以协会（主要指第三方机构）的名义，由协会成员和部分院校代表组成。主要职能是，制定合作的公约、规则、程序、实施方案以及结果评价等，负责对各学校的合作进行监督，检查参与合作的各个学校和部门机构相关合作协议制定和执行的情况；协调各个合作单位之间的利益关系；监督各个单位的经费使用；调解合作过程中的一般纠纷；合理分配各单位的合作成本和合作利益。

（四）指导机构。主要是由政府相关部门负责人、地方教育主管部门领导和各学校负责人组成，主要职能是，从宏观方面协调学校之间的利益关

[①]　李鸣华：《资源重组与共享网络环境下教师教育的新思想》，科学出版社 2009 年版，第 165-167 页。

系,提供合作的软件服务;领导和管理合作资源的建设和共享;协调和保障合作的顺利运行;管理合作资源建设与共享资源的实施等。

通过这样的组织结构,将各个独立的学校结合成管理有序、职责分明的联合体。通过合作、协调,可以较为有效地改善"条块分割、缺乏横向联系"管理体制,形成集中统一、宏观调控、协调共享、行为规范的管理体制,实施各种合作资源的合理配置和统一管理,使学校之间的合作工作能有条不紊地开展。

二、加强教师建设,建立多学科的教师队伍

教育大计,教师为本。有好的教师,才有好的教育。大学与中小学合作的目的就是为了提升教师的专业知识和技能,并且使其具有较好的信息技术能力,能够承担自主学习、协同工作和社会责任。为了达到教学与培训目标,授课教师必须具备高素质的广博知识,是组织管理能力强的领军人物,如特级教师、知名教授、教坛新秀、学科带头人等。要开展长期的合作,需要配备多学科的教师队伍,确保培训教学的质量。所以,加强教师队伍建设,也是我国《国家中长期教育改革和发展规划纲要(2010—2020 年)》中所要求的。加强教师队伍建设,形成高素质的多学科的教师队伍,作为开展合作培训所需的后备教师团队。这些教师除了全面掌握专业知识和丰富的教学经验以外,还需强化以下几点:[①]

(一)加强教师师德建设。把师德建设放在教师队伍建设的突出位置,将教师职业理想、职业道德、职业心态教育纳入教师培训培养的基本内容,增强广大教师教书育人的责任感和使命感,使教师善于从教,乐于从教,从而激励教师更加积极主动地参与合作。教师要关爱学生,树立学生为本的理念,严谨笃学,自尊自律,以学识魅力和人格魅力教育感染学生,做学生健康成长的指导者和引路人。采取综合措施,建立长效机制,完善教师职业道德评价、考核机制,形成良好学术道德和学术风气,以合理的方式进行学术研究。

(二)树立终身学习的意识。作为教师,应该树立学习贯穿于人的一生的理念,在学习过程中,不断提出问题并解决问题,愿意与他人协作和共建学习,不断地进行自我反思,与他人分享学习成果,在改变自身的教学观

---

①　国家中长期教育改革和发展规划纲要(2010—2020 年).[2015-07-20]. http://www. moe. gov. cn/publicfiles/business/htmlfiles/moe/A01_zcwj/201008/xxgk_93785. html.

念、学习观念、共享理念的同时，通过培训交流活动，以自己的行为感化其他人，让教师们都树立终身学习的意识。

（三）完善教师培养体系。加强教师培养培训基地建设，优化以师范院校为主体、综合性大学参与、开放灵活的教师培养体系，逐步更新培训课程、培训时间的自主权，激发培训的积极性，提高培训的针对性、有效性。加强对名师、名校长的培养力度，通过研修培训、学术交流、项目资助等多种方式，培养教学骨干、"双师型"教师、学术带头人和专业化校长。支持各地学校的名师工作室，充分发挥传帮带作用。建立健全校本培训制度，创新校本培训办法，推进教师自主学习提高。完善相关人事制度，聘请具有实践经验的专业技术人员和高技能人才担任专兼职教师。

三、强化数字资源建设，促进优质资源共享

国内外的现代远程教育已经证明了网络的作用和资源共享所带来的教育效果，强化合作过程中的数字资源建设，有助于树立学校之间的现代、开放与合作的观念，树立信息资源为全社会共同所有的观念，有助于在合作单位之间形成开放、透明和公平的信息资源共建共享机制，扭转网络建设、资源共享中的保守主义、形式主式和本位主义观念。我国教育部在2002年发布的《教育部关于推进教师教育信息化建设的意见（教师〔2002〕2号）》中明确指出：以信息资源开发为核心，建立教师教育信息资源库，鼓励和支持通过多种途径和方式加强教师教育信息资源的开发，加强区域性联合，优势互补，实现教师教育各类信息资源的共享。这为教师教育信息化建设提供政策保障。大学与中小学的合作同样要充分利用网络平台开展各种形式的培训和教学，做好数字资源建设，为合作提供优质资源。

（一）资源的分类。数字资源的建设可以分为三大类，即网络数据库类、教学类和分享类三种。

网络资源非常多，只要通过搜索引擎就可以搜索到想要的任何内容，有些是无偿提供复制和下载，而有些是有偿的，需要付费才可获得。专业类的资源往往被收录到数据库中，通过数据库检索后获得。目前常用的大型综合文献数据库类主要有中国学术期刊全文数据库、万方资源数据库、重庆维普信息资源系统、超星数字图书馆镜像、书生之家数字图书馆等。大部分高校都拥有了这些数据库的使用权限，主要是为了方便高校教师开展研究工作，例如，浙江师范大学拥有100余个文献数据库，利用这些数据

库,几乎可以搜索所有的文献,为资源共享带来极大的便利。

教学类资源是合作培训教学中的电子教案、课件、视频以及相关辅助材料。这是培训教学所必需的,一般由培训主办单位提供培训相关的政策性文件、培训通知、新闻以及其他辅助材料,由任课教师提供培训课程的课件类主要材料。

分享类资源可以分为培训作品、交流信息和教师个人愿意共享的经验、技术、文档等资源。这部分资源主要根据个人的意愿来决定是否参与交流分享与上传资源,因为这些资源体现了个人的观点、个人的工作经验、劳动成果、创作作品等,蕴含着个人的辛苦付出和知识产权。

(二)建立共享机制,促进资源共享。加强数字化资源建设,可以采取三种共享机制,即合作建设共享、有偿共享和无偿共享。[①]

合作建设共享是指合作双方利用各自原有的资源进行共享,或者双方共同建设,在政策和条件允许的情况下签订合作投资、开发、使用优质资源的协议,共同合作建设资源。有偿共享资源主要考虑除了特色文献数据库外,各个学校或机构自行拨款开发的优质资源,如优秀课件、多媒体素材、教学案例、创新性教学资源、教学研究成果等。为了收回成本,以及保护个人知识产权,以适当付费的形式获得使用权,以切实保障资源建设者的合法权益。无偿共享资源是指开放的教育资源,在不受版权限制或者是在知识产权协议下发布的,可供他人免费使用或复制的教学、学习和研究资源,包括课程资料、课件、教学模块、教材、教学录像、试卷等,以及其他用于获取知识的软件工具或技术系统。我国的省级和国家级精品课程和纵向的省部级以上的课题成果等,都属于此类型资源。

当然,除了上述所述之外,加强合作工作的组织领导,推动教育行政部门、大学以及中小学一起建立一个健全的合作管理职能部门;完善合作技术支持机构,推进相关机构的合理分工与有效整合;全面加强合作工作各个具体项目的统筹协调;明确各管理人员的职责,理顺参与人员之间的关系;等等,对于合作的全面组织与管理都是非常重要的。

---

① 李鸣华:《资源重组与共享网络环境下教师教育的新思想》,科学出版社 2009 年版,第 167-169 页。

第三节　质量保障机制

大学与中小学合作的最终目标是实现或达到预先需要达到的结果，如果达到了或基本达到，说明合作成功了，合作者所付出的努力实现了合作应有的价值。所以为了达到合作的最终目标，在合作过程中，应该制定订一系列的质量保障措施，使得每一个合作环节都不偏离最终目标的方向，少走弯路，有效快速地实现合作目标。

影响合作质量的因素很多，项目的执行者是直接影响合作质量和效果的主要因素，责任主管领导、项目负责人、管理员、教师、辅助人员等，他们的工作态度与责任心将直接影响合作是否质量；合作的运作机制是否合理和法制法规执行是否到位，将影响合作的有序顺利进行；合作项目的质量监管是否有效，将影响合作的最终目标是否达到预设要求；合作过程中的管理手段是否先进，将影响到合作的效率。所以完善合作的质量保障机制，将会达到事半功倍的效果。

一、制定质量评价体系

为了使合作更易于管理，制定明确的、可操作的合作质量评价标准是不可缺少的。制定质量评价标准主要考虑两个方面因素。一方面，合作者是否达到了预想目标，这是对人的考核。例如，参加课程学习的教师有没有完成课程的学习，参加培训的教师有没有按规定完成所有的任务，参与教育科研的教师有没有完成指定的科研任务等，通过一系列标准和要求对参与合作的教师们进行考核。通过对所有个体的考核，可以衡量整个合作项目的完成程度。另一方面，合作项目是否达到了预期目标，这是对项目的考核。在合作项目设定时，设计了一系列的活动流程，制定了项目的组织管理制度与运作过程设置，规定了各级参与者或参与单位的责任和义务，明确了合作项目的最终目标，等等。所有这些构成要素，都应该有相应的考核评价标准，只有这样，才能确保合作中每一个环节的质量，从而实现合作的最终目标的质量。

（一）合作参与者的评价标准

制定和完善合作参与者的评价标准，能够鼓励参与者的主动性和积极性,能够督促参与者的参与态度和参与程度。合作参与者往往有部门领导、学校领导、管理者、大学教师、小学教师以及教育行政人员等,不同的参与者有他们各自的职责和任务,所以制定评价标准时要根据具体情况,因人而异、因事而异、因岗而异。

第一,注重过程评价。为了激发参与者的积极性,关注参与者的合作过程,评价应该注重过程,设置过程性评价与总结性评价相结合的评价方式。这样,既能够激发参与者合作的兴趣和热情,也能体现参与者的总体表现。无论是师范生教育实习,中小学教师继续教育培训还是合作研究,过程比结果更重要。从合作过程来看,所有的合作者都是利用业余时间来参与到合作中来,在不影响正常工作的同时完成合作任务,需要投入很多的精力和时间。因此,注重过程评价,能够综合体现参与者的教学技能、科研思维、管理水平和协同能力,以及参与者持之以恒的合作态度和责任心,而这些要素只进行结果评价是无法体现的。

第二,注重激励评价。行为主义理论认为,有效、有力的激励可以导致人的积极行为,其核心在于利益驱动。因此,为了合作的顺利开展,注重激励评价,有利于调动参与者的积极性,以促使更多的人参与到合作中来。为了保证激励评价的科学与公正,必须制定相应的评价标准,根据评价标准来检验和评价参与者的行为价值。激励评价以奖励为主,可以设定物质性激励,例如,给获奖励者营造良好的合作工作环境,鼓励他们继续开展合作;直接给予物质奖励;提供一些间接的奖励,如提供深造机会,提供教育科研基金,作为晋升职称的优先条件,评优评奖的优选条件等。也可以设定精神性激励,例如,以文件的形式公布获奖励者的先进事迹和合作表现,起到榜样和示范作用,促使其他教师能够主动寻找自身的不足,从而引发他们的竞争意识;领导要经常鼓励获奖励者,创造机会为其他教师同行做经验交流,加深和同行们的情感,努力营造一种相互关心、相互信任、相互支持以及团结融洽的和谐合作氛围。

(二)合作项目的评价标准

考核合作项目要从全方位的角度进行评价,并且评价标准根据合作过程的变化而进行不断修正和完善。合作项目的评价标准的制定应该考虑以下几方面:

第一,合作的计划与目标。在合作之初,首先应该确定合作目标,要对目标进行认证,研究目标的理论与实际意义,评价它的合理性。其次合作者的构成,选择一个认为比较理想的大学与中小学,以及学校的教师成员构成,评价合作后双方是不是最合理的合作者。然后制定合作计划,评价计划的时间、内容、期限、结果等的合理性。

第二,合作的执行与管理。合作过程中,要跟踪检验合作的进展,全面评价合作过程中的制度执行、人员的尽职、管理到位、违规现象、突发事情处理、计划变化、平台维护、数据处理与保存等。

第三,合作的结果与反馈。合作项目的结果评价是对项目的总体评价。项目结果的形式随着项目的内容变化而变化,可以考查结果的短期效果,也可以考查它的长期效果。如教师的培训,可以看教师们培训结束后是否参加结业考试或提交作品,是否通过所有的考核,培训期限截止时是否按时完成培训内容。教育实习或见习可以通过检查学生的见习收获或实习总评来评价。而类似于科研合作项目,无法短时间内表现出教师的理论水平或者科研能力的提高,很难去评价合作的结果是否达到预期目标,为此,可以分析教师的反馈信息来进行短期评价,通过面对面交流或者问卷形式进行调查,以获得评价合作成果的依据。

(三)多元化的评价方式

合作是一项复杂的工程,涉及内容、环境、人员、管理等多个方面,因此对合作的评价避免采取单一的评价方式,而应注重评价的多元性。

第一,评价主体的多元化。即作为合作参与者的领导、大学教师、中小学教师、管理者、教育行政部门相关工作人员,可以进行自我评价和相互评价,增加参与者的责任心和自信心,提高参与者的自我评价能力;同时,积极寻求和接受来自外界的评价,如政府部门或第三方机构,这种外在的监督,有利于合作的顺利进行。

第二,评价标准的多元化。由于合作参与者来自不同的单位,工作背景不同,文化水平各异,担任的角色也不同,评价要关注个体的差异。如管理员应该注重管理和协调能力的评价,大学教师应该注重科研方面的主导作用和教学实践应用分析的评价,注重培训过程中的知识传授与实际应用相结合的能力评价,中小学教师在科研合作中注重理论指导实践的应用评价,在培训中注重参与交流和知识学习的评价。对于合作项目本身,可以参照项目管理标准或系统标准进行评价。

第三,评价内容的多元化。对于项目来说,评价的内容不仅仅局限于合作所要求的目标与内容,还要关注合作过程的管理与发展,合作的结果是否达到预期目标,要对合作的整体效果进行客观、全面的评价。对于参与者来说,评价的内容不仅仅局限于一个作品、一个教案、一个设计,还要看他参与合作的过程作品、互动交流和贡献程度等。

第四，评价方法的多元化。除了采取过程性评价与总结性评价相结合、定性评价与定量评价相结合的评价方式以外，可以采取调查问卷的方式进行评价，可以利用信息技术手段进行评价，还可以用发展的眼光动态地评价。

二、实施有效的监督

合作是一项综合性、系统性的工程，为了更好地了解、控制、评价和管理大学和中小学的合作，不仅需要科学合理的组织结构和清晰严谨的评价标准作为支撑，而且需要完备的监督与反馈体系作为强有力的保证。所谓监督，顾名思义是在各种规章制度健全的情况下，对工作具体执行者，执行过程和结果的一种检验，目的是使其执行结果能够达到预期目标。如果缺乏相应的监督及信息反馈，合作得不到有效的调控和约束，也就很难获得满意的合作效果。合作的监督体系主要指对合作的运行状况、各参与主体的活动及合作成效等起监督、制约作用的系列措施与制度构成的有机整体，是监督主体按照一定标准对其进行评价，并通过一定的渠道对信息进行积极有效的反馈，从而影响合作的过程，提高合作的质量。

美国的专业发展学校采用社会公众的监督与评估机制，根据《专业发展学校标准》，用多种手段定期收集信息，然后向社会公众公开，要求合作者对他们自身和公众负责，突出社会公众对他们的监督与评价。[1] 英国的中小学教师在职培训非常重视督导评估环节，专门设立督导评估机构，政府发布了一系列的文件对教师在职培训进行评估做出了详细规定，明确教师在职培训督导评估的制度、体系、方法和要求等，然后对督导评估的实践操作和反馈给培训机构，促使他们发现问题和解决问题，进一步提升培训课程、方案、方式方法的设计，保障了培训质量。[2] 王蕾蕾提出了校企产学研合作过程中的监督机制，寻求第三方单位作为专职咨询和监督机构，根据合作协议，对合作项目的产品市场行情、工艺技术改造方案、经济和社会效益等可行性进行评估，监督企业项目实施的全过程，监督合作中的资金

---

① 杨启光：《美国大学与中小学伙伴关系的质量保证策略》，《外国中小学教育》2007 年第 11 期，第 46-49 页。

② 韩娟：《英国中小学教师在职培训质量保障机制研究》，河南大学硕士论文，2014 年。

配额、利益分配、合同实施等内容，确保政府投入资金的安全和质量。[①] 从上述三个案例可知，一套健全的监督体系需要监督主体、监督标准和监督反馈渠道。监督主体根据监督标准执行监督任务，将监督结果反馈给合作者或机构，以便及时改进。有了监督体系和合作的法律法规，实现合作自我控制和他人控制的有机结合。

（一）监督主体

在合作的监督体系中，监督主体主要包括自我监督主体和他人监督主体，自我监督主体是以参与合作的教育行政部门的主管、大学和中小学校的主管或教师为主体，他人监督主体主要以政府、社会、第三方机构为主体。自我监督主要是对合作所有参与成员的权利和责任的分配以及履行的具体情况进行自我监督与相互监督；对合作内部的领导和管理人员的选举、任用、管理等多方面进行监督；对合作内部制定的各项常规管理制度和法规的实施落实情况进行持续性的监督。他人监督主体主要体现监督的公平性，对合作项目的合理性、可行性、合作过程管理、合作成果评估进行监督，对合作参与者的职责、权利、利益等进行全程监督。通过监督的双管齐下，可以确保合作的顺利而有效地开展。

（二）监督标准

在监督评估过程中，要依据监督标准来参照执行。所以监督标准是监督实施的依据和基础，制定监督标准对评估和监督的结果至关重要。首先，该标准必须符合合作项目所规定的法律制度、制约条件和基本规范，在此基础上进行合理的监督，如果与这些制度、规范不相符或相矛盾，监督就起不到应有的作用，反而对监督工作带来麻烦，监督评估结论就不具有代表性和权威性。其次，监督标准要根据合作的目标，并且要结合合作过程中的具体实际状况来制定，不能要求过高，要求过高会导致合作的实施难以顺利进行，也不能要求过低，要求过低会使监督工作流于形式，难以发挥出标准应有的作用。

（三）监督反馈

监督反馈是执行监督的最终目的。通过监督，检查出合作过程中的不

合理因素、不规范行为、不符合合作协议的条条框框，评估合作成果是否符合合作要求等。他人监督主体应将监督结果及时地通过合适渠道反馈给合作者或团体，督促合作者及时改进，如教师培训过程中，时常会出现旷课点名时叫人代替报到，或者提交作业时抄袭一份提交，则必须由他人监督才能发现。而自我监督主体发现问题后应主动及时地自我反省并改进，做好合作中的分内事，通过个人的提高来促进团体的合作进步。当然，我们要认识到监督不应该是一个封闭单向的监督行为，而应该是双向的，即监督主体与被监督者之间的双向互动的过程。执行监督过程中要及时沟通和交流，及时反馈评估信息，否则就起不到监督的作用，所以监督反馈是发挥监督功能的重要环节。

三、推进信息化管理

在合作开始之前，必须对合作项目制定一系列的规章制度、规范和要求，目的就是为了对项目进行有效的管理。例如，明确参与者所享有的权利和义务，明确合作项目的规章制度，规定和要求项目的具体操作与流程，规定合作实施的目标、任务以及考评的具体标准，合理设计合作的时间和期限，采取措施调动参与者的合作积极性，确保参与合作活动人员的稳定性，等等。这些事例都需要在合作过程中进行有效的管理，才能确保合作的顺利实施。

信息化是提高合作管理效率和建设现代管理制度的有力工具，大力推进信息化管理，支持合作管理的改革，使管理科学化、系统化和规范化。在没有使用信息化管理之前，需要大量的纸质文本或表格记录下管理的所有事项，这大大影响了管理的有效性和管理效率。信息化管理比起传统的人工管理有很多优势，如用数字化记录信息的方式更方便，用大数据量的存储设备来保存管理数据更安全可靠，用计算机的高速运算效率更高，用网络实现人与人之间的交流更及时，编辑修改更快捷等。从质量管理角度来讲，具有以下特点：[①]

（一）提升合作服务与监管能力

推进合作的信息化管理，可以对合作信息数据的采集与管理流程进行

---

① 教育信息化十年发展规划（2011—2020 年）．［2015-07-20］．http://www.moe.gov.cn/publicfiles/business/htmlfiles/moe/s3342/201203/xxgk_1333 22. html.

规范化,建立参与者个人信息数据库,清晰地了解参与者的工作细节和动态反映情况,整合各种各样的管理信息资源,建立事务处理、动态监测、业务监管、决策分析、评价制定等合作管理信息系统,提高管理的监管能力,提升管理服务的有效性,优化服务和管理流程,促进管理的改革与创新。

(二)提高合作管理质量与水平

推进合作的信息化管理,充分利用信息技术对合作管理模式进行创新,建立合作管理平台以及配套服务机制,并在一定程度上扩大和延伸合作相关信息的服务,及时地提供和分享丰富的信息资源。信息化管理的方式,转变了传统的管理理念,建立良好的管理规范和管理流程,实行科学管理,从而提高合作项目的整体管理水平。

近年来,我国政府高度重视信息化工作,在《教育信息化十年发展规划(2011—2020 年)》中明确指出,要加强继续教育公共信息管理与服务平台建设。完善继续教育"学分银行"制度,探索相关信息系统与支撑平台建设与运行模式,建设支持终身学习的继续教育考试与评价、质量监管体系,形成继续教育公共信息管理与服务平台,为广大学习者提供个性化学习服务,为办学、管理及相关机构开展继续教育提供服务。因此,在大学与中小学合作的发展进程中,需要充分利用网络和信息技术,创建信息化合作平台,加快信息化管理的步伐,推动合作的全面管理变革。提升管理质量和监管能力,为合作的有效完成提供质量保障。

第四节　典型案例分析

浙江师范大学是一所以教师教育为主的多学科性浙江省属重点大学,是首批国家级语言文字规范化示范学校和国家级大学生创新创业计划参与学校,拥有教育部确定的全国重点建设职业教师教育培训基地、浙江省高校师资培训中心等多个人才培养培训基地。浙江师范大学教师教育学院为了更好地贯彻落实我国颁布的《国家中长期教育改革和发展规划纲要(2010—2020 年)》,"牢固树立主动为社会服务的意识,全方位开展服务,积极推进文化传播,增强社会服务能力",为了"追求开放式的社会服务"理念,充分发挥浙江师范大学在基础教育领域的学科、专业、人才优势,坚持育人为本,以改革创新为动力,以提高教育质量为核心,为浙江省基础教育服务,推动教育事业的科学发展。

教师教育学院承担着全校本科师范生的师范技能和教育见习、教育实习的培养培训任务，是具有教育学一级博士点的学院之一，师资力量雄厚，教学条件优良，教学科研设施先进，是浙江省教育科学研究、教育政策咨询中心和中小学校长、教师培训的重要基地。拥有浙江省基础教育研究中心、省级教师教育实训中心、课程与教学研究所等6个校级科研机构、中小学教师专业发展促进中心等7个院级研究机构。学院立足追求高质量的人才培养和特色化的学术研究外，还专门成立社会服务办公室，强化学院对浙江省的基础教育服务。教师教育学院为了更好地服务于基础教育，实现"两条腿"走路，一是贯彻实行国家和浙江省的人才培养政策，积极参与到中小学教师国家培养计划、浙江省领雁工程、浙江省中小学教师信息技术应用能力提升工程以及京、津、粤、苏等省市校长、教师培训等项目中。到目前为止，教师教育学院承担各类培训项目数十项，培训校长、教师18 000余人次，为浙江乃至全国基础教育发展做出了卓越贡献。二是充分发挥高校的品牌优势、人才优势和教育资源优势，积极开展与中小学校的合作，已与杭州江干区、嘉兴秀洲区、宁波市教育局、义乌市教育局、温岭市教育局、江山市教育局等多个地区合作共建附属学校，在互惠互利的基础上，实现优势互补和共同发展。

一、合作的背景与目标

浙江师范大学作为省重点高等师范院校，一直以来承担着教师教育的教学与科研工作，不断为浙江省以及全国的中小学校培养师资。建校60年来，已经培养了一大批中小学教师，有的已经成为中小学校的骨干力量，并得到社会的一致好评。该校与中小学一直保持的密切的合作关系，不仅体现在师范生的教育见习与教学实习方面，也体现在高校教师与中小学教师之间的课题合作与学科合作上。如该校的基础教育研究中心就是专门为基础教育改革提供理论与实际依据，分析与总结问题，出谋划策。该校的学科教研期刊经常会出现中小学教师的学术论文，反映基础教育的现状与成果。这些已有的合作都为该校与中小学校之间走向更宽、更远的合作之路奠定基础。

我国连续的政策性建议为该校与中小学合作提供了强有力的支撑。我国颁布的《国家中长期教育改革和发展规划纲要（2010—2020年）》强调高校要牢固树立主动为社会服务的意识，全方位开展服务，探索高校与中小学校的合作共建模式。《基础教育课程改革纲要（试行）》（http://www.

edu. cn/20010926/3002911_2. shtml)中明确指出:支持部分师范院校成立"基础教育课程研究中心",开展基础教育改革的研究工作,各中小学教研机构要与基础教育课程研究中心建立联系,发挥各自的优势,共同推进基础教育改革。《教育部学校课程管理指南(讨论稿)》(jxjy. com. cn:88/Article_Show. asp? ArticleID=1025)指出在校本课程开发过程中,教师可以与专家合作,但不能由专家编教材、由教师教教材,而应该由同一学校或不同学校教师组成开发小组,根据学校的具体情境进行分析来确定、选择和组织内容。为了对学校课程管理有一定的组织保障,可以邀请教育专家共同参与。在教育部、国家发展改革委和财政部发布的《关于深化教师教育改革的意见》中,提出构建开放灵活的教师教育体系,发挥师范院校在教师教育中的主体作用,创新教师教育模式,实施卓越教师培养计划,建立高等学校与地方政府、中小学联合培养教师的新机制,促进教师培养、培训、研究和服务一体化,培养一批师德高尚、专业基础扎实、教育教学能力和自我发展能力突出的高素质专业化中小学教师。除此以外,还有很多相关政策和文件出台,从不同的角度要求高校与中小学校开展各方面的有效合作。

在这样的背景和前提下,浙江师范大学与很多中小学校建立了长期的合作关系,为积极推进文化传播,增强基础教育服务能力,对基础教育改革与发展起到了积极的助推作用。它们的合作目标是充分发挥高校的品牌优势、人才优势和教育资源优势,与地方的政策、环境和区域资源优势统筹结合,实践"高校助推"发展模式,创建附属学校,经过双方的合作与努力,将附属学校办成"办学思想先进、教师队伍精良、管理科学规范、教育质量优良、办学特色鲜明"的优质中小学校。

二、合作形式与组织架构

为了很好地实现合作目标,学校双方采用了"U-G-S"合作模式,即由浙江师范大学、地方教育行政管理部门(如地方政府、教育局、财政局等)和中小学校构成合作共同体。合作的形式主要是建立浙江师范大学附属学校,通过附属学校的建设与发展,来辐射和影响区域学校的发展。

为了合作的顺利进行和有效监管,成立合作理事会,理事会成员由三方人员构成。理事会的主要职责是根据现代学校管理理念,建立制度化的议事规则,并在学校教育教学重大事项研究、特色发展、内涵建设、教师专业成长等方面提出切实可行的发展规划,审定学校中长期发展规划,研究教育教学改革重大事项,负责指导评估学校办学行为、师资队伍建设、质量标准执行等。理事会每年召集三方进行评估,形成每年度的工作总结。

附属学校的运作主要是理事会领导下的校长负责制。理事会理事长一般由教育行政部门的相关负责人、高校校长或附属学校校长担任。理事长的主要职责是领导理事会成员履行理事会的职责。附属学校的校长一般由教育行政部门任命,可以由原学校校长担任附属学校的校长,如果是新建的附属学校,直接由当地教育局或人民政府任命。校长的职责是在理事会领导下依法独立行使办学自主权,主持附属学校的全面工作。

附属学校的副校长由浙江师范大学外派一位专家来担任,他的主要职责是参加附属学校的行政会议,协助附属学校制定特色化发展方案的顶层设计,落实教学科研发展规划,指导学校建立现代学校管理制度,推进教育教学改革,负责组建专家教师与名教师队伍,协助附属学校的教学、科研和教师培养培训等工作。

为了更好地开展附属学校的教学与科研工作,在合作过程中往往会在附属学校内创建教学与科研基地,例如,在与宁波市教育局合作共建的"浙江师范大学附属宁波市四明中学"内,设立宁波市基础教育研究基地、教师专业发展学校、教育实践和教育实习基地。既方便教师开展教育教学研究工作,并以附中为核心,辐射辖区内教师,又可以作为师范生的教学实习基地,解决高校实习生的教学实践场所问题。此外,根据附属学校的条件,还会充分考虑网络环境的创建,通过网络平台开展教学科研交流与培训。比如浙江师范大学与永康中学的合作成立"浙江师范大学附属永康中学"中,创建了"永康市区域性教师专业发展"平台,为永康地区的教师培养与培训提供了良好的交流环境,起到了区域的辐射作用。

地方教育行政管理部门在合作中体现了管理职能部门的职责,为区域教育和教师专业发展方面提供政策支持,使教育资源匹配更加合理和有效。因为地方政府作为大学与中小学合作的桥梁,其适时的介入有助于消解双方的文化隔阂,而且地方政府的人力、物力和财力是双方合作的强有力的资源。具体在合作中主要对办学政策、教师编制、人才引进、经费、高级教师岗位指标、招生等方面给予附属中学更多的倾斜,进一步调配选拔优秀教师进入实验中学,制定配套激励措施。此外,还监督大学与中学按照协议开展合作的进程和效果。

三、合作的内容

附属学校的创建有两种形式,一种是在已有的中学基础上挂牌成为附属中学,另一种是新建一所学校作为附属中学。因此,合作的内容因学校的基础和要求不同而不同。

第一种合作方式,原有中学已经具备了一定的教学条件、教师配备、办学规模、规章制度、办学目标等,所以合作是为了更好地开展学校的改革,有效提高学校的教师整体水平和教学质量,促进学校快速发展,成为该学校所在区域的榜样。鉴于此,浙江师范大学与当地教育局建立合作关系,合作内容主要侧重于教师培养和教学质量的提高,比如,在与宁波市教育局、义乌市教育局、江山市教育局建立的合作中,高校教师担任附中的理论和实践指导教师,建立名师工作室,进行课题指导与校本研训,按教师专业发展阶段(新教师、骨干教师、学科带头人)、内容(教学、科研)以点带面、有重点地设计附中教师教学科研发展规划,推进教师素质提升工程,建立名师培养长效机制,帮助附中申请省市级以上课题立项,拓展与国内外优秀学校的交流与合作。为附属中学开放浙江师范大学数字化资源接口,共同开发数字化特色教育资源,结合远程教学等方式,服务于附属中学教育教学改革与研究。附中教师积极配合与主动参与到现代学校管理、教师素质提升、名师培养、教育教学改革、教育科研、教育教学质量提升、学校文化构建等方面工作,同时担任浙江师范大学的教育硕士和本科生的实践指导教师、实习指导教师。

第二种合作方式,需要合作双方从附中建校的规划开始协商与合作,致力于建成一所双方都认同的附属中学。比如浙江师范大学与温岭市人民政府、泽国镇人民政府共同投资兴建一所公立普通高级中学,校名为"浙江师范大学附属泽国高级中学",设计办学规模 36 个教学班,1620 名学生。合作内容除了上述第一种方式所要求的内容外,还有一些附中的前期筹建的合作,如:浙江师范大学利用品牌效应,提供优质教学资源,负责附中特色创建、教育教学管理、教学质量监督和师资队伍建设。温岭市人民政府、泽国镇人民政府主要负责附中的行政管理、投资建设,支持附中的人事制度、招生政策、财务保障等方面,对优秀教师以及优秀人才的引进、招生方面和财政方面给予政策倾斜。经过双方的共同努力,实现把附中建成管理科学、质量上乘、环境优美、设施先进、在省内外有一定知名度的现代化、国际化、特色化的优质品牌学校,进一步推动温岭市教育优质、均衡、和谐发展的总体目标。

四、合作经费与合作时间

长期以来，经费问题一直是制约大学与中小学合作的主要问题。无论是大学还是中小学，财政部门都没有给学校明确的专门的合作经费支出计划。没有经费的支持，合作就难以开展，教师的积极性难以调动，合作研究也就无法保障。浙江师范大学与各中学合作过程需要大量的经费，主要用于教师发展学校、教师培训基地以及教育实习基地、校园文化建设等运作与发展，专家指导、教师培训、教育科研、国内外教育交流、特色活动开展、理事会运作等方面开支，以及附中的其他教学教研活动的开支。合作经费的来源主要由附中所在地的教育主管部门或当地政府相关部门出资一定数额的经费，并通过多种渠道利用社会力量来支持学校的发展，为合作的顺利开展提供经济保障。

合作经费的使用实行专款专用、独立建卡。合作经费的到账一般根据协议要求，在规定的合作期限内，一次性拨款或分期拨款。专项经费使用情况由理事会监督实行，并由双方人员组成审计小组进行年度审计，加强经费使用监督，确保经费使用规范、安全、有效。

2009年以来，浙江师范大学已与多个地方政府合作办学成立浙江师范大学附属中小学，通过研修培训、学术交流、项目资助等方式，培养教育教学骨干、双师型教师、学术带头人和校长，造就一批教学名师和学科领军人才。这种合作模式，具有平等协作、互惠共生、民主协商的合作特点，充分发挥大学的研究与理论优势，充分调动地方政府的行政与管理优势，充分分利用中小学校的实践基地优势，整合各部分的优势资源，推动教学改革、学校改进和教育发展。这种合作，也是贯彻落实我国《国家中长期教育改革和发展规划纲要（2010—2020年）》，以政府投入为主，优化财政支出结构，多渠道筹集教育经费的体制，确保教育经费，促进跨学科、跨单位合作，形成高水平教学和科研创新团队。

附 录 我国中小学教师教育技术能力标准(试行)

第一部分 教学人员教育技术能力标准

一、意识与态度

(一)重要性的认识

1.能够认识到教育技术的有效应用对于推进教育信息化、促进教育改革和实施国家课程标准的重要作用。

2.能够认识到教育技术能力是教师专业素质的必要组成部分。

3.能够认识到教育技术的有效应用对于优化教学过程、培养创新型人才的重要作用。

(二)应用意识

1.具有在教学中应用教育技术的意识。

2.具有在教学中开展信息技术与课程整合、进行教学改革研究的意识。

3.具有运用教育技术不断丰富学习资源的意识。

4.具有关注新技术发展并尝试将新技术应用于教学的意识。

(三)评价与反思

1.具有对教学资源的利用进行评价与反思的意识。

2.具有对教学过程进行评价与反思的意识。

3. 具有对教学效果与效率进行评价与反思的意识。

(四)终身学习

1. 具有不断学习新知识和新技术以完善自身素质结构的意识与态度。

2. 具有利用教育技术进行终身学习以实现专业发展与个人发展的意识与态度。

二、知识与技能

(一)基本知识

1. 了解教育技术基本概念。

2. 理解教育技术的主要理论基础。

3. 掌握教育技术理论的基本内容。

4. 了解基本的教育技术研究方法。

(二)基本技能

1. 掌握信息检索、加工与利用的方法。

2. 掌握常见教学媒体选择与开发的方法。

3. 掌握教学系统设计的一般方法。

4. 掌握教学资源管理、教学过程管理和项目管理的方法。

5. 掌握教学媒体、教学资源、教学过程与教学效果的评价方法。

三、应用与创新

(一)教学设计与实施

1. 能够正确地描述教学目标、分析教学内容,并能根据学生特点和教学条件设计有效的教学活动。

2. 积极开展信息技术与课程的整合,探索信息技术与课程整合的有效途径。

3. 能为学生提供各种运用技术进行实践的机会,并进行有针对性的指导。

4. 能应用技术开展对学生的评价和对教学过程的评价。

（二）教学支持与管理

1.能够收集、甄别、整合、应用与学科相关的教学资源以优化教学环境。

2.能在教学中对教学资源进行有效管理。

3.能在教学中对学习活动进行有效管理。

4.能在教学中对教学过程进行有效管理。

（三）科研与发展

1.能结合学科教学进行教育技术应用的研究。

2.能针对学科教学中教育技术应用的效果进行研究。

3.能充分利用信息技术学习业务知识，发展自身的业务能力。

（四）合作与交流

1.能利用技术与学生就学习进行交流。

2.能利用技术与家长就学生情况进行交流。

3.能利用技术与同事在教学和科研方面广泛开展合作与交流。

4.能利用技术与教育管理人员就教育管理工作进行沟通。

5.能利用技术与技术人员在教学资源的设计、选择与开发等方面进行合作与交流。

6.能利用技术与学科专家、教育技术专家就教育技术的应用进行交流与合作。

四、社会责任

（一）公平利用

努力使不同性别、不同经济状况的学生在学习资源的利用上享有均等的机会。

（二）有效应用

努力使不同背景、不同性格和能力的学生均能利用学习资源得到良好发展。

(三)健康使用

促进学生正确地使用学习资源,以营造良好的学习环境。

(四)规范行为

能向学生示范并传授与技术利用有关的法律法规知识和伦理道德观念。

第二部分　管理人员教育技术能力标准

一、意识与态度

(一)重要性的认识

1.能够认识到教育技术的有效应用对于推进教育信息化、促进教育改革和实施国家课程标准的重要作用。

2.能够认识到教育技术能力是教师专业素质的必要组成部分。

3.能够认识到教育技术的有效应用对于优化教学过程、培养创新型人才的重要作用。

(二)应用意识

1.具有推动在管理中应用教育技术的意识。

2.具有推动在教学中开展信息技术与课程整合、促进教育教学改革研究的意识。

3.具有支持教师运用教育技术不断丰富学习资源的意识。

4.具有密切关注新技术的价值并不断挖掘其教育应用潜力的意识。

(三)评价与反思

1.具有促进对教学资源的利用进行评价与反思的意识。

2.具有促进对教学过程进行评价与反思的意识。

3.具有促进对教学效果与效率进行评价与反思的意识。

4.具有对教学管理的效果进行评价与反思的意识。

(四)终身学习

1.具有不断学习新知识和新技术以提高自身管理水平的意识与态度。

2.具有利用教育技术进行终身学习以实现管理能力与个人素质不断提高的意识与态度。

3.具有利用教育技术为教师创造终身学习环境的意识与态度。

二、知识与技能

(一)基本知识

1.了解教育思想、观念和教育技术的发展趋势。

2.了解教育技术的基本概念和应用范畴。

3.了解教育技术的基本理论。

4.掌握绩效技术、知识管理和课程开发的基本知识。

(二)基本技能

1.掌握信息检索、加工与利用的方法。

2.掌握资源管理、过程管理和项目管理的方法。

3.掌握教学媒体、教学资源、教学过程与教学效果的评价方法。

4.掌握课程规划、设计、开发、实施与评价的方法。

三、应用与创新

(一)决策与规划

1.制定并实施教育技术应用计划以及应用技术来促进教育教学改革的条例与法规。

2.能够根据地区特点和实际教育状况,宏观调配学习资源,规划和设计教育系统。

3.能够有效应用信息技术和统计数据辅助决策过程。

(二)组织与运用

1.能组织与协调各种资源,保证教育技术应用计划的贯彻和执行。

2.能组织与协调各种资源,促进信息化学习环境的创建。

3.能组织与协调各种资源,支持信息化的教学活动。

4.能运用技术辅助教学组织和教学实施。

(三)评估与发展

1.能使用多种方法对教师和管理人员的教育技术应用效果进行评价。

2.能运用技术辅助对管理体制和运行机制进行评价。

3.能采取多种措施推动技术体系的不断改进,支持技术的周期性更新。

4.能充分利用技术手段为教师、学生和管理者的发展提供更多机会。

5.能充分运用技术改善教育教学条件,并为教师提供教育技术培训的机会。

(四)合作与交流

1.能利用技术与教学人员就教学工作进行交流。

2.能利用技术与技术人员就学习支持与服务进行交流。

3.能利用技术与家长及学生就学生发展与成长进行交流。

4.能利用技术与同事就管理工作进行合作与交流。

四、社会责任

(一)公平利用

能够在管理制度上保障所有的教师和学生均能利用学习资源得到良好发展。

(二)有效应用

1.能够促进学习资源的应用潜能得到最大化的发挥。

2.能够促进技术应用达到预期效果。

(三)安全使用

1.能确保技术环境的安全性。

2.能提高技术应用的安全性。

（四）规范行为

1. 努力加强信息道德的宣传与教育。
2. 努力规范技术应用的行为与言论。
3. 具有技术环境下知识产权保护的意识,并能够以实际行动维护这种知识产权。

第三部分　技术人员教育技术能力标准

一、意识与态度

（一）重要性的认识

1. 能够认识到教育技术的有效应用对于推进教育信息化、促进教育改革和实施国家课程标准的重要作用。
2. 能够认识到教育技术应用能力是教师专业素质的重要组成部分。
3. 能够认识到教育技术的有效应用对于优化教学过程、培养创新型人才的重要作用。

（二）应用意识

1. 具有研究与推进信息技术与课程整合的意识。
2. 具有利用技术不断优化学习资源和学习环境的意识。
3. 具有积极辅助与支持教学人员和管理人员应用教育技术的意识。
4. 具有不断尝试应用新技术并探索其应用潜力的意识。

（三）评价与反思

1. 具有对技术及应用方案进行选择和评价的意识。
2. 具有对技术开发进行评价与反思的意识。
3. 具有对技术支持进行评价与反思的意识。
4. 具有对教学资源管理进行评价与反思的意识。

(四)终身学习

1.具有积极学习新知识与新技术以提高业务水平的意识。

2.具有利用教育技术进行终身学习以不断提高个人素质的意识。

二、知识与技能

(一)基本知识

1.了解教育思想、观念和技术的发展趋势。

2.了解教育技术的基本概念和应用范畴。

3.掌握现代教学媒体特别是计算机与网络通信的原理与应用。

(二)基本技能

1.掌握信息检索、加工与利用的方法。

2.了解教学系统设计与开发的方法。

3.掌握教学媒体的设计与开发的技术。

4.掌握教学媒体的维护与管理的方法。

5.掌握学习资源维护与管理的方法。

6.掌握对教学媒体、学习资源的评价方法。

三、应用与创新

(一)设计与开发

1.参与本单位教育信息化建设方案的整体规划与设计。

2.能够设计与开发本单位的信息化学习环境。

3.能够收集、整理已有学习资源并设计与开发符合教学需要的学习资源。

(二)应用与管理

1.能够为教学人员的教学和科研工作提供技术支持与服务。

2.能够为管理人员的管理和评估工作提供技术支持与服务。

3.能够对学习资源与学习环境的使用进行有效的管理与维护。

(三)评估与发展

1.能够对学习资源和学习环境的开发与应用效果进行评估,并提出发展建议。

2.能够对自身的技术服务和管理工作进行评估,并反省自身的技术服务和业务水平。

3.能够参与本校教师教育技术应用效果的评估工作,并提出发展建议。

4.能够参与制定本校教师教育技术培训方案并实施。

(四)合作与交流

1.能利用技术与教师就教育技术在教学中的应用效果进行交流。

2.能利用技术与管理人员进行交流。

3.能利用技术与学生及家长进行交流。

4.能利用技术与同行及技术专家进行交流。

四、社会责任

(一)公平利用

能够通过有效的统筹安排保障所有的教师和学生均能利用学习资源得到良好发展。

(二)有效应用

1.能不断加强信息资源的管理。

2.能不断提高教育技术应用的有效性。

(三)安全使用

1.努力提高技术应用环境的信息安全。

2.能为教师和学生提供安全、可靠的技术服务。

(四)规范行为

1.努力加强技术环境下信息资源的规范管理。

2.努力规范技术应用的行为方式。

参考文献

［1］教育部师范司.教师专业化的理论与实践［M］.修订版.北京：人民教育出版社，2003.

［2］李鸣华.资源重组与共享网络环境下教师教育的新思想［M］.北京：科学出版社，2009.

［3］周跃良.信息化环境中的教师专业发展［M］.北京：科学出版社，2008：80.

［4］吴惠青.浙江省基础教育改革与发展年度报告［M］.杭州：浙江大学出版社，2011.

［5］张剑平.现代教育技术［M］.3版.北京：高等教育出版社，2013.

［6］张豪锋，张水潮，等.教育信息化与教师专业发展［M］.北京：科学出版社，2008.

［7］陈玉琨.教育评价学［M］.北京：人民教育出版社，1999.

［8］王卫东.教师专业发展探析——若干理论的阐释与辨析［M］.广州：暨南大学出版社，2007.

［9］游小培.教师职业与发展［M］.大连：东北师范大学出版社，2003.

［10］冯建军.教育学基础［M］.北京：中国人民大学出版社，2012.

［11］中国社会科学院语言研究所词典编辑室.现代汉语词典［M］.2002年增补本.北京：商为印书馆，2004.

［12］SARASON S B. The predictable failure of educational reform ［M］. San Francisco Jossey-Bass Publishers，1990.

［13］PAUL H. Berkhart. No Child Left Behind：Issues and Developments ［M］. Nova Science Publishers，2008.

［14］CLARK，R W. Effective Professional Development Schools：Agenda for Education in a Democracy ［M］. San Francisco Jossey-Bass Publishers. 1999.

［15］史宁中，柳海民.师职业专业化：21世纪高师教育持续发展的生命力

[J].高等师范教育研究,2002(5):28-34.

[16] 王雪梅.教师职业专业化研究文献综述[J].辽宁工学院学报(社会科学版),2006(6):110-113.

[17] 黄伟娣.教师职业、资格与专业化[J].集美大学教育学报,2001(2):53-56.

[18] 申继亮.心理学视野中的教师专业化发展[J].北京师范大学学报(社会科学版),2004(1).

[19] 叶澜.新世纪教师专业素养初探[J].教育研究与实验,1998(1):41-46.

[20] 教育部.中国教科文卫体工会全国委员会关于重新修订和印发《中小学教师职业道德规范》的通知[EB/OL].教育部,2008-09-01.

[21] 张忠华.教师职业专业化研究[J].教学与管理,2006(10):6-8.

[22] 张福建.论教师专业化的实现途径[J].教育评论,2003(3):34-37.

[23] 姜广运.对教师专业化发展的思考[J].新课程研究(下旬刊),2009(10):12-13.

[24] 李斌.国内外教师专业发展过程研究述评[J].江苏教育学院学报(社会科学版),2003(4):17-20.

[25] 方娇,梁敏.我国教师专业发展综述[J].教育教学论坛,2012(5):106-109.

[26] 丁志强,杨伶.日本教师专业发展及其对我国的启示[J].成人教育,2009(5):89-90.

[27] 段晓明."自我指导式"教师专业发展设计的准则[J].教育实践与研究,2004(3):6-7.

[28] 朱旭东.试论建立教师教育订可和质量评估制度[J].高等师范教育研究,2002(3):28-33.

[29] 陈紫天.英美大学与中小学合作促进教师专业发展的经验与启示[J].河北师范大学学报(教育科学版),2007(1):90-93.

[30] 谌启标.澳大利亚基于合作伙伴的教师教育政策述评[J].比较教育研究,2009(8):87-90.

[31] 谌启标.加拿大大学与中小学合作伙伴的教师教育改革[J].湖南师范大学教育科学学报,2009(3):72-74.

[32] 孙志麟.专业发展学校:理念、实务与启示[J]."国立"台北师范学院学报,2002(15):575.

[33] 伍红林.美国大学与中小学合作教育研究:历史、问题、模式[J].比较

教育研究,2008(8):62-66.

[34] 田圣会.试析反思性学习的目的、功能、特征与理论基础[J].教育与职业,2008(13):62-63.

[35] 董玉琦,刘益春,高夯."U-G-S":教师教育新模式的设计与实施[J].东北师大学报(哲学社会科学版),2012(6):170-175.

[36] 李国栋,杨小晶.U-D-S伙伴协作的变革理念与实践[J].教育理论与实践,2013(33):24-27.

[37] 罗丹.基于U-A-S合作的农村薄弱学校变革策略[J].中小学教师培训,2014(4):12-14.

[38] 杨小微.大学与中小学的文化互动与共生[J].教育发展研究,2011(20):15-22.

[39] 刘秀江,张琦.大学与中小学合作:教师发展学校建设的现象学探析[J].教育科学研究,2011(3):16-19.

[40] 金忠明,林炊利.大学—中小学合作变革的潜在冲突[J].上海教育科研,2006(6):13-16.

[41] 滕明兰.从"协同合伙"走向"共同发展"——大学与中小学合作问题研究[J].教育发展研究,2008(22):62-65.

[42] 卢乃桂,操太圣.立法者与阐释者:大学专家在"校院合作"中角色之嬗变[J].复旦教育论坛,2003(1):18-21.

[43] 王晓玲.微信与QQ支持下基于任务驱动的协作学习之比较研究[J].电化教育研究,2013(11):98-102.

[44] 胡小勇.博客叙事促进教师专业发展的现象分析[J].中国信息技术教育,2009(7):90-92.

[45] 吴艺.教师教育改革中U-S合作的发展、问题与对策[J].河北广播电视大学学报,2013(1):95-96.

[46] 陈丹,祝智庭."数字布鲁姆"中国版的建构[J].中国电化教育,2011(1):71-77.

[47] 杨启光.美国大学与中小学伙伴关系的质量保证策略[J].外国中小学教育,2007(11):46-49.

[48] 王蕾蕾.校企产学研合作的监督机制探讨[J].2011年安徽省科协年会—机械工程分年会论文集,2011:409-411.

[49] 赵国庆.概念图、思维导图教学应用若干重要问题的探讨[J].电化教育研究,2012(5):78-83.

[50] 何克抗.从"翻转课堂"的本质,看"翻转课堂"在我国的未来发展[J].

电化教育研究,2014(7):5-16.

[51] 马秀麟,赵国庆,邬彤.大学信息技术公共课翻转课堂教学的实证研究[J].远程教育杂志,2013(1):79-85.

[52] 李燕,董秀亚.电子书包支持颠倒教室的实现[J].中小学电教,2012(Z2):29-30.

[53] 张新民,何文涛.支持翻转课堂的网络教学系统模型研究[J].现代教育技术,2013,(8):21-25.

[54] 何世忠,张渝江.再谈"可汗学院"[J].中小学信息技术教育,2014(2):24-26.

[55] 焦建利.慕课给基础教育带来的影响与启示[J].中小学信息技术教育,2014(2):10-12.

[56] 秦炜炜.翻转学习:课堂教学改革的新范式[J].电化教育研究,2013(8):84-90.

[57] 王彩霞,刘光然.翻转课堂优化中职课堂教学探析[J].职教论坛,2013,(6):41-44.

[58] 宋艳玲,孟昭鹏,闫雅娟.从认知负荷视角探究翻转课堂——兼及翻转课堂的典型模式分析[J].远程教育杂志,2014(1):105-112.

[59] 王长江,李卫东."颠倒的教室"美国教育新景象[J].上海教育科研,2012(8):54-59.

[60] 张金磊,张宝辉.游戏化学习理念在翻转课堂教学中的应用研究[J].远程教育杂志,2013(1):73-78.

[61] 焦玉海,于方军.Moodle 平台在英语"翻转课堂"中的应用[J].中国信息技术教育,2012(11):92-93.

[62] 傅健,杨雪.国内移动学习理论研究与实践十年瞰览[J].中国电化教育,2009(7):36-41.

[63] 郭绍青,黄建军,袁庆飞.国外移动学习应用发展综述[J].电化教育研究,2011(5):105-109.

[64] 裴伟廷.泛在学习后现代远程教育的崛起[J].当代教育论坛,2008(10):35-37.

[65] 余胜泉.从知识传递到认知建构、再到情境认知三代移动学习的发展与展望[J].中国电化教育,2007(6):7-18.

[66] 陈明明.移动学习资源的创设与评价探究[J].软件导刊,2010(10):88-89.

[67] 顾红璇.PDA 及其在教育领域中的运用[J].科技信息:2007(23):

26,40.

[68] 朱学伟,杨伟,顾健辉.国内外高校移动学习案例分析研究[J].中国教育信息化,2014(21):9-11.

[69] 张一川,钱扬义.国内外"微课"资源建设与应用进展[J].远程教育杂志,2013(6):26-33.

[70] 黎加厚.微课的含义与发展[J].中小学信息技术教育,2013(4):10-12.

[71] 苏小兵,管狂琪,钱冬明,祝智庭.微课概念辨析及其教学应用研究[J].中国电化教育,2014(7):94-99.

[72] 余胜泉,陈敏.基于学习元平台的微课设计[J].开放教育研究,2014(1):100-111.

[73] 李艳叶.基于故事教学法的中学英语微课设计[J].中国教育学刊,2015(6):3-4.

[74] 吴秉健.国外微课资源开发和应用案例剖析[J].中小学信息技术教育,2013(4):23-26.

[75] 刘健智,王丹.国内外关于翻转课堂的研究与实践评述[J].当代教育理论与实践,2014(2):68-71.

[76] 杨九民,等.基于微视频资源的翻转课堂在实验教学中的应用研究——以"现代教育技术"实验课程为例[J].现代教育技术,2013(10):36-40.

[77] 钟晓流,等.信息化环境中基于翻转课堂理念的教学设计研究[J].开放教育研究,2013(1):58-64.

[78] 吴琳玉.从大学与中小学合作看英国教师教育改革[J].世界教育信息,2010(8):47-50,76.

[79] 葛柄含,孙建民.国外大学与中小学合作培训教师的新模式及其启示[J].中国电力教育,2012(1):15-18.

[80] 黄孔雀,许明.澳大利亚职前教师教育伙伴合作模式述评[J].集美大学学报,2009(2):19-21.

[81] 黄菊,陈时见.加拿大教师职前培养中的教育实习及其借鉴[J].比较教育研究,2014(11):1-6.

[82] 胡军苟.教师职业专业化研究文献综述[J].美中教育评论,2004(1):68-74.

[83] 崔晓健.陕西省中小学教师培训管理系统的设计与开发[D].成都:电子科技大学,2013.

[84] 李庆玲.教师专业发展支持平台的设计研究与开发[D].曲阜:曲阜师

范大学,2006.

[85] 段鹏.基于JAVA的网络视频会议系统的研究与实现[D].西安:西安电子科技大学,2010.

[86] 韩晓研.中小学信息化学习评价工具应用研究[D].曲阜:曲阜师范大学,2012.

[87] 许素.基于永康市教师专业发展平台的教师共同体交互研究[D].杭州:浙江师范大学,2010.

[88] 邓涛.大学与中小学合作——英美两国教师培养模式比较研究[D].长春:东北师范大学,2003.

[89] 王丹.英美大学与中小学合作的教师培养模式比较研究[D].重庆:西南大学,2009.

[90] 白益明.自我更新——教师专业发展的新取向[D].上海:华东师范大学,2000.

[91] 周维莉.大学与中小学合作培养教师的问题及对策研究——以成都一所大学和中学的合作为个案[D].重庆:西南大学,2010.

[92] 陈莹.有效的大学—中小学合作个案研究[D].开封:河南大学,2010.

[93] 孙士婷.三方合作保障制度问题研究[D].长春:东北师范大学,2012.

[94] 韩娟.英国中小学教师在职培训质量保障机制研究[D].开封:河南大学,2014.

[95] 吴慧慧.交互型微课件的设计研究[D].北京:首都师范大学,2014.

[96] RAMMELL. New Overarching Professional Standards for Teachers, Tutors and Trainers in the Lifelong Learning sector [EB/OL]. [2014—11—15] http://www. doc88. com/p-1921921085804. html.

[97] 刘捷.教师职业专业化与我国师范教育[EB/OL]. http://www. edu. cn/20030324/3080622-2. Shtml,2005-03-30.

[98] 浙江省教育厅网站. http://www. zjedu. gov. cn/gb/wjdd/sfjy. html,2014. 10. 8.

[99] 河南省教育厅.河南省教育厅关于河南省高等学校教育类课程试行"双导师制"的意见[EB/OL]. [2014—10—8]http://www. haedu. gov. cn.

[100] 2014 年度浙江省普通中小学教育技术装备统计分析.[2015—4—10]. http://www. docin. com/p-1050027128. html.

[101] http://www. moe. gov. cn/publicfiles/business/htmlfiles/moe/moe_496/201212/xxgk_145623. html.

［102］http：//zhidao. baidu. com/link? url＝tSO6IIyGB_hOLjw52nmSm LU3PnkqouPb4B5MtfvJSg43GdvZzGjP9p01FiDMx1ZA9b44XdLBf ZI6IBUOymahvq.

［103］http：//wenku. baidu. com/link? url＝HU9XOp3hRlGdUj_lgfD3 mTGC1rvLeF0l9hCsNjI-qko9f2d3DeOh24d0jcyY5l4Kcjb CtDytwi 1A NwawC2iEkmdNCjXe-_NYJL62D5lSOs7.

［104］http：//baike. baidu. com/link? url＝C9SHCM4phmkCM WxqM YKis2fd8kKDK _ PAq2Z1PWo6d2wnZJuh5G3F-ce9xWV-r6q00L LC k8QpPPVI6vtz0fxIn_,2015-6-8.

［105］蔡其勇：《基础教育课程改革与教师信息索养的培养》.［2015-06-25］ http：//www. fjzzjy. gov. cn/newsInfo. aspx? pkId＝46212,2015- 6-25.

［106］http：//jingyan. baidu. com/article/7082dc1cb7bc39e40a89bd1d. ht-ml[1]［107］http：//www. docin. com/p-79718853. html.

［107］http：//sq. k12. com. cn/discuz/forum. php.

［108］http：//wenku. baidu. com/view/0b95c721aaea998fcc220e49. html.

［109］http：//baike. sogou. com/v15661. htm.

［110］http：//blog. sina. com. cn/yongyan.

［111］http：//teacher. czedu. gov. cn/blog/Channel/Club/ShowCategory. aspx? CategoryID＝100&SortBy＝1.

［112］http：//my. hersp. com/9090/blog. aspx.

［113］http：//www. jxxx. ykedu. net/jsfz/Blog/default. aspx.

［114］http：//www. jxxx. ykedu. net/jsfz/.

［115］http：//www. lvse. com/site/szeblog-cn-8130. html.

［116］http：//zjzxx2015. wx. px. teacher. com. cn/.

［117］http：//c. teacher. com. cn/partition/892.

［118］http：//c. teacher. com. cn/topic/topicDetail/538775? num＝1& pageNo＝1.

［119］教育信息化十年发展规划（2011—2020 年），［2015-07-20］http：// www. moe. gov. cn/publicfiles/business/htmlfiles/moe/s3342/ 201203/xxgk_133322. html.

［120］国家中长期教育改革和发展规划纲要（2010—2020 年），http：//it. zjnu. edu. cn/s/145/t/257/c6/db/info50907. htm.

［121］http：//www. moe. gov. cn/publicfiles/business/htmlfiles/moe/

s3342/201203/xxgk_133322. html.

[122] http://www. moe. gov. cn/publicfiles/business/htmlfiles/moe/moe
_496/201212/xxgk_145623. html.

[123] BARSEGHIAN. Three Trends That Define the Future of Teaching
and Learning[J]. KQED,2011(2):5-6.

[124] TALBERT. Inverting the Linear Algebra Classroom[EB/OL].
(2012-12-19)〔2013—08—12〕. http://prezi. com/dz0rbkpy6tam/
inverting-the-linear-algebra-classroom/. html. 2013. 8. 12.

[125] 2014 年我国手机行业发展趋势分析,〔2015-03-09〕. www. chinab-
gao. com/k/shouji/12844. html.